大学体育与健康教程

（第2版）

主　编　陈庚仁
副主编　彭芳莹　贺　炜
　　　　邓昌亚　黄筱燕

北京理工大学出版社
BEIJING INSTITUTE OF TECHNOLOGY PRESS

图书在版编目（CIP）数据

大学体育与健康教程／陈庚仁主编．—2 版．—北京：北京理工大学出版社，2016.8
（2022.8重印）

ISBN 978 - 7 - 5682 - 1868 - 9

Ⅰ．①大…　Ⅱ．①陈…　Ⅲ．①体育 - 高等职业教育 - 教材②健康教育 - 高等职业教育 - 教材　Ⅳ．①G807.4②G647.9

中国版本图书馆 CIP 数据核字（2016）第 206426 号

出版发行／北京理工大学出版社有限责任公司

社　　　址／北京市海淀区中关村南大街 5 号

邮　　　编／100081

电　　　话／（010）68914775（总编室）
　　　　　　　（010）82562903（教材售后服务热线）
　　　　　　　（010）68944723（其他图书服务热线）

网　　　址／http：//www.bitpress.com.cn

经　　　销／全国各地新华书店

印　　　刷／唐山富达印务有限公司

开　　　本／787 毫米×1092 毫米　1/16

印　　　张／16.25　　　　　　　　　　　　　　　责任编辑／江　立

字　　　数／368 千字　　　　　　　　　　　　　　文案编辑／高雪梅

版　　　次／2016 年 8 月第 2 版　2022 年 8 月第 7 次印刷　　责任校对／周瑞红

定　　　价／42.00 元　　　　　　　　　　　　　　责任印制／王美丽

前　　言

　　本教材以"健康第一、强健体魄、服务专业"为理念，以"充分发展学生的个性，极大地激发学生对体育课的主动性和积极性"为指导思想，以"更好地培养学生体育锻炼的各种技能"为宗旨，并结合多年体育教学经验而编写的一本公共体育必修课教材。

　　本教材根据"针对高等职业院校学生的特点，培养学生的社会适应性，教育学生树立终身学习理念，提高学习能力，学会交流沟通和团队协作，提高学生的实践能力、创造能力、就业能力和创业能力，培养德智体美全面发展的社会主义建设者和接班人"的教育部＜2006＞16号文件精神，并对体育锻炼知识、技术进行了简化和重组。既强调强健体魄、达标争先的素质要求，又可以极大地满足广大大学生热爱生活、热爱自然的个性需求，减少了竞技体育项目，增加了社会体育、传统体育和休闲娱乐体育的内容。

　　本教材以学生的发展为中心，重视学生的主体地位，符合高等职业教育"学生主体，教师主导"的教育理念。从内容的选取、项目的设计到教学评价的各个环节，始终把学生的主动性、积极性和全面发展放在中心地位。提高学生体育学习能力，养成锻炼习惯，在锻炼竞争中学会交流，学会协作，提高实践能力，体验成功的快乐。

　　在"以服务为宗旨、以就业为导向"的职业教育理念指导下，我们在本教材的编写中做了一些新的尝试。融"教、学、练"为一体，是高职教育的特色。本教材图文并茂、简明扼要、内容充实、通俗易懂，符合高职学生的能力水平，具有观念新、方法简便易学、技能性强、易于掌握和操作的特色。

　　鉴于编者水平有限，书中难免存在疏漏之处、错误之处，恳请专家、同仁和使用本教材的广大师生向编者提出宝贵意见。

编　者

目　　录

第一章
体育概述

第一节　体育的概念

一、体育的由来

"体育"一词，其英文是 physical education，指的是以身体活动为手段的教育，直译为身体的教育，简称为体育。

在古希腊，游戏、角力、体操等曾被列为教育内容。17～18世纪，在西方的教育中也加进了打猎、游泳、爬山、赛跑、跳跃等项活动，只是尚无统一的名称。18世纪末，德国的 J. C. F. 古茨穆茨曾把这些活动分类、综合，统称为"体操"。进入19世纪，德国形成了新的体操体系，广泛传播于欧美各国，并相继出现了多种新的运动项目。在学校也逐渐开展了超出原来体操范围的更多的运动项目，建立起"体育是以身体活动为手段的教育"这一新概念。于是，在相当的一段时间里，"体操"和"体育"两词并存，相互混用。

1762年，卢梭在法国出版了《爱弥儿》一书，该书是西方教育史上最有影响的教育著作之一，主张"教育要遵循自然规律，要发展儿童的天性"。书中，卢梭首次使用"体育"一词来描述对爱弥儿进行身体的养护、培养和训练等身体教育过程。由于这本书激烈地批判了当时的教会教育，而在世界引起很大反响，因此"体育"一词同时也在世界各国流传开来。从这里我们可以清楚地看到，"体育"一词的最初产生是源于"教育"一词，它最早的含义是指教育体系中的一个专门领域。到19世纪，世界上教育发达国家都普遍使用了"体育"一词。

我国体育历史悠久，"体育"一词最早于1904年由日本留学生将其引入中国。我国最早创办的体育团体是1906年上海的"沪西士商体育会"。1907年我国著名女革命家秋瑾在绍兴也创办了体育会。同年，清皇朝学部的奏折中也开始有"体育"这个词。辛亥革命以后，"体育"一词就逐渐运用开来。随着西方文化不断涌入我国，学校体育的内容也从单一的体操向多元化发展，课堂上出现了篮球、田径、足球等。

二、体育的内涵

近年来，很多学者对"体育"的概念提出了如下的解释：

一是认为"体育"是以身体活动为媒介，以谋求个体身心健康、全面发展为直接目的，并以培养完善的社会公民为终极目标的一种社会文化现象或教育过程。

二是认为"体育"是根据人类社会生活的需要，依据人体生长发育、动作技能形成和机体机能提高的规律，以身体练习为基本手段，达到发展身体、增强体质、提高运动技术水平、丰富社会文化生活的一种有意识、有目的、有组织的社会活动，及其在人类社会发展中形成的全部财富。

国际体育联合会 1970 年制定的《世界体育宣言》认为"体育"是教育的一个组成部分，它要求按一定的规律，以系统的方式，借助身体运动和自然力的影响作用于人体，完成发展身体的任务，空气、阳光和水等在这里作为特殊的手段。因此，可以认为体育是教育的一个组成部分，它的本质就是以身体练习为手段，发展身体，增强体质，促进人的全面发展，为社会发展服务。它在社会发展过程中，受一定的政治、经济制约，并为一定的政治、经济服务。体育具有自然的和社会的两重属性。自然属性如体育的方法、手段等；社会属性如体育的思想、制度等。

《中国大百科全书·体育卷》把体育概念分为广义的体育和狭义的体育。体育（广义）是根据人类生存和社会生活需要，依据人体生长发育，动作形成和机体机能提高规律，以各项运动为基本手段，达到发展身体，增强体质，提高运动技术水平，丰富社会文化生活，为发展经济和政治服务为目的的身体运动，通常称为体育运动。体育（狭义）是教育的组成部分，是全面发展身体，增强体质，传授体育知识、技术、技能，培养道德品质的有目的、有计划、有组织的教育过程，通常称为体育教育。

但是，体育的概念并非是一成不变的，随着社会的发展和进步，对体育的认识也将有所发展。

三、体育的组成

我国现代体育，基本上由大众体育（群众体育、社会体育）、竞技体育、学校体育三方面组成。

大众体育亦称"社会体育""群众体育"，是为了娱乐身心，增强体质，防治疾病和培养体育后备人才，在社会上广泛开展的健身、健美、娱乐体育、保健体育、医疗、康复体育等内容丰富、形式多样的体育活动的总称。包括职工体育、农民体育、社区体育、老年人体育、妇女体育、伤残人体育等。主要形式有锻炼小组、运动队、辅导站、体育之家、体育活动中心、体育俱乐部、棋社，以及个人自由体育锻炼等。大众体育是人们文化生活的重要组成部分。

竞技体育指为了战胜对手，取得优异运动成绩，最大限度地发挥和提高个人、集体在体格、体能、心理及运动能力等方面的潜力所进行的科学的、系统的训练和竞赛。

学校体育是学校教育的重要组成部分，是指以学生为对象，通过学校教育进行的有计划、有组织地对受教育者的身体方面施加一定的影响，为培养合格人才服务的一种教育过程。包括各类学校的体育教学和课外体育活动等。

四、体育的功能

体育的功能产生于体育的本质和社会的需要，并在促进社会物质文明和精神文明中表现出来。体育的功能主要有以下几方面。

1. 健身功能

人的身体素质是思想道德素质和科学文化素质的物质基础，也是一个民族和国家强盛的基础。体育是以身体的直接参与来表现的，这是体育的本质功能，也是体育能在人类社会中长盛不衰和持续不断存在的原因。通过体育手段来实现增强人的体质的目的，促进人自由、全面地发展。这正是体育的独特之处，也是体育区别于其他社会活动和事物对人和社会作用的根本点。

体育的健身功能主要表现在：

① 体育运动可促进人体骨骼和肌肉的生长。
② 体育运动可促进血液循环，提高心脏功能。
③ 体育运动能够提高神经系统的功能。
④ 经常从事体育运动还可以改善呼吸系统功能。

2. 娱乐功能

体育运动能得到广大社会成员的喜爱，一个重要原因是体育与文化、艺术等活动一样具有较强的娱乐功能。体育运动既可以改善和发展身体，又可以陶冶情操，愉悦身心，增进交往，使人们在繁忙的工作和学习后，获得积极性休息。人们通过参加和欣赏体育运动不仅能增强体质还能够愉悦身心，丰富文化生活。由于体育运动的观赏性，特别是竞技体育的高水平展现，使身体运动达到健与美、力量与速度的完美统一，让观众得到美的享受。世界上还没有其他任何一种活动能像体育竞赛那样有规律地举行，特别是以奥运会为最高层次的国际体育竞赛已经成为现代人们关注的焦点和欣赏的热点。各种不同形式和类型的体育竞赛，以它独有的形式和方式为人类社会生产出丰富多彩的文化精神食粮，提高人类的生存和生活质量。人们通过参加体育活动，在与同伴的默契配合、与对手的斗智斗勇以及征服自然的过程中获得不同的情感体验，达到娱乐身心的目的。

3. 促进个体社会化

体育运动是一种社会的行为，人们在活动和比赛中互相交往、相互交流，使人们的人际关系、社交能力得到提高。体育运动能够教导人基本的生活技能，从初生婴儿的被动体操，到儿童游戏中的跑、跳、攀、爬，以致学会适应社会生活，这些都是后天通过体育活动获得的。人们在体育运动中，都要遵循运动的规则，都要在教师、教练、裁判的教育监督下有组织地进行，这就逐渐培养了人们对社会规范的遵守。人类社会要健康发展，就要使青少年在生长发育过程中、中年人在健康保健过程中、老年人在延年益寿过程中，获取身体健康和体育运动方面的知识，通过这些知识，指导自己进行健康的体育活动，培养良好的生活习惯。体育促进个体社会化无处不在、无时不在。人类社会是一个充满激烈竞争的场所，需要团结和协作精神。竞赛是体育最鲜明特点，通过竞赛，优胜劣败，决出名次，可以激发荣誉感，鼓舞上进心，能有效地培养人们的竞争意识和团结协作精神。

4. 社会情感

体育的社会情感主要是指由于体育竞赛的对抗性和竞赛结果的不确定性，引起社会的极大关注，从而使人们产生各种情绪活动。例如：历届的奥运会、中国女排的五连冠、北京两次争办奥运会以及中国男足向世界杯决赛圈的冲击等，这些都能使人们体验各种情感波动，能使人的情绪得到宣泄。好的体育社会情感可以正面地积极地激励和鼓舞社会向前发展。由于体育运动的群众性、竞技性、观赏性，使得其他社会活动都无法产生体育运动那样巨大的社会情感。体育就像一块巨大的磁铁，将人们吸引到一起，共同欢乐，共同宣泄，共同振奋。

5. 教育功能

体育是教育的一部分，教育是体育的基本功能。人们参与体育活动的过程，就是一个受教育的过程，从学校、俱乐部、健身中心到训练场和各种活动场所，我们在锻炼中都要接受教师、教练和同伴的传授和指导。体育是学校教育的一个重要组成部分，几乎所有国家都把体育作为教育的内容之一。由于学生正处于生长发育和世界观的形成时期，体育不仅指导和教育学生进行身体锻炼，而且可以对受教育者进行思想政治、意志品质和道德规范的教育。体育是传播价值观的理想载体，这是由它的技艺性、群体性、国际性、礼仪性、竞技性的特点所决定的。体育在培养人们健康、合理的生活方式，集体主义精神，爱国主义精神，刻苦耐劳，顽强拼搏精神等方面有着重要作用。

6. 政治功能

在体育运动过程中，能增强人与人之间的交流和交往，是促进人们的友谊和增强团结的重要手段。通过体育活动，能够扩大人们的情感交流，增加人与人之间地相互了解，改善人际关系，共同创造和谐文明的社会环境。客观上讲，体育和政治是相互联系、不可分割的，在任何国家，体育都要服从政治的需要，为政治服务。它主要在两个方面起着重要的作用：国际比赛和国际交流所起的作用；群众体育所起的作用。国际上的体育交往，还能够促进国家与国家之间，不同民族之间的相互了解和相互信任，有利于人类社会的和平与发展。国际比赛是反映一个国家国体强弱的窗口，国家的政治、经济、文化、科技往往决定了竞技体育水平的高低。我们现在往往将体育竞赛比作和平时期的战争，赢得比赛就像赢得战争一样能够振奋民族精神，提高国家威望，使国人扬眉吐气。体育是一种文化交流的工具，它为本国的外交政策服务，通过国际比赛可以沟通国与国之间的关系，促进国家间的友好往来。

7. 经济功能

体育是人的活动，特别是体育成为一种很多社会成员参加的经常性活动后，总是在一定的物质消费的基础上进行的，必然要消耗一定的人力、物力和财力。体育的发展依赖于经济，受经济的制约，一个国家的体育运动，尤其是竞技运动开展得好坏，反映了这个国家的经济水平；但是体育运动又反作用于经济，体育作为第三产业越来越多地发挥着对国民经济的促进作用，且和商品经济的关系日益密切。因此，与体育活动相关的服装、器材、装备和体育场地设施等就会随之而产生，体育服务等社会行业就必然会出现。体育运动的经济收益有两个途径：一是大型运动会，通过出售电视转播权、门票、广告和发售纪念币、邮票、体育彩票来获得；二是日常体育活动，体育设施的利用，热门项目的组织和比赛，娱乐体育活动的开展，体育服装、设施、器械的买卖，体育知识咨询和旅游都是获取体育经济效益的有效途径。

体育的功能和作用随着社会发展和体育本身的发展也会不断地变化和发展。正确认识和深入研究体育的功能和作用，有助于了解体育在人类社会中的作用和充分地发挥体育的不同功能，使体育更好地为人类社会进步和发展服务。

第二节　体育与人的发展

一、人的属性

从人本身来讲，人的属性包括自然属性、精神属性和社会属性，人的全面发展应是人的这三个方面的属性都得到充分发展。体育是人的全面发展的基础，体育对促进人的自然属性、精神属性和社会属性的发展具有重要的促进作用。

1. 人的自然属性

人的自然属性指人作为一个生命有机体的存在，具有肉体特征和生物特征，它是人和人类社会存在的自然基础和前提。人的自然属性是人类得以生存和延续的前提条件，表现在：第一，人是自然界的一部分，人的生存离不开自然界；第二，人要在自然界生存和发展，总是受到自然规律的制约；第三，人与其他动物一样，也有食欲、性欲、求生欲等自然欲求。

2. 人的精神属性

人的精神属性是作为有意识的存在物所具有的各种属性。人的对象意识、自我意识、思维特性、自觉能动性、主体性、理性和非理性、精神等，都属于人的精神属性范畴。

3. 人的社会属性

人的社会属性是指人对社会关系的依赖性。社会性是人最主要、最根本的属性，它是决定人之所以是"人"的最根本的东西，其原因在于：第一，社会性揭示了人区别于其他动物的特殊本质，即人作为高级动物具有自然性，是自然界的一部分，生存离不开自然界；但人还有社会性，而且社会性是人类特有的属性，其他动物不具有。第二，人的社会性制约着人的自然性。人作为社会性的动物，在进行自然性活动过程中，渗透着社会性，受社会性的制约，具有鲜明的社会色彩。

二、人的属性与体育的关系

1. 人的自然属性与体育

人的自然属性主要表现在人的生存、繁衍、摄食和各种复杂的生理方面的特征与需要。人类从直立行走开始，就为体育的发展埋下了种子。体育在人直立行走后对促进人体形态结构的改变方面具有重要的作用。人类直立行走后所发生的一系列形态结构的改变，能够更好地适应广阔的平原陆地生活，能够支撑整个身体的重量，并保持身体在直立状态下的平衡性和灵活性，能够做出跑、跳、投等与体育有关的、基础的身体活动。

2. 人的精神属性与体育

体育能够促进人的心理健康，即在精神属性方面促进人的发展。心理专家认为，适度负荷的体育锻炼能够促进人体释放一种肽物质——内啡肽，它能够使人获得愉快、兴奋的情绪体验。因此，参加体育锻炼尤其是参加那些自己喜爱的体育锻炼，可以使人从中感到乐趣，振奋精神，从而产生良好的情绪状态。

3. 人的社会属性与体育

体育锻炼以其自身的特点对提高人的社会适应性产生积极影响，即可以提高人体的社会适应能力。主要原因在于：第一，长期进行体育锻炼，增进了健康，强壮了体格，身体的各个组织系统在中枢神经系统的支配下，承受外界刺激和协调各组织系统的能力得到增强。第二，从事体育锻炼往往是在受外界干扰的环境和条件下进行的，因而使机体得到锻炼，适应能力不断提高。

人们普遍认为，随着现代社会的发展，在生活节奏逐渐加快、生活压力逐渐加大的时期，体育能够锻炼人的身体，从而提高生活质量和改善生活方式，是促进人的身心健康发展的一种最有效的手段。

第三节　高等学校体育

一、高等学校体育的地位和功能

学校体育是国民体育的基础，学校体育既是学校教育的重要内容，也是学校教育的重要手段。高等学校体育是全面发展教育的重要组成部分；在大学教育中，德育是方向，智育是主体，体育是其他教育因素的基础；高等学校体育是丰富学生课余文化生活，建设校园社会主义精神文明的需要。

学校体育在全面发展教育中的地位，是由学校体育的功能与社会发展对学校体育的要求所决定的。高等学校体育具有以下功能。

1. 身体教育功能

全面锻炼学生的身体，促进身体形态结构生理机能和心理发展，提高身体素质和人体基本活动能力，提高对自然环境的适应能力；使学生掌握体育的基本知识、技术和技能，学会科学锻炼身体的方法，养成经常锻炼身体的习惯，提高自我锻炼的能力，使之终身受益。

2. 德育教育功能

学校体育是培养集体主义感和团结协作精神等优良品德的教育过程。如竞技体育中，对方犯规时，是毫不计较，还是"以牙还牙"；集体配合不够默契出现失误而最终比赛失利时，是相互鼓励，还是相互抱怨；对裁判员的误判是大方宽容，还是"斤斤计较"；比赛胜利时，是骄横自大，还是认真总结经验，戒骄戒躁等。

3. 爱国主义教育功能

在体育教学中通过让学生欣赏大型体育运动比赛，观看我国运动员为国拼搏、为国争光，在赛场上升国旗、奏国歌的动人场面，讲述优秀运动员刻苦训练顽强拼搏的感人事迹，能够激发他们的爱国热情，增强其民族自尊心和自豪感，对学生是很好的爱国主义教育。

4. 心理品质教育功能

体育运动使人进入一种超凡脱俗的境界，陶冶人的情操，培养人的勇敢、果断、坚毅、自信心、自制力、进取心和坚韧不拔的意志品质。紧张而激烈的竞赛对人的心理品质既是严峻的考验，也是修炼和培养良好的心理素质的时机。因此，在体育教学中培养学生心理品质很重要。

5. 智能教育功能

体育是促进智力发展的积极因素和手段，通过体育教学和身体锻炼，学生可以学习和掌握一定的体育知识、技能和技术，并使思维力、记忆力、观察力、想象力、创造力等各种能力得到发展。因此，作为一种教育的体育运动，在传授知识、培养技能、技巧，增强人的体质过程中，还包含着培养、开发和提高智能的教育因素。

二、高等学校体育的目的和任务

根据我国现代化建设事业对当代大学生身心发展的需求和大学生生理、心理特征、体育的功能及我国的国情，高等学校体育的目的是：培养大学生的体育意识、提高体育能力、养成自觉锻炼的习惯、增强体质、培养良好道德品质，为终身体育、毕生事业建立良好的基础，使之成为合格的现代化事业的建设者和接班人。

高等学校体育的任务是：全面锻炼学生身体，使之增强体质，增进健康，提高抵抗疾病与适应环境变化的能力；学习和掌握体育"三基"，激发学生参加体育锻炼的兴趣，养成自觉锻炼身体的习惯，提高体育文化素质，为终身体育奠定基础；通过体育向大学生进行思想品德教育，培养良好的思想品质和道德风尚；发展大学生的体育才能，提高运动技术水平，促进体育进一步普及。

三、体育与德育、智育的关系

毛泽东在《体育之研究》一文中指出："体育一道，配德育与智育，而德智皆寄于体。无体是无德智也。"还指出："体者，载知识之车而寓道德之舍也。"可见，体育是教育的组成部分，体育与德育、智育互相促进，互相制约。

在体育教学过程中往往包含了德育的任务。体育是培养学生道德品质、树立人生观的重要手段。体育活动的丰富多彩吸引了青少年参加到不同的体育运动项目之中，而这些不同的运动项目培养了学生勇敢、沉着、果断、坚定的意志品质。青少年大多乐于参加集体体育活动，在体育活动中通过对组织纪律和规则的遵守，对体育器械设施的爱护，对同伴的帮助，培养了学生的组织纪律性和集体主义精神。体育竞赛的竞争、评比、奖励，能够促进学生的竞争意识，激励学生奋发向上、努力拼搏。通过比赛的胜与败，不断地磨练学生在胜利面前戒骄戒躁，在失败面前不气馁的思想品质。通过体育比赛的颁奖，特别是国际大型比赛的颁奖，对参与者、参观者都有着精神上的满足，这种情感教育使他们在不知不觉中树立为集体、为国家争得荣誉的责任感。

体育活动是一种积极向上、丰富余暇生活的手段，通过积极参与体育活动，可以防止和纠正学生的不良行为，达到精神文明教育的目的。因此体育与德育存在有机的联系，并互相促进。

体育与智育之间相互关联、辩证统一，体育对学生的智力发展有着积极的促进作用。

通过体育锻炼能够增加大脑的重量和皮质厚度。通过运动技能的学习，刺激大脑皮层处于积极的活动状态，促进大脑神经中枢的发育，使学生思维敏捷，判断迅速、准确。通过体育活动提高血液的携氧能力，改善大脑供氧，提高大脑工作能力，使学生具有丰富的想象力、良好的记忆力和集中思考的能力。

四、高等学校体育的组织形式

高等学校体育的组织形式主要有体育课、课外体育活动、课余训练和体育竞赛。

体育课按教学的不同任务可分为体育必修课、体育选修课、体育俱乐部课、体育理论课、体育保健课等。课外体育活动主要有早间操活动，学生体育俱乐部活动，单项体育协会活动和课余体育锻炼。课余体育的训练是指利用课余时间，对部分身体素质好，并有体育专长的学生进行系统训练的专门教育过程。体育竞赛有校内竞赛和校外竞赛，详见《全国普通高等学校体育与健康课程教学指导纲要》。

第四节　高职体育的特点和培养目标

体育锻炼是一个有目的、有组织的身体活动过程。参与体育锻炼，首先要从自身实际出发，了解自己所处年龄阶段基本的生理和心理特征，合理而科学地安排、调节、控制和评价自身的活动，防止意外事故的发生，这样才能收到良好的效果。

改革开放以来，我国的高等职业教育得到了快速而健康的发展。作为高等教育的重要类型，高等职业教育人才培养模式的基本特点是：以培养高等技术应用型人才为根本任务，以适应社会需要为服务目标，以培养技术为主线，强调学生具有适度的基础理论知识，较强的技术运用能力、较宽的知识面和较高的综合素质。高职体育教育是高等职业教育课程体系的重要组成部分，它更多地应体现高等职业教育的特点，而非照搬本科院校的体育教学模式。因此，体育教育应围绕人才培养模式，体现鲜明的职业教育特性。

一、职业的概念

职业是参与社会分工，利用专门的知识和技能，为社会创造物质财富和精神财富，获取合理报酬，作为物质生活来源，并满足精神需求的工作。

职业是社会分工的产物。在分工体系的每一个环节，劳动对象、劳动工具以及劳动的支出形式都各有特殊性，这种特殊性决定了各种职业之间的区别。随着社会分工越来越细，职业兴替的周期也越来越短。据统计，我国现有 1 800 多种职业，其中不少是新兴的职业，并有逐年增多的趋势。

二、高职体育教育的本质属性

高职体育教育包括体育课程、运动竞赛、课余活动等，是学校教育的重要内容。高职体育课是必修课程，是学生进行体育锻炼、掌握运动技术与技能的主要途径，对提高学生体质、增进学生健康、促进学生全面和谐发展、培养高素质的技能应用型人才具有极为重要的作用。

随着人们对健康内涵认识的深化，学校体育教学逐步从注重运动技术教学向强调身心愉悦方向发展。高等职业教育与普通本科教育虽同属高等教育，但在培养模式与规格上，两者有着明显的区别。高职体育教育有以下两大属性。

1. 健康属性

体育科学的本质属性，是让学生通过体育课程学习，树立"健康第一"的指导思想，掌握管理、促进自身健康的能力（增强健康层面），掌握一定的体育运动技能，养成终身体育锻炼的习惯。

2. 职业属性

利用体育锻炼的手段和体育载体，着重发展本专业今后从业和胜任工作岗位所需的身心素质，以增强学生就业与从业的竞争力（服务专业层面）。通过体能的提高，使学生尽早地适应工作岗位环境。

三、体育教育与职业素质培养

学校对学生实行专门化教育，不同专业要求掌握不同的专业技能，而不同的专业技能需要相应的体能作为保证。体育教学应围绕专业、工种的实际，实行有针对性的身体锻炼，这对强化学生专业体能、提高教学质量具有积极的意义。职业实用性体育锻炼不仅要符合职业活动的要求，而且必须预防职业活动对身体状况和姿势所造成的不良影响，职业实用性运动项目则无论在操作方式或身体能力方面，均需与职业特点相似。

机电、建筑、纺织、医护等以站立为主或行走为主的专业。容易产生下肢淤血、血流不畅、膝关节炎，严重的可能出现驼背等异常体型或心血管疾病。在个人进行体育锻炼时，可以做一做徒手体操运动，如伸展运动、体前屈运动、旋转运动、全身放松运动等；通过健身跑、球类等活动，可以增强心血管和运动器官的功能；通过保健操、健美操、太极拳等锻炼方法，可以促进血液循环，消除血液中乳酸的积累；采用按摩方法或参加娱乐性的体育活动，可以放松心情，消除肌肉紧张和疲劳。

电子、计算机专业。这类专业的工种（如无线电安装员、装配工、绘图员等）长期低头、含胸，长时间坐立，颈前屈，脑部供血受限，眼睛长时间处于紧张状态，容易出现眼痛、流泪、驼背、颈椎不适、神经衰弱、肥胖等现象。这类职业需要发展一般耐力、手指协调性、动作准确性、触觉敏感性、注意力的专注、反应的速度。在进行体育锻炼时，可以做个人体操运动，如耸肩运动、扩胸运动、转体运动、伸展手腕运动等；通过篮球、排球、羽毛球等球类运动，可以增强手指、手腕、手臂的力量及灵活性、准确性；通过长跑、自行车等健身活动，可以提高循环和呼吸系统功能。

导游、农业、航海等室外劳动操作专业。这类专业一般劳动强度大，运动系统和心肺功能负担较重，消耗体力较多，容易产生身体过度疲劳、劳动损伤等疾病。在进行体育锻炼的时候，在全面发展身体素质的基础上，应重点发展力量、速度与灵活性素质，如采取健美操、器械体操、各种弹跳练习等。也可以经常参加游泳、长跑、球类等活动，以增加心血管系统的功能，同时积极参加娱乐性活动，以达到消除疲劳、恢复体力的目的。

（一）未来职业劳动的工作特点

高等职业教育是培养生产、管理、服务一线的技术应用型人才，高职（高专）学生今后的工作特点是脑力劳动和体力劳动相结合。

① 类型：根据职业特点，身体姿势相对固定。

② 劳动强度：不同类型和工种，劳动强度存在很大的差异。

③ 劳动环境：由于劳动环境的关系，往往会受到一些空气或环境污染。

④ 重复动作：职业劳动的某些工作，需要经常重复某些身体部位的活动，很容易造成这些部位负担过重，产生过度疲劳，甚至出现职业病。

（二）体育教育在职业素质培养中的作用

1. 提高自学能力

自学能力是指一个人独立学习的能力，也是一个人获取知识的能力。它是一个人多种智力因素的结合和多种心理机制参与的综合能力，是现代人应具备的基本能力，人一生中大部分的知识是通过自学获得的。自学能力也是衡量一个人可持续发展能力的重要因素。诺贝尔物理学奖获得者丁肇中教授曾说过："不要死教知识，要授之以方法，打开学生的思路，培养他们的自学能力。"高等职业教育是按职业岗位需求来开设课程体系的，不同于普通本科按学科知识开设课程。在知识的传授过程中，高等职业教育强调"必需、够用"，其毕业生能直接上岗工作，所以特别强调学生的自学能力。

参与体育活动，掌握一定的运动技能，一般要经过观察—模仿—练习—反馈等几个过程。在这几个过程中，教师不可能都在现场全程指导，需要学生具有自主学习的能力。如要提高投篮的准确度，就必须不断改进投篮的姿势，当别人帮你纠正动作后，更多的要靠自己多练、多体会、多总结，从尝试错误和失败中不断体会动作要领，提高运动技术水平。从这个意义上说，参与体育实践可以有效地提高参与者的自学能力和独立解决问题的能力。

2. 提高动手能力与身体活动能力

高等职业教育强调学生的动手能力。经常进行体育锻炼，能有效地提高参与者的动手能力。运动技术与技能的提高，不可能通过"纸上谈兵"式的想象来获得，而必须通过活动身体各部位来获得。体育活动每一个动作的完成，都要求参与者手脑并用，运用许多技巧和方法。如完成足球中的带球过人技术时，必须考虑假动作的方式、带球的力量和速度。

体育是以身体运动为基本手段促进身心发展的文化活动。在职业劳动中，身体的活动能力在许多工种的劳动中显得尤为重要。身体的活动能力，可以通过体育锻炼的方式加以提高，如通过力量练习来提高建筑工的手臂力量，通过平衡木练习来提高空乘服务员的平衡能力。

3. 提高组织表现能力

高职（高专）学生工作后一般都成为生产、服务一线的工作人员，在其职业生涯中，良好的组织表现能力是非常重要的一种职业能力。参加体育锻炼，特别是体育竞赛，无论是参赛者还是组织者，都要对活动过程中的细节进行协调处理，这对学生的组织协调能力是很好的锻炼机会。另外，体育竞赛一般都是在公众场合、在众目睽睽之下进行的，需要个人在活动中克服自卑、胆怯的心理，勇敢地去面对对手，充分的展示自我，完成比赛任务，因此，体育活动是提高学生的表现能力的有效方式。

4. 提高社会适应能力

在复杂的社会结构中，每个人在社会中都具有一定的地位，充当特定的角色。体育的社会性功能，在于培养参与者适应社会的角色观念。在体育活动环境中，参与者可以以更直接、更生动和集中的方式接触、体验近似于社会上所能遭遇到的各种情景，如竞争、冲突、分享、合作、共处、避让、包容、突变、角色和角色转换、赞扬、批评、成功、失败、规范、处罚……从而不断增强自我调控的意识和能力。从这个意义上说，体育活动是提高高职（高专）学生的社会适应能力的最佳实践平台。

5. 提高创业素质

创业素质即创业应具备的思想素质、心理素质和能力素质，主要包括创业意识、创业精神和创业能力等。高职（高专）学生毕业后在创业的过程中，必然会遇到这样那样的困难与障碍。参与体育实践给人以成长与历练的机会，它激励人们在遇到困难、挫折的时候，勇敢地去抗争，正确地对待挫折与失败，进而在挫折中成长、学会坚强。体育锻炼有利于锻炼学生顽强、刻苦的意志和积极进取的品质，克服自身的惰性，培养组织观念，为今后走向社会打下良好的创业基础。

第二章
体质健康达标

一、健康概述

健康与人类社会的发展息息相关，健康既是人类生存的保证，同时也是人类社会持续发展的一个重要前提。目前，健康是人类全面发展的一个不可缺少的目标，也是衡量人类生活质量的一个极其重要的指标。

什么是健康？它包括哪些内容，不同的时代会给出不同的答案。长期以来，人们普遍以为健康就是不生病，把健康理解为"无病、无残、无伤"，没有想到从社会方面去寻找原因。而大多数辞典也认为所谓健康，即是没有缺陷或疾病，很大程度上是把健康设定于主观范畴上，现在看来这种理解显然是片面的。

人类对健康概念内涵和外延的理解与认识是一个逐步进展的过程，并在与疾病的长期斗争中逐步认识到健康问题不是简单的医学问题，从而开始对健康的概念有了新的理解。早在19世纪德国医学家就指出："医学是一门社会科学，是一门小范围的政治学。"但这观点当时还不被大多数人接受，到20世纪30年代有人提出"心身医学"的观点，标志着人们对健康问题的认识更进了一步，超出了纯医学的范畴，明确地从心理角度向社会方面延伸。

1948年世界卫生组织就在宪章中明确指出："健康不仅是免于疾病和衰弱，而是保持体格、精神和社会方面的完美状态。"使得健康的概念被赋予了更加丰富的内涵，也使健康与无疾病之间的等号彻底消除。随着时间的流逝，越来越多的人对健康有了全面的新的认识。健康是人的一项基本权利；健康是人的生理、心理和社会的人生态度融合的结果；美好的生活环境，积极的人生态度，良好的道德情操和有益的身心活动，形成了健康的生活方式。这是人类社会文明进步的标志，在很大程度上决定了人们的身心健康；另一方面，人们的身心健康又有力地促进着社会的文明与进步。

健康概念的扩展，健康内涵和外延的理解与认识，健康研究领域的扩大，拓宽了人们的视野，使得人类重新审视自己的生活方式、生存方式和生存环境。越来越多的人懂得了保护环境的重要性，懂得爱护野生动物，懂得了人与自然的和谐相处，这其中现代健康观起了不可估量的促进作用。

1978 年 9 月，国际初级卫生保健大会发表的《阿拉木图宣言》又再次重申，"健康不仅是疾病与体弱的匿迹，而且是身心健康、社会幸福的完美状态"。并认为"健康是基本人权，达到尽可能的健康水平，是世界范围内一项最重要的社会性目标"。并提出了人人享有基本医疗及卫生保健的权力，对全球的健康保健促进方面起到了巨大的作用。一个人只有身体健康、心理健康、社会适应良好和道德健康 4 个方面都健全，才算是完全健康的人。可见健康是多维因素的立体结构，是多因素相互作用的系统概念。

二、健康的内容

健康不是单一的生理指标，而是多因素相互作用形成的综合性指标，同时健康也不是一个静态的存在，而是一个动态的系统概念。从人类和社会目前对健康的理解与认识，健康应包括以下几个方面的内容。

1. 生理健康

生理健康是反映身体结构和功能正常，人体各部分组织、器官发育良好，保证正常功能，各组织器官的协调运动，使机体处于健康状态、精力充沛，具有良好的劳动效能和对疾病的抵抗能力，具有生活自立能力。

人体是复杂的统一的有机体，细胞是构成人体的基本单位，是人体各种功能的物质基础，它不断地进行新陈代谢，表现出细胞的生命现象——生长、发育、繁殖、衰老和死亡。由细胞和细胞间质构成人体四大组织，即上皮组织、结缔组织、肌肉组织和神经组织。由几种不同的组织构成了有特定形态和功能的器官，由若干器官构成了人体的系统，人体的八大系统协调配合才能实现人体的正常生理功能。

骨、关节、肌肉共同组成人体的运动系统，人体的各种运动都是在神经系统的支配下，以骨为杠杆，关节为枢纽，肌肉收缩为动力而实现的。运动系统除了具有运动功能外，还具有保护内脏器官的作用。

循环系统是血液循环的动力站，心脏昼夜不停地将血液输向血管，使血管昼夜不息地奔流着血液，以维持人体的生命。

人体维持生命一刻也离不开氧气，而氧气是由呼吸系统完成的，可以将呼吸系统比作人体的气体交换站。

人体必须不断地利用从外界环境中摄取的营养物质合成自身的组成成分和能源物质，使自身的组成成分得以不断更新并储存能量，以给人体生长发育及进行生命活动提供充足的养料，这些工作是由消化系统来完成的。

人体全身各器官系统的指挥中枢是神经系统。人体各器官系统的复杂活动需要统一协调指挥，以保证全身各器官系统的高效的协调工作，它由脑、骨髓及与之相连的周围神经组成。

泌尿系统是人体清除废物的部门，由肾脏、输尿管、膀胱和尿道组成，它将人体代谢的废物及时排出体外。人体内分泌系统是分泌各类激素的，并通过这些激素来影响各器官的生理活动，它包括甲状腺、肾上腺、胰岛、脑垂体、性腺等。生殖系统是保证种族延续和实现新生命诞生的系统。

上述系统在神经系统及内分泌系统的协调下相互联系，相互制约，有条不紊地工作，使人体成为一个复杂的有机整体，并实现与外界环境的相对平衡。人体的质量是在先天遗传和后天获得的基础上表现出来的人体形态结构，生理功能和心理因素的综合的、相对稳定的特征。

人体的形态结构、生理功能、身体素质、运动能力、心理发育及对外界环境的适应能力是人体相互依存、相互影响、相互制约，构成体质不可分割的重要因素。身体的形态结构是体质的物质基础，生理功能、运动能力和心理条件是体质的主、客观表现，对内外环境的适应能力是它们的综合反应。因为一定的形态结构必然要表现一定的生理功能，运动能力又是各器官系统机能能力在人体运动过程中的客观反应。发展和提高运动能力的过程，又会相应地引起机体的一系列形态结构、生理功能的变化，而伴随着形态结构、生理功能的变化及运动能力的变化和提高，又会产生一定的心理过程和个性心理特征，从而促进人的心理发展。

人体的质量概念概括起来有五个方面内容：

① 身体形态发育水平——体格、体型、姿势、营养状况、身体组成成分。

② 生理功能水平——机体代谢水平及各器官系统的效能。

③ 身体素质和运动能力发展水平——速度、力量、耐力、柔韧、灵敏和走、跑、跳、投等身体活动能力。

④ 心理发展水平——智力、情感、行为、个性、性格意志等。

⑤ 适应能力——对各种环境的适应能力和对疾病的抵抗能力。

2. 心理健康

（1）心理健康的含义

世界卫生组织把健康定义为"健康不仅是没有疾病，而且是一种躯体、心理和社会适应方面的完美状态"。身体健康易于理解，而心理健康的标准却复杂得多，尚未形成简明的文字概念。目前达成共识的是世界精神卫生组织关于心理健康的四项内容，具体如下：

① 身体、智力、情绪十分调和。

② 适应环境，人际关系中彼此谦和。

③ 对生活有幸福感。

④ 对待工作和职业，能充分发挥自己的能力，过着有效率的生活。

我国学者对心理健康标准的内容如下。

① 自我认识与评价：一个健康正常的人对自己的看法和评价是现实、客观、明确和完整的，他能把承认自己的优缺点和局限性作为提高和完善的起点。

② 自立自强：一个人随着年龄的增长，依赖性日益减少，逐步学会独立自主地思考、评价和行动。

③ 自我发展：它是健康发展的本质。一个人能否成功地发展潜能，取决于促进这种发展的有利条件和阻碍这种发展的不利条件。

④ 协调个人目标和生活的意义，指人格的统一和连贯一致，指自我和谐、没有冲突。

⑤ 人格的社会协调性：指建立健康积极的人际关系的能力。

⑥ 用智慧和爱心去解决生活问题的能力。

⑦ 与他人、大自然的协调能力，它决定着对生活采取积极的态度，保持热爱生活的态度。

（2）心理健康的基本要求

① 个人心理特点符合相应的心理发展的年龄特征。人的心理和行为随着年龄的增长而不断发展变化。不同年龄的人，他们的心理活动和行为方式具有不同的特征。每个人的认识、情感、言行举止与他的年龄特征基本符合，这是个人心理健康的表现。

② 人际关系和谐。处在一定社会关系的人，离不开人与人的交往。心理健康的人不愿孤独，乐于与人交往，积极交往态度多于消极交往态度，善于取长补短、乐于助人、宽以待人，既有稳定的、和谐的人际关系，又有众多的知心朋友。

③ 乐观进取，意志坚强。一个心理健康的人顺境时对生活充满热情，逆境时不丧失希望，面对困难与挫折会选择适应环境或改变环境来摆脱困境，克服困难，能在日常生活或工作中控制自己的言行和情绪，体现出顽强的意志品质，而不采取自暴自弃，消极悲观的态度。

④ 健全的人格。人格在心理学上是指个体比较稳定的心理特征的总和。心理健康的人一般都具备正确的人生观和理想信念，并将自己的理想信念、目标和言行统一起来，其具体表现为胸怀坦荡、言行一致、表里如一。

⑤ 正确的自我意识。正确的自我意识是心理健康的重要条件，只有正确地认识自己，评价自己，才能更好地发展自己，避免以自我为中心。心理健康的人都能以客观的态度去认识、评价自己和周围，并从客观环境中吸取有价值的信息和知识来充实完善自己，并恰当地调节控制自己的言行。

⑥ 个人与社会的协调一致。心理健康的人能和社会保持良好的接触，对社会有清晰的认识，能跟上时代的步伐，与社会发展协调一致。一旦发现思想、目标、行为与社会不一致，能迅速调整自己，而不是简单地逃避现实。

（3）心理健康的原则

① 适应和改造环境要从实际出发。适应是人体为满足生存需要而与环境发生调节作用。改造环境适应个体的需要，或改造自我适应环境的要求都是适应的形式。

② 正确认识自己，及时调整心态。一个人首先要认识自己，对自己进行自我观察、自我认定、自我判断和自我评价，这就是自知。不能自知的人，盲目从事非力所能及的工作，效果不好，而且可能由于疲劳过度和心理压力过大而患病。

要正确认识自己，还要知道自己的功过得失，因为世界没有绝对完美的事和十全十美的人，对自己能力、言行、品德及工作方法的不妥之处应勇于承认改正，自觉地进行修养。

③ 良好的人际关系。良好的人际关系可以消除孤独感，获得安全感，得到别人的帮助，也乐于帮助别人，这是心理健康的人表现出的友善态度。希望得到关心和注意是人类的基本动机之一。相互关心能促进心理健康，同时当一个人意识到自己能够对别人关心和帮助时，他的自信和自尊也会增加。

（4）对环境的适应能力

环境与健康是一个永恒的主题，人类生活在地球上，大气、水、土壤、阳光、动植物等的变化，都会对人类健康带来很大的影响。人在生态系统中生活，隶属于生物圈整体系统，因此社会环境和自然环境对人类健康影响很大，提高人类对环境的适应能力就显得尤为重要。环境的不断变化会不同程度地影响人体的生理功能，人体利用机体内部的调节来适应环境的变化并努力维持这种平衡，平衡的实现是保持人体经常处于健康状态的基本条件。人类要生存就要适应环境。

3. 道德健康

道德健康是指能够按照社会规范的准则和个人做人的原则、要求来支配自己的言语行为，能为社会的稳定和人们的幸福做出努力。

4. 亚健康状态

人们对健康的认识不断深入，在健康与疾病、疾病与死亡之间根据程度的不同划分为若干阶段状态。如有人分为健康、健康中间状态、不健康、半健康状态、病态、疾病、死亡等7个阶段，也有人提出分为最健康、健康、良好状况、小病、大病、危重病、死亡。进而还有形态健康、机能健康和遗传健康的观点。但在健康和疾病之间的"似病非病"的状态被称为"亚健康状态"则被大多数人所认可。

什么是亚健康状态？它是指机体无明确疾病，但活力下降，适应能力出现不同程度减退的一种生理状态，常伴有乏力、头昏、头痛、耳鸣、气短、烦躁等症状。生活中的大部分人处于这样一种状态。

三、影响健康的因素

人体健康受多种因素的影响，它们相互作用、相互交叉、相互渗透和制约。因此，判断一个人是否健康是一个非常复杂的问题，也是一个十分重要的问题。影响健康的因素归纳起来主要有5个方面，即环境因素、生物因素、行为和生活方式因素、心理因素及卫生保健服务因素。

1. 环境因素

（1）自然环境

自然环境是人类赖以生存的物质基础。人类的生活活动和生产活动使自然环境的构成或状态发生变化，扰乱和破坏了生态平衡，如酸雨、臭氧层的破坏、水土流失、噪声等环境污染和生态环境的严重破坏已严重威胁到人类的健康，在人类社会发展的各个阶段，环境污染问题常以某一种因素较为突出，人类的部分疾病就是由环境因素引起的，其中环境污染又占最主要的位置。由于经济和社会的发展，人们肆意开垦土地、滥用化学药物等导致自然环境的不断恶化，这些已经严重危害到人类的健康。因此，环境污染的治理与环境保护是全人类面临的重大问题，环境问题已受到人们的普遍关注和高度重视。我国政府已把环境保护定为基本国策，因为保护环境就是保护人类的健康。

（2）社会环境

社会环境包括政治、经济、文化、教育等多方面的组合。不良的社会环境直接或间接地危害着人们的健康。

1986年第一届国际健康促进大会通过的《渥太华宣言》提出了新大众健康概念，它进一步说明了健康与环境，特别是社会环境的关系，它包括：

① 健全和完善健康政策。

② 开创有利健康的物质和社会环境。

③ 鼓励民众团体积极参与。

④ 提高民众的健康知识和技能水平。

⑤ 改革医疗健康服务结构，使其适应人们的健康需求。

这些都集中体现了健康与社会环境的关系。随着经济的发展和科学技术的不断提高，人们的生活质量得到了很大的提高，劳动条件，营养状况，医疗卫生条件越来越好。人们的健康状况也得到了极大的改善。但由于社会经济发展的不平衡，生活在不同地区和不同发展时期的人出现了不同的健康问题。在经济发展的初级阶段和贫困地区，寄生虫病、肠胃炎、呼吸道疾病，营养不良等疾病流行。在经济发展的后期和经济发达地区，各种心脑血管病、高血压、糖尿病、精神病、癌症等成为主要疾病，营养不良变成了营养过剩。另外，受教育程度和文化素养决定着人的健康观，决定着人是否能做出有益于健康的决策。

2. 生物因素

生物因素是指遗传和各种病原微生物、寄生虫等。遗传是生长发育的先天条件，对个体后天的健康和体质起着决定的作用。在遗传的同时存在着变异现象。遗传和变异是生物体适应环境的一种表现，是生物体发展进化的基础。由于遗传在人类的病理和生理性状态中的作用与健康密切相关，所以它是影响健康的重要因素。由生殖细胞或遗传物质突变所引起的疾病和遗传病，由非遗传的出生时伴有缺陷称先天性疾病。目前已知遗传性病，先天性疾病有 4 000 种以上。我国新生儿出生缺陷率为 1.307%，即每年约有 26 万缺陷儿出生，其中 70%～80% 由遗传因素所致。遗传因素在影响人类健康时常与环境因素、行为因素共同作用，相互制约。

3. 行为和生活方式因素

行为和生活方式因素的内容较广，对人体的健康有良好影响的生活方式，有科学的体育锻炼、良好的生活习惯和卫生习惯等，不良的行为和生活方式有不合理的饮食、吸烟、酗酒、吸毒等。由不良行为和生活方式引起的疾病称为"生活方式病"。如艾滋病、性病、癌症、心脏病、中风等，这些疾病对人类的健康危害极大。世界卫生组织预计到 2015 年死于生活方式病的人数占死亡总人数的 60%～70%，生活方式病将成为人类的头号杀手，有效的手段是预防，即规范自己的行为和生活方式，养成良好的生活习惯和生活方式。

4. 心理因素

大脑是心理活动的物质基础，生理的变化会影响心理活动，同样心理的变化也会引起生理的一系列反应。情绪是人对客观事物的一种态度和内心体验。当人处于积极的情绪时，如高兴、快乐、满足等，大脑内的啡肽分泌增多，大脑的活动处于最佳状态，思维活跃，内分泌功能协调，免疫功能提高，从而增强了机体对疾病的抵抗能力。而当人产生消极情绪时，如愤怒、悲伤、恐惧、焦虑等，人体内各器官、系统功能失调，植物神经功能紊乱，内分泌失调，长期处于这种状态，就会诱发一系列的器质性疾病。因此，世界卫生组织明确提出心理因素是影响人体健康的重要因素。

5. 卫生保健服务因素

卫生保健服务是指卫生机构和卫生专业人员针对个人、群体和社会的健康需要所提供的必要的、可能的服务。良好的卫生服务对健康起促进作用，反之，则危害健康。良好的卫生服务包括健全的医疗卫生机构，完善的服务网络，充足的卫生资源及合理的配置。但是，卫生服务的投入与效益并非成正比，个人对卫生服务的利用能力是影响卫生服务投入效益的重要因素。所以，对卫生服务的利用是健康教育的重要内容之一。

一、《学生体质健康标准（试行方案）》实施办法

《学生体质健康标准（试行方案）》（以下简称《标准》）的实施工作在教育部、国家体育总局的领导下，由各级教育行政部门管理，体育行政部门指导，由学校负责组织实施。各学校、各地教育行政部门应按照教育部、国家体育总局的统一部署和要求，采集、汇总、上报《标准》的有关数据。

《标准》应在校长领导下，由教务处（科）、体育教研部（体育组）、校医院（医务室）、学生工作部、辅导员（班主任）协同配合，共同组织实施。《标准》的测试应与学生的健康体检有机结合，避免重复测试。各测试项目的成绩，由体育教研室（体育组）汇总，并按照《标准》的要求评定成绩、确定等级，记入《学生体质健康标准登记卡》，在毕业时放入学生档案。

1. 测试成绩要求

学生达到《标准》良好等级及以上者，方可评为三好学生、获奖学金（高等学校）；达到优秀成绩者，方可获奖学分（高等学校或实验新高中课程标准的学校）。对《标准》测试成绩不及格者，在本学年度准予补考一次，补考仍不及格，则学年评定成绩不及格。学生毕业时《标准》成绩达到60分为及格，准予毕业；《标准》成绩不及格者，高等学校按肄业处理。

2. 奖励与降低分数的办法

（1）奖励分数的情况

属下列情况之一者，奖励5分，不同项可累计加分：

早操、课间操和课外体育锻炼出勤率达到98%以上，并认真锻炼者；获等级运动员称号者；参加校运动会及以上体育比赛获名次者；学生体育干部在组织各项体育活动中，工作认真负责者。

（2）降低分数的情况

对体育课、早操、课间操、课外体育锻炼无故缺勤，一年累计超过应出勤次数1/10，或因病、事假缺勤，一学年累计超过1/3者，其《标准》成绩应记为不及格，该学年《标准》成绩最高记为59分。

3. 因病或残疾学生管理办法

因病或残疾学生可向学校提交免予执行《标准》的申请，经医生证明，体育教研室（体育组）核准后，可以免予执行《标准》，所填表格存入学生档案。

4. 上报

各地教育、体育行政部门对本地各级各类学校实施《标准》的情况，要认真检查监督，定期抽查，并进行通报，对弄虚作假、徇私舞弊者，给予批评教育，情节严重者，给予行政处分。

二、学生体质健康标准（试行方案）

为了贯彻《中共中央国务院关于深化教育改革全面推进素质教育的决定》提出的"学校教育要树立健康第一的指导思想，切实加强体育工作"的精神，促进学生积极参加体育锻炼，养成经常锻炼身体的习惯，提高自我保健能力和体质健康水平，特制定《学生体质健康标准（试行方案)》》（以下简称《标准》）。

1. 对象

《标准》适用于全日制小学、初级中学、普通高中、中等职业学校和普通高等学校的在校学生。

2. 评定

《标准》从身体形态、身体机能、身体素质等方面综合评定学生的体质健康状况，《标准》按百分制记分。

3. 分组

《标准》根据学生的生长发育规律，将测试对象划分为以下组别：小学一、二年级为一组，小学三、四年级为一组，小学五、六年级为一组，初中及以上的每年级为一组，大学为一组。

4. 《标准》的测试项目

（1）小学一、二年级

测试项目为身高、体重、坐位体前屈三项。

（2）小学三、四年级

测试身高、体重、50 m 跑、立定跳远四项。

（3）小学五、六年级

测试项目为六项，其中身高、体重、肺活量为必测项目。选测项目为三项：从台阶试验、50 m×8 往返跑中选测一项；从 50 m 跑、立定跳远中选测一项，男生从坐位体前屈、握力中选测一项，女生从坐位体前屈、握力、仰卧起坐中选测一项。

（4）初中及以上各年级（含大学）

测试项目为六项，其中身高、体重、肺活量为必测项目。选测项目为三项：从 50 m 跑、立定跳远中选测一项；男生从台阶试验、1 000 m 跑中选测一项，女生从台阶试验、800 m 跑中选测一项；男生从坐位体前屈、握力中选测一项，女生从坐位体前屈、仰卧起坐和握力中选测一项。

5. 测试与评分标准

《标准》中的选测项目由各地（市）级教育行政部门在测试前随机确定。考虑到城乡的不同情况，《标准》中的台阶试验项目农村学校可选测相应项目，城市学校统一进行台阶试验的测试。

《标准》中的身体形态、身体机能和身体素质的测试方法按人民教育出版社出版的《学生体质健康标准（试行方案）解读》中的有关要求进行。

6. 等级评定与登记

各个测试项目的得分之和为《标准》的最后得分，根据最后得分评定等级：86 分以上为优秀，76～85分为良好，60～75分为及格，59分及以下为不及格。每学年评定一次成绩并记入《学生体质健康标准登记卡片》，小学按照组别两年评定一次，其他年级每学年评定一次。学生毕业年级的等级评定，按毕业当年的成绩和其他学年平均成绩（各占50%）之和评定。

《标准》由教育部负责解释。

第三节　体育锻炼与身心健康

一、心理健康对体育锻炼的影响

很多体育专家认为，在激烈竞争的体育大赛中，要取得优异成绩，身体、技战术等方面的因素占70%，而心理因素占30%。大学生体育锻炼的效果同样取决于他们的心理健康水平。心理健康水平高的学生掌握体育技能快，更易从体育锻炼中得到乐趣，从而持之以恒地参加体育锻炼。

1. 智力对体育锻炼的影响

人的智力和身体活动有复杂的关系。无论是竞技运动还是体育锻炼，均要求有敏锐的观察能力、精确的判断和记忆能力、丰富的想象能力以及快速的思维能力。这表明个体的智力水平对体育锻炼起着重要的作用。

2. 情绪对体育锻炼的影响

情绪对体育锻炼的影响很大。良好的情绪可以明显提高人的活动能力，使人精神焕发、斗志旺盛，以积极的态度迎接各种挑战，并努力坚持到底。不良的情绪会使人精神萎靡、心烦意乱，在困难面前畏缩不前。

在体育锻炼的过程中，如果不能很好地控制情绪，就很难掌握好技术动作，造成动作失调，也就不能达到理想的锻炼效果。相反，如果情绪稳定、精力集中，以饱满的热情投入锻炼，就会促进动作技能的掌握，使锻炼达到事半功倍的效果。

3. 意志对体育锻炼的影响

体育锻炼能磨炼人的意志，顽强的意志有助于掌握动作技能，提高体育成绩。其主要表现在肌肉紧张时的意志努力，集中注意力时的意志努力，面临危险、克服恐惧心理时的意志努力，克服疲劳和运动损伤时的意志努力等方面。

二、体育锻炼对心理健康的影响

21世纪，人们更加注重生活品位、提高生活质量。体育锻炼可以提高人的满足感、成就感，并在以下几个方面对人的心理健康产生良好的作用。

1. 调节精神状态、缓解紧张情绪

人在体育活动的过程中，机体要接受很多新的感觉信息，从而促进大脑皮层兴奋性的提高，使人克服萎靡状态、精神焕发。当前，有氧运动风靡全球，人们漫步在林间小路上，空气中负离子和充足的氧气，能大大改善机体的供能状况，更使人心旷神怡。当代大学生在日

常的学习和生活中，难免会遇到挫折和困难，在各种考试和就业等问题上，也可能会产生焦虑、紧张情绪。参加体育锻炼能有效地缓解紧张情绪，降低焦虑水平，调节精神状态。

2. 培养高度的自信心、责任感和强烈的求知欲，形成顽强的意志品质

没有对自身能力的高度自信，就无法动员和控制自己的内在身心潜力。每当练习一个新动作或进行一场比赛时，都是迎接一次新的挑战，参与者必须具有强烈的求知欲和责任感。

意志品质包括自觉性、果断性、坚韧性和自制力。在体育锻炼中要不断面对客观困难（如动作的难度、气候条件的变化等）和主观困难（如紧张和恐惧心理、疲劳等），参与者在努力克服各种困难、挑战极限、超越自我的过程中，培养了顽强的意志品质。

3. 形成良好的自我概念，建立良好的人际关系

自我概念是指一个人对自己的身体、思想和情感等的整体评价。坚持体育锻炼，可以改善人的身体的自我概念。身体的自我概念包括一个人对自己体育能力的评价，对于自己的身体外貌（吸引力）的评价，对自己身体的抵抗力和健康状况的评价。研究表明，经常参加体育锻炼的学生比不经常参加体育锻炼的学生对自己的评价更为积极。建立一个良好的身体概念，将有助于提高身体的自我价值和自尊心。

随着社会的发展以及生活节奏的加快，人与人之间的联系越来越少。体育锻炼是一种增加人与人之间接触的好方式。研究表明，性格内向者更需要从事体育锻炼，在这个过程中，可以学会和别人友好相处、相互合作，体验良好的集体气氛，享受体育锻炼带来的乐趣。所以体育锻炼对于消除人的孤独感和人际关系障碍具有显著的作用。

4. 提高智力、消除疲劳

体育锻炼能使人的反应速度、注意力、思维和想象能力等得到提高。由于体育运动要求人的双手及上下肢相互配合、协调用力，促进了大脑各个部分的均衡发展，从而提高了智力水平。

疲劳是一种综合性症状，当一个人的情绪消极，或任务超出个人的能力时，生理上和心理上都会很快地产生疲劳。如果体育锻炼时保持良好的心理状态和中等强度的运动量，就能减轻疲劳。人们持续紧张的学习和工作极易造成身心疲劳和神经衰弱，体育锻炼可以使他们的身心得到放松。

5. 治疗心理疾病

很多心理医生认为，体育锻炼可以作为治疗抑郁症及消除焦虑症的有效手段之一。现代社会中，由于学习、工作和其他方面的压力或挫折而引起的焦虑症和抑郁症的人不少，通过体育锻炼能有效地缓解或消除这些心理疾病。

第四节 体育锻炼的卫生

一、运动卫生

1. 一般成年人的运动卫生

① 体格检查。

② 进行剧烈的体育活动前要充分做好准备活动，使身体进入"工作状态"。

③ 剧烈运动后要做整理放松活动，使运动器官得到最好、最快的放松。

④ 体育锻炼时必须穿符合运动项目的服装和运动鞋，既方便锻炼又保护身体。

⑤ 冬季锻炼应注意保暖，防凉，注意呼吸，尽量减少冷空气对呼吸道的影响。

⑥ 剧烈运动后不要马上进行冷水浴或去游泳。

⑦ 饭后一小时再去运动，运动中或运动后不宜马上大量饮水或吃冷食。

⑧ 在新鲜的空气环境中进行锻炼并要注意皮肤的卫生，早晨不宜做剧烈的运动。

2. 女子运动卫生

① 女性可多做些平衡性、柔韧性、节律性的动作，部分练习要适当降低要求，运动量不宜过大。

② 女子进行力量练习时负荷不宜过重，时间不宜过长。

③ 对腹腔、盆腔震动较大的动作不宜练习。

④ 月经期间不宜做过于激烈的活动、持续时间较大的运动、对抗性强的运动，不宜参加竞赛。

3. 自我医务监督

自我医务监督是指体育运动参加者采用最简单，最直接的方法，对自己的健康状况和身体反应进行观察，以便更好、更科学地安排体育锻炼，防止意外的发生，提高锻炼效果。

自我监督的内容包括主观感觉和客观检查。主观感觉包括运动欲望、自我感觉、睡眠、食欲、排汗量等。客观检查包括对脉搏、体重、大小便的检查。经常参加体育锻炼的成年人晨脉一般为 44~60 次/min。

二、生活环境卫生

从事体育锻炼，除要遵循人体生理规律和符合运动卫生要求外，还必须遵守合理的生活作息制度，注意合理的饮食卫生和体育锻炼的环境卫生。

合理的饮食卫生包括以下几个方面：

① 要有足够的进食量，以保证每天营养的需要。

② 要重视蛋白质的补充，因蛋白质中含有 20 多种氨基酸，其中 8 种是人体所必需的。

③ 要建立合理的饮食制度，营养要全面，不可偏食。

④ 戒除不良嗜好，不可暴饮暴食。

三、运动中的生理反应和疾病防治

由于运动，使人体生理活动过程的有序性受到暂时性破坏，因而常常出现某种生理反应。如不注意或不及时处理好，对身体不利。

1. 肌肉酸痛

① 原因：运动时肌肉活动量大，引起局部肌纤维及结缔组织的细微损伤，以及部分肌纤维的痉挛所致。

② 症状：局部肌肉痛、发胀、发硬。

③ 处理：热敷、按摩、进行静力牵张练习、口服维生素 C。

④ 预防：科学安排运动量负荷，避免肌肉负担过重，准备活动中，注意对即将练习时

负荷重的局部肌肉活动。除进行一般性放松练习外，还应重视肌肉的伸展性练习。

2. 肌肉痉挛

① 原因：准备活动不充分，肌肉收缩失调或损伤，肌肉受到寒冷刺激，长时间剧烈运动大量出汗，疲劳过度，体内缺少电解质引起的。

② 症状：肌肉突然变得坚硬、疼痛难忍，一时不易缓解。

③ 处理：牵拉屈曲的指（趾）或肌肉使其伸展，局部按摩热敷，离开寒冷环境，喝盐开水。

④ 预防：运动前做好充分的准备活动，冬季注意保暖，夏天喝些盐开水，疲劳时不宜剧烈运动。

3. 极点和第二次呼吸

① 极点：人体在剧烈运动时，由于内脏器官的活动能力落后于运动器官的需要，从而产生一种机能障碍，氧债不断增加，酸性物质积累在血中，引起呼吸和循环系统活动失调，出现如呼吸困难，胸闷难忍，下肢沉重，动作迟缓，并伴有恶心等现象，这种运动生理反应称为"极点"。

② 第二次呼吸：极点出现后，再继续坚持运动，随着机能的调节及内脏器官机能的改善，氧化供应增加，极点逐渐消失，生理过程出现新平衡，运动能力又得以恢复或提高，这种现象称为"第二次呼吸"。

4. 过度疲劳

① 原因：生活无规律，病后身体未恢复，疲劳未清除，训练不当，短期内参加竞赛过多，休息、睡眠不足。

② 处理：早期发现可调整计划，减轻身体负担，注意休息。有症状阶段要暂停训练，并进行必要的治疗，如药物、按摩、医疗体育等。

③ 预防：合理安排学习或体育锻炼，注意休息和饮食，加强自我监督。

5. 运动中腹痛

① 原因：准备活动不充分，开始运动过于剧烈，内脏器官功能尚未达到适应状态，致使脏腑功能失调，引起腹痛，或是肠胃痉挛，肝脾淤血，腹腔脏器有慢性病。

② 处理：弯腰跑、减速、深呼吸或暂停运动，对胀痛的腹部揉按，也可按或针刺内关、足三里等穴位。口服十滴水可解除胃肠痉挛。

③ 预防：合理安排训练或体育锻炼时间，注意运动节奏，充分做好准备活动。

6. 低血糖症

正常人的血糖为 80 ~ 120 mg/100 ml，若低于正常值 50% ~ 60%，会出现一系列症状，称低血糖症。

① 原因：运动或比赛前处于饥饿状态，过分紧张，长时间运动，血糖消耗太大，有不同程度的代谢紊乱疾患。

② 表现：轻者感觉饥饿、疲乏、头晕、心悸、面色苍白、出冷汗，重者出现低血糖性休克。

③ 处理：轻者喝浓糖水，平卧保暖休息，重者掐或针刺人中、百会、涌泉、合谷等穴位，并迅速作静脉注射高渗葡萄糖。

④ 预防：不要饥饿状态下参加剧烈运动，有较轻症状时，应停止运动，饮些糖水，有糖代谢疾患者，应及早治疗。

7. 运动性贫血

① 原因：因运动引起血红蛋白减少，即称运动性贫血（血液中血红蛋白量的正常值男性为 12 g/100 ml，女性为 10.5 g/100 ml）。

运动时肌肉对蛋白质和铁的需要量增加，饮食中摄取的蛋白质不足，可引起运动性贫血。此外，红细胞的新生与衰亡之间的平衡被破坏，也可导致运动性贫血。

② 表现：头晕、恶心、呕吐、气喘、体力下降，运动后心悸，心率加快，面色苍白。

③ 预防：合理安排运动量和运动强度，比较饥饿情况下不要长时间大运动量，运动后补充含蛋白质和铁丰富的物质。

8. 运动晕厥

在运动中或运动后一次性失去知觉称为运动性晕厥。

① 原因：由于剧烈运动或长时间运动使大量血液聚在下肢，回心血量减少，脑供血量不足所致，致使心输出量减少。另外，不吃早饭，空腹运动，血糖含量低，造成能量供应不足而引起头晕，由于重力引起的乏力性休克。

② 表现：先是全身乏力、头晕、耳鸣、眼前发黑、面色苍白，接着失去知觉，突然倒地，出现手足发凉，脉慢而弱，血压下降、呼吸缓慢，瞳孔缩小等症状。

③ 处理：有先驱症状时，应下蹲或休息片刻，正晕厥者应使其平卧、头低足高，解松衣领，注意保暖，不醒者可掐或针刺人中、百合、涌泉等穴位。

④ 预防：坚持锻炼，增强体质，久站时要经常交替活动下肢，急跑后不要骤停不动，久病体弱者暂不参加剧烈运动。

9. 运动性血尿、蛋白尿

剧烈运动后，尿中发现肉眼或显微镜下可见的红血球者称为运动性血尿，运动后引起尿中蛋白质排出称为运动性蛋白尿。

① 原因：肾小球一时性机能障碍，外伤，泌尿系统有器质性疾患。

② 表现：尿色清红，严重蛋白尿者有贫血或浮肿表现。

③ 调整运动量，加强自我监督和医务监督。

10. 运动性血红蛋白尿

① 原因：红血球破坏增加，血浆中的球蛋白含量降低或缺乏。

② 表现：一般无特殊症状，化验可确诊。

③ 处理：一般可自愈，也可口服维生素 C。

11. 中暑

① 原因：在高温环境下时间长久，缺乏饮水。

② 表现：轻者有头晕头痛、全身乏力，烦躁、恶心呕吐、口舌干渴；重者会发生昏厥不醒、面色苍白、出冷汗，体温不高，脉细弱、血压下降，呼吸表浅，瞳孔扩大等现象，甚至出现生命危险死亡。

12. 溺水

① 原因：不熟水性在水中受伤，造成水从口鼻进入肺引起呼吸困难而窒息。

② 救护：先将患者救出水面，清除口腔中的异物和分泌物，然后迅速使其头部低俯进行"倒水"，并做人工呼吸或胸外节奏性按压。

四、运动创伤的处理

运动创伤的处理分两个阶段：一是伤后的现场处理，二是离开现场以后的彻底处理。常见的运动创伤有软组织损伤、出血、骨折、脱臼、脑震荡等。

1. 软组织损伤

从发病过程可分为急性损伤和慢性损伤两类；从其表面看，可分为开放性损伤和闭合性损伤两类。属于开放性损伤的有擦伤、切刺伤、碰撞打击引起的皮肤破裂伤、骨断端穿破皮肤的开放性骨折等。属于闭合性损伤的如扭伤、拉伤、挫伤、挤压伤等。

① 表现：疼痛、肿胀，活动功能受到影响。

② 处理：若是开放性伤，一般有外出血，应止血并对伤口进包扎；若是闭合性伤，主要是控制肿胀和疼痛，可先用手直接按压伤处，然后用绷带或布条等替代物进行加压包扎。

2. 出血

出血可分为外出血和内出血两类。外出血又可分为动脉出血、静脉出血和毛细血管出血三种。动脉出血呈喷射状，颜色鲜红；静脉出血呈漫涌状，颜色暗红；毛细血管出血为缓慢渗出。

止血方法有以下两种。

（1）压迫止血法

该方法是运动创伤中最常用的止血方法，常用的压点有：颞动脉、颌外动脉、颈总动脉、锁骨下动脉、肱动脉、股动脉。

（2）止血带法

动脉出血及较大静脉出血时用止血带，使用止血带时必须注意以下几个方面：

① 带下局部要加衬垫物，以防损伤皮肤。

② 上止血带时，先用指压法压住动脉。

③ 应立即填写止血带时间，并标志于显眼处，然后再运走伤者。

3. 骨折和脱臼

① 骨折常见症状与体征：疼痛、畸形、活动失常、肿胀、压痛、骨擦音。

② 脱臼的症状与体征：关节畸形、活动失常、患肢缩短、局部肿胀或积血、压痛。

③ 诊断：若骨虽已折但无明显移位，周围组织无严重损伤属于闭合性单纯性骨折；如果骨断端穿破皮肤外露则属于开放性骨折；骨断端刺伤神经、血管、内脏就是复杂性骨折。脱臼有单纯性脱臼和复杂性脱臼。

④ 现场救护：止血止痛以抗休克；制动以防发生其他损伤；对开放性伤口进行冲洗、包扎、防感染，并注射破伤风血清。

⑤ 制动方法：夹板固定、身体固定、其他物体固定。

4. 脑震荡

① 表现：一时性意识丧失或休克，醒后有头晕、头痛，重者还有呕吐。

② 治疗方法：早期安静休息、理疗、药物治疗。

③ 现场救护及转运过程应避免头部的震动。

第三章
体育运动损伤及预防

一、运动损伤的概念

运动损伤是指在体育运动过程中，人体组织或器官在解剖上的破坏或生理上的紊乱所造成的损伤。与日常生活所发生的损伤不同的是，运动损伤与运动项目、训练安排、运动环境、运动者的自身条件以及技术动作有密切的关系。其损伤部位与运动项目以及专项技术特点有关。如体操运动员受伤部位多是腕、肩及腰部，与体操动作中的支撑、转肩、跳跃、翻腾等技术有关。运动损伤是人们在参加体育活动中经常遇到的问题，并由于运动项目很多，运动损伤种类也很多。运动损伤的特点和防治重点，也因运动项目和部位的不同而不同。损伤的主要原因有：训练水平不够，身体素质差，动作不正确，缺乏自我保护能力；运动前不做准备活动或准备活动不充分，身体状态不佳，缺乏适应环境的训练，以及教学、竞赛工作组织不当。但总的来说小损伤多、慢性伤多，严重及急性伤少。这些慢性小损伤，有的是一次急性损伤后处理不当，训练过早而变成慢性的伤，而更多的是由于运动量安排不当或由许多细微损伤逐渐积累而成。常用的治疗运动损伤的方法有按摩、针灸、理疗、针对性的功能锻炼、保护支持带、使用中药等。对细微损伤应重视治疗，避免反复损伤，使受伤的组织有一个安静的修复过程和条件。

二、运动损伤的分类

运动损伤可能由单纯的暴力产生，如投掷实心球时，用力过猛，上臂有附加扭转动作而造成肱骨骨折，小翻卷曲造成腕部舟状骨骨折等；也可由劳损加爆发力所致，如在跳跃时由于动作不正确，两脚掌不是同时落地，使地面的反作用力不是均匀地承担在两个跟腱上，久而久之就会造成单侧跟腱劳损变性，当受到突然外加较大的爆发力时，跟腱就会损伤。

运动损伤的分类方法很多，可按损伤的性质、损伤的程度或损伤的组织等进行分类。

① 按运动损伤的性质分：慢性损伤和急性损伤。

② 按运动损伤的表现形式分：开放性损伤和闭合性损伤。

③ 按运动损伤的程度分：轻度损伤、中度损伤和重度损伤。

④ 按运动损伤组织结构分：皮肤、肌肉、肌腱韧带损伤，关节损伤，骨组织损伤，骨髓损伤，神经和血管损伤，关节滑囊和滑膜损伤等。

⑤ 按运动损伤时间分：新伤和旧伤。

第二节　常见的运动损伤与处理

一、运动中最常见的运动损伤

（一）软组织损伤

软组织损伤可分为开放性和闭合性损伤两类。前者有擦伤、刺伤和切伤等，后者有挫伤、肌肉拉伤和肌腱腱鞘炎等。

1. 闭合性软组织损伤

受损伤的局部无创口者，称为闭合性损伤，主要包括关节扭伤、肌肉及韧带拉伤以及局部组织的挫伤等。关节扭伤是由于外力作用使关节活动超出正常生理范围，造成关节周围的韧带拉伤、部分断裂或完全断裂所致。闭合性软组织损伤早期处理的方法主要有：

① 冷敷。冷敷在应急处理过程中效果最为显著，它具有止痛、止血和减轻局部肿胀的作用。受伤后可尽快用自来水冲淋受伤部位，也可用冷水或冰袋、酒精或白酒冷敷。有条件时可用氯乙烷、冷镇痛气雾剂喷射受伤部位。喷射距离约为 10 cm，喷射时间为 3 ~ 5 s，重复使用时至少间隔半分钟（不宜使用于面部和创口）。冷敷时须防止冻伤，尤其在寒冷季节。如受伤部位已出现肿胀，不要揉搓、推拿和热敷。急性软组织损伤 1 ~ 2 天内，原则上不做热敷。

② 加压包扎。加压包扎是处理急性软组织损伤的关键，包扎得当可达到止血、防肿和缩短伤后康复时间的目的，受伤局部刚出现肿胀或肿胀虽不明显（如臀部、大腿部），但疼痛剧烈、活动障碍明显的，应经短时冷敷尽快加压包扎。包扎时注意松紧适度，包扎太松达不到加压的目的，太紧会引起局部血液循环障碍。包扎后要注意观察肢体循环状况，一旦出现青紫、发凉或麻木感，应及时松解重新包扎。加压包扎一般需要 24 小时。

③ 限制活动和抬高患肢。当肢体受伤较重时，为防止伤处继续出血，减轻肿胀和疼痛，一定要限制活动和抬高患肢数日，以促进血液、淋巴液的回流，加快消肿。

闭合性软组织损伤又分急性损伤和慢性损伤。下面介绍几种常见闭合性软组织急性损伤的原因、症状和处理方法。

（1）肌肉拉伤

① 原因与症状：肌肉拉伤是体育运动中最常见的一种肌肉损伤，通常指在外力直接或间接作用下，使肌肉过度主动收缩或被动拉长时所致的损伤。这种损伤特别是在准备活动不充分或运动过度，动作不协调以及肌肉弹性、伸展性、肌力差者更容易拉伤。肌肉拉伤后，受伤处肿胀、压痛，肌肉紧张或痉挛，触之发硬，出现功能障碍。严重的肌肉拉伤可导致肌肉撕裂。

② 处理：肌肉拉伤可根据疼痛程度判断其受伤的轻重，一旦出现痛感应立即停止运动，受伤轻者可即刻冷敷，使小血管收缩，减少局部充血、水肿，并局部加压包扎，抬高患肢。切忌搓揉及热敷，24 小时后方可施行按摩或理疗。如果肌肉已大部分或完全断裂者，在加压包扎后，应立即送医院进行手术治疗。

（2）肌肉挫伤

① 原因与症状：肌肉挫伤是运动中身体某个部位受到钝性外力直接作用所引起的闭合损伤。运动时身体相互冲撞，或身体某部碰在器械上，都可发生局部挫伤。单纯挫伤在损伤处出现红肿，皮下出血，并有疼痛以及功能障碍等。严重挫伤且有并发症时，还可能出现全身症状或特殊症状，若头部挫伤并发脑震荡或胸腹挫伤并发内脏器官损伤时，则出现头晕、脸色苍白、心慌气短、出虚汗、四肢发凉，烦躁不安，甚至休克等症状。

② 处理：在 24 小时内可冷敷或加压包扎，抬高患肢或外敷中药。24 小时后方可施行按摩或理疗。进入恢复期后可进行一些功能性锻炼。如果怀疑有其他组织器官损伤并出现休克症状，应立即进行抗休克处理，并送医院急救。肌肉断裂者应及早进行手术治疗。

（3）肩关节扭伤

① 原因与症状：一般因肩关节准备活动不充分、训练过度、用力过猛以及反复劳损所致，也有因技术错误、违反解剖学原理而造成损伤，肩关节扭伤多发生在排球、棒球和田径的投掷等运动项目中。其症状有压痛、疼痛，急性期有肿胀，慢性期三角肌可能出现萎缩，肩关节活动受到限制。

② 处理：单纯韧带扭伤，可采用冷敷，加压包扎，24 小时后可用理疗、按摩和针灸等方法治疗。出现韧带断裂时，应立即送医院缝合和固定处理，当肩关节肿胀和疼痛减轻后，可适当进行功能性锻炼，但不宜过早活动，以防转入慢性病症。

（4）踝关节扭伤

① 原因与症状：踝关节扭伤多发生在赛跑、篮球、足球、跳高、跳远、滑冰、滑雪、跳伞、摔跤等运动中。在运动中因跳起落地时身体失去平衡，使踝关节过度内翻或外翻所造成的损伤。在准备活动不充分、场地不平坦或动作不协调等情况下，更容易造成这类损伤。踝关节扭伤后，伤处肿胀、疼痛，韧带损伤处有明显压痛，皮下淤血。如果疼痛剧烈，不能站立、行走，可能发生骨折。

② 处理：踝关节受伤后，应立即进行冷敷，用绷带固定包扎，并抬高伤肢。24 小时后可根据伤情综合治疗，如外敷伤药、理疗、按摩等，必要时做封闭治疗；待病情好转后进行功能性练习。对严重患者，可用石膏固定。

（5）急性腰扭伤

① 原因与症状：急性腰扭伤是体育运动中最常见的一种急性损伤，尤其在举重、跳水、跨栏、投掷、跳高、体操、篮球、排球等运动中容易发生。运动时因腰部受力过重，肌肉收缩不协调，或脊椎运动超过正常生理范围都可能引起腰扭伤。损伤后，腰部疼痛，有时听到瞬间"格格"作响，有时出现腰部肌肉痉挛和运动受到限制的情况。

② 处理：腰部急性扭伤后，若轻度损伤，可轻轻按揉；若受伤较为严重，应立即让患者平卧，一般不应随意扶动，并用担架护送医院治疗。处理后，应睡硬板床或腰后垫一枕头，使肌肉韧带处于放松状态，先冷敷后热敷，24 小时后可施行按摩；也可用针灸、外敷药予以治疗。

（6）肌肉痉挛

① 原因与症状：肌肉痉挛俗称抽筋，是肌肉不自主地强直收缩，使肌肉变得坚硬，失去活动能力。游泳运动容易发生肌肉痉挛，最容易发生痉挛的肌肉是小腿后面的腓肠肌，其次是足屈拇肌和屈趾肌。引起肌肉痉挛的原因是多方面的，如在寒冷的环境中锻炼时，准备活动做得不充分，肌肉受到寒冷刺激后，兴奋性增高，容易引起肌肉痉挛；如果运动剧烈时间较长，由于身体大量排汗使体内盐分丧失过多，破坏了电解的平衡，导致体内盐分含量过低，兴奋性增高而使肌肉发生痉挛；在锻炼中肌肉快速连续收缩，放松时间过短，以致收缩与放松不能协调地交替，也会引起肌肉痉挛。在肌肉痉挛时，局部肌肉坚硬或隆起，剧烈疼痛，且一时不易缓解。有的缓解后，仍有不适感并易再次发生痉挛。

② 处理：发生肌肉痉挛时，一般可通过慢慢加力、持续牵拉肌肉的方式就可使之得到缓解并消除疼痛。如小腿抽筋时，可伸直膝关节，用力将足尖勾起或用异侧手牵拉前脚掌或用类似方法处理。牵拉时用力适宜，不可突然用力。此外，采用重力按压、推、揉、捏小腿肌肉以及点压委中、承山、涌泉穴等手法，也可使痉挛缓解。游泳时发生腓肠肌痉挛，不要惊慌，应尽量漂浮在水面，用异侧手握住前脚掌向身体方向牵拉，即可缓解肌肉痉挛。

2. 开放性软组织损伤

受损伤的局部有创口者，称为开放性损伤。开放性软组织损伤首先要止血。一般毛细血管出血，几分钟内会自行止血。创口出血较多时，现场可用干净的手帕覆盖伤口，再直接压迫或加压包扎止血；手指出血，则可用力压住指根两侧或扎紧指根部止血。其次应减少创口污染，保持创口清洁，减少不洁物品接触创口。再次，创口小、边缘对合良好的，可在消毒后直接用胶带牵拉固定一周。创口大或位于面部的创口要缝合，一周后拆线（面部五天即可）。最后，必要时口服消炎药物，以防感染。对于较深的污染伤口，应在清洁伤口后注射破伤风抗毒素。下面介绍几种常见开放性软组织损伤的原因、症状和处理方法。

（1）擦伤

① 原因与症状：擦伤是皮肤表面受到摩擦后的损伤。在运动中皮肤被擦伤最为常见，多发生在摔倒时，擦伤后皮肤有出血或组织液渗出。

② 处理：如擦伤部位较浅，只需涂红药水即可；如擦伤创面较脏或有渗血时，应用生理盐水清创后再涂上红药水或紫药水，再用消毒布覆盖，最后用纱布包扎。如果是面部轻微的擦伤可用生理盐水或凉开水洗创伤面，在创口周围用 76% 酒精消毒，创伤面涂 0.1% 新洁尔溶液或消炎软膏，无须包扎。对面部不要擦有色药水。关节附近擦伤用消炎软膏包扎较好，这样可以防止关节活动时创伤面干裂而影响愈合。

（2）撕裂伤

① 原因与症状：在剧烈运动时，受到突然强烈的撞击，造成肌肉撕裂。常见有眉际撕裂和跟腱撕裂等。开放性撕裂伤有出血、周围肿胀等现象，有疼痛感。

② 处理：轻度开放性撕裂伤，用红药水涂抹伤口即可；裂口大时，则需要止血和缝合伤口，必要时注射破伤风抗毒素，以防破伤风症。

（二）骨折

1. 原因与症状

常见骨折分为两种，一种是皮肤不破，没有伤口，断骨不与外界相通，称为闭合性骨折；另一种是骨头的尖端穿过皮肤，有伤口与外界相通，称为开放性骨折。前者皮肤完整，较易治疗；后者皮肤破裂，骨折端与外界相通，容易发生感染，较难治疗。运动中发生的骨折多为闭合性骨折，它是严重的损伤之一，但是比较少见。

发生骨折后，肢体形态常发生改变，患处立即出现肿胀，皮下淤血，肌肉可产生痉挛，有剧烈疼痛，移动时可听到骨的摩擦声，肢体失去正常功能。严重骨折时，伴有出血和神经损伤、发烧、口渴，甚至导致休克等全身性症状。

2. 处理

发生骨折后，如有休克症状者，应先让其躺下，将下肢抬高，头部略放低，同时注意保暖，保持呼吸道畅通，并给予止痛药，防止休克。若受伤者昏迷不醒，可用指掐人中、合谷穴使其苏醒。如果发生开放性骨折大出血，应迅速止血，并用消毒纱布等对伤口作初步包扎，此时不可用手回纳，以免引起骨髓炎。骨折后暂勿移动患肢，否则会产生剧烈疼痛或加重损伤，并应用木板、塑料板等固定伤肢。若上肢骨折，可弯曲肘关节固定于躯干上；若下肢骨折，可伸直腿固定于健肢上；若疑似脊柱骨折，应平卧并固定躯体，不能抬伤者头部，否则会引起伤者脊髓损伤或发生截瘫；若疑似颈椎骨折时，需固定头颈以避免晃动。对于骨折患者不要盲目处理，最好是打急救电话请急救车送医院治疗。对伤者经过处理后，应选择适当的搬运方法尽快送医院治疗。

（三）髌骨劳损

1. 原因与症状

髌骨劳损是膝关节长期局部负担过重或反复损伤累积而成的，也可能是一次直接外力撞击致伤而未及时治疗所致，大多发生在足球、体操、篮球和排球等运动中。髌骨具有保护股骨关节面、维护关节外形、传递股四头肌力量的作用，是维护膝关节正常功能的主要结构。髌骨劳损常有关节疼痛、肿胀等症状，特别是在上下楼梯、跑跳用力和半蹲位起跳时疼痛明显，而且还常常伴随有膝关节发软无力，重者在步行及静止时也觉疼痛。

2. 处理

髌骨损伤后，可采用中药外敷、针灸和按摩等方法加以治疗。平时也可加强膝关节肌群力量的练习，如采用高位静力半蹲，每次保持 3 ~ 5 分钟。病情好转时，可逐渐增加练习时间，每日练习 1 ~ 2 次。

（四）关节脱位

1. 原因与症状

关节脱位即脱臼，是因受直接或间接的外力作用，使关节面脱离了正常的解剖位置所致。关节脱位可分完全关节脱位和半关节脱位（或称错位）两种。在发生关节脱位的同时，由于暴力的作用，常常伴有关节囊、周围韧带及软组织损伤，甚至可能伤及神经、血管等。在运动中发生的关节脱位，大都是因间接外力撞击所致。如摔倒时用手撑地，引起肘关节或肩关节脱位。

关节脱位常出现畸形，与健肢对比不对称，因软组织损伤而出现炎症反应、局部疼痛、压痛和关节肿胀等症状，并失去正常活动功能，甚至发生肌肉痉挛等现象。

2. 处理

一旦发生关节脱位，应叮嘱病人保持安静，不要乱动，更不可揉搓关节脱位部位，妥善固定处理后送医院治疗。比如用长度和宽度相称的夹板固定伤肢，或者将伤肢固定在自己的躯干、健肢上；也可以先冷敷，扎上绷带，保持关节固定不动。如果是肩关节脱位，可把患者肘部弯成直角，用三角巾等宽带物把前臂和肘部托起，挂在颈上。如果是髋关节脱位，则应立即让病人平卧，并送往医院。必须指出，如果没有把握做整复处理时，切不可随意做整复手术，以免再度增加伤情。

（五）脑震荡

1. 原因与症状

脑震荡是指头部受到外力打击或碰撞到坚硬物体后，使脑神经细胞和神经纤维受到过度震动后所引起的意识和功能的一时性障碍。根据受伤的程度可分为轻度、中度和重度脑震荡，一般可恢复，多无明显的解剖病理改变。在体育运动中，头部受到重物打击或撞击器械、地面、硬物时，都可造成脑震荡。

脑震荡后，由于大脑管理平衡的膜半规管、椭圆囊、球囊等感受器功能失调，伤者会出现神志不清，脉搏徐缓，肌肉松弛，瞳孔稍大但能保持对称，神经反射减弱或消失。清醒后，患者常有头痛、头晕、恶心、呕吐感。头痛、头晕的症状在伤后数日内较明显，以后逐渐减轻；恶心、呕吐等现象在伤后数天内多可消失。此外，还可能出现情绪烦躁、注意力不易集中、耳鸣、心悸、多汗、失眠、记忆力减退等一系列植物性神经功能紊乱症状。

2. 处理

应让伤者平卧，保持安静，不可坐起或站立，冷敷头部，注意保暖；若出现昏迷，可指压人中、内关、合谷穴；若发生呼吸障碍，应立即进行人工呼吸。上述处理后，出现反复昏迷或昏迷时间超过几分钟以上，两侧瞳孔不对称或耳、鼻、口内出血及眼球青紫，或者伤者清醒后，有剧烈头痛、呕吐以及再度昏迷者，表明损伤较为严重，应立即送医院治疗。在运送途中，伤者要平卧，头部要固定，避免颠簸振动。意识不清者，要保持呼吸道的畅通，可使伤者侧卧，以防止发生窒息。

对于轻度脑震荡者，或者无严重征象、短时间意识丧失后很快恢复的伤者，也应注意休息，卧床休息到头痛、头晕等症状完全消失。切忌过早地参加体育活动和脑力劳动。在恢复过程中，可定期做脑震荡痊愈平衡试验，以检查病况进展。其方法是闭目、单腿站立、两臂平举，如果能保持平衡，表明脑震荡已基本治愈。这时可适当参加体育锻炼，但要避免滚翻和旋转性动作。

二、在运动损伤中最常见的急救技术

急救是指对运动中突然发生的严重损伤进行紧急、初步和临时性处理，以减轻患者痛苦，预防并发症，为转送医院进一步治疗创造条件。运动损伤的急救是一种极其重要的工作。如果处理不当，轻者加重损伤，甚至感染，增加患者痛苦；重者致残，甚至危及生命。因此，应当及时、准确、合理、有效地进行急救。对运动损伤采用的最常见的急救技术有止血、包扎和人工呼吸等方法。

（一）止血

人体受伤后，如果大量出血将危及生命，因此应立即进行止血处理。根据出血的性质分为毛细管出血、静脉出血和动脉出血。如果是静脉出血，血液呈暗红色，危险性较小，一般

用加压止血法止血即可；如果是动脉出血，血液呈鲜红色，危险性较大，常用指压止血法和加垫屈肢止血法。根据出血的部位可分为外出血和内出血两种。在开放性损伤中血管因受伤破裂，而使血液从伤口向体外流出称为外出血。这里介绍外出血的几种止血方法。

1. 加压包扎止血法

主要用于小的外伤、毛细血管或小静脉出血，流出的血液易于凝结，在伤口部盖上消毒敷料，然后用三角巾或绷带等加压包扎即可。

2. 指压止血法

指压止血法是用手指压迫创口或压迫身体浅部的动脉达到止血的目的。一般用于动脉止血，即用手指将出血动脉的近心脏端用力压向其相对的骨面，以阻断血液来源而达到临时止血的目的。

3. 用止血带止血法

四肢大动脉出血，不易用加压包扎或指压法止血时，可用止血带（橡皮带或其他代用品）缚扎于出血部的近心脏端。注意止血带不能直接压在皮肤上，而先要在用止血带的部位拿三角巾、毛巾等软物包垫好，将伤肢高抬，再扎上止血带，其松紧度以能压住动脉血流为原则，缚后以肢端蜡色为宜；如果呈紫红色则能压住动脉血流为原则，如系上肢应每隔20~30分钟放松一次，如系下肢应每隔45~60分钟放松一次，并观察伤肢血液循环情况。凡用止血带后的伤者，必须记录用止血带的部位与时间，并应迅速送医院。

4. 加垫屈肢止血法

主要用于前臂或小腿出血时的止血。在肘窝或膝窝放纱布等物品，屈曲关节，用绷带将屈曲的肢体紧紧缠起来，每隔1小时左右松开绷带一次，观察3~5秒钟，以防止肢体坏死。

（二）包扎

包扎有保护伤口、减少感染机会、压迫止血、固定骨折和减少伤痛的作用，是损伤急救的主要技术之一。包扎常用的材料有绷带、三角巾等。现场如果没有这些材料，亦可用毛巾、衣物等代替。包扎动作应力求熟练、柔软，松紧应适宜。这里介绍以绷带为材料或类似绷带的材料的几种包扎法。

1. 环形包扎法

常用于肢体较小部位的包扎，或用于其他包扎法的开始和终结。包扎时打开绷带卷，把绷带斜放在伤口之上，用手压住，将绷带绕肢体包扎一周后，再将带头和一个小角反折过来，然后继续绕圈包扎，第二圈盖住第一圈，包扎3~4圈即可。

2. 螺旋包扎法

绷带卷斜行缠绕，每卷压着前面的一半或三分之一。此法多用于肢体粗细差别不大的部位。

3. 反折螺旋包扎法

在做螺旋包扎时，用拇指压住绷带上方，将其反折向下，压住前一圈的一半或三分之一，多用于肢体粗细相差较大的部位。

4. "8"字包扎法

多用于关节部位的包扎。在关节上方开始做环形包扎数圈，然后将绷带斜行缠绕，一圈在关节下缠绕，两圈在关节凹面交叉，反复进行，每圈压过前一圈一半或三分之一。

（三）人工呼吸

人工呼吸的方法有举臂压胸法、仰卧心脏胸外挤压法、俯卧压背法、口对口呼吸法等，其中以口对口呼吸法和仰卧心脏胸外挤压法最为有效。

1. 口对口呼吸法（图3-1）

首先清除患者口中的分泌物或呕吐物，松开衣领、裤带和胸腹部衣服，及时将患者仰卧，头部后仰，急救者一手托起患者下颌，掌根部轻压环状软骨（即食道管）以防止空气进入胃内，另一只手捏住患者的鼻孔，然后深吸一口气，与患者的口紧密接触后，将大口气吹入患者口中，吹气后将捏鼻子的手松开。如此反复进行，吹气频率每分钟约16~18次，直至患者自主恢复呼吸为止。

2. 心脏胸外挤压法（图3-2）

将患者仰卧在木板或平地上，急救者两手上下重叠，用掌根置于患者胸骨下半部，肘关节伸直，借助于自身体重和肩臂部力量，均匀而有节律地向下施加压力，将胸壁下压3~4厘米，随即松手，胸壁将自然回弹。如此反复进行，每分钟约60~80次，直至患者自主恢复心脏跳动为止。

图3-1 人口呼吸

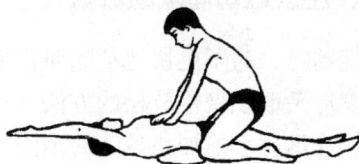

图3-2 心脏胸外挤压法

必要时口对口呼吸法和心脏胸外挤压法同时进行。急救者之间应密切配合，两者以1:4频率进行。

第三节　常见运动性疾病的预防

大学生大都喜爱运动，并积极参与各项体育活动，但常常因缺乏一定的运动训练知识，受伤后往往造成不必要的痛苦，严重者甚至导致终生遗憾。为了减少运动损伤的发生，避免伤害事故，保证体育教学、训练和比赛正常进行，首要任务是做好预防工作。其实，只要我们了解运动损伤发生的原因，掌握一些基本的运动保健知识等，所有伤害都是可以预防和避免的。为此提出以下预防运动损伤的几点注意事项。

一、学习预防知识，加强安全意识

学习预防运动损伤的技术和理论，是防止发生运动损伤的基本要求。加强安全意识，克服麻痹大意思想是防止运动损伤发生的一个重要手段。认真进行体育道德风尚教育，提倡文明、健康的各种形式的体育比赛，也有助于预防运动损伤。

二、做好准备活动和整理活动

准备活动可以提高中枢神经系统的兴奋性，克服机体机能活动的生理惰性，为正式练习做好准备。准备活动能增加肌肉中毛细血管开放的数量，提高肌肉的力量、弹性和灵活性，同时还可以提高关节韧带的机能，增强韧带的弹性，使关节腔内的滑液增多，防止肌肉和韧带的损伤。在运动前要认真做好准备活动，除了做一般性、专门性的活动之外，还要有针对性地对易受伤部位的关节、韧带和肌肉等做好准备活动。在进行准备活动时，既要躯干、肢体的大肌肉群和关节充分活动开，同时也要注意各个小关节的活动。在运动、训练或比赛结束后要充分做好整理活动。

三、合理安排运动负荷，遵循教学规律

要掌握正确的训练方法和运动技术，科学地增加运动量，避免单调片面的训练方法，防止局部负担量过重。对于不同性别、年龄、水平及健康状况的人，训练时在运动量的安排上应因人而异、循序渐进、遵循教学规律、注意全面地锻炼身体。身体的全面发展对掌握动作，提高技术、战术，尤其是预防运动损伤起着积极的、重要的作用。

四、注意运动间歇的放松

在运动时，为了更快地消除肌肉疲劳，防止由于局部负担过重而出现的运动损伤，每次练习间隙应采取积极性放松的方法。许多锻炼群体对这一问题很不重视，往往采取消极性的休息，这样做并不能加快疲劳的消除，再练习时还易出现损伤。另外，放松应根据项目特点来进行。如侧重于上肢练习的项目，在间隙期可做些下肢练习。反之，则做些上肢的练习。这样可以改善血液供给，使肢体中已疲劳的神经细胞加深抑制，得到休息，对于消除疲劳及防止运动损伤有着积极意义。

五、防止局部负担过重

锻炼时负荷过于集中，会造成机体局部负担过重而引起运动损伤。如膝关节半蹲起跳动作过多，易引起髌骨损伤；过多地练习鸭步可引起膝内侧副韧带及半月板的损伤。因此，在锻炼中应避免单调的锻炼方法，防止局部负担过重。

六、认真检查场地、器材，提高自我保护意识

熟悉运动环境，重视运动器材、场地的安全和卫生，掌握运动器材的正确使用方法，加强对场地器材的维护和检查。在运动中，掌握运动要领，加强保护、帮助和自我保护意识。如摔倒时，立即屈肘低头、团身，以肩背着地，顺势滚动，而不能直臂或肘部撑地；由高处跳下时，要用前脚掌着地，注意屈膝、弯腰，两臂自然张开，以便缓冲和保持身体平衡。另外，不要穿戴不适合运动的鞋子、服装和饰品参加运动。

七、加强易伤部位锻炼

运动中肌肉、关节囊、韧带等软组织的损伤较为多见。增强股四头肌的力量可以防止膝

关节损伤；防止肩关节损伤应加强三角肌、肩胛肌、胸大肌和肱二头肌的锻炼。因此有意识加强易伤部位的锻炼对预防损伤也具有重要作用。

八、加强医务监督

加强医务监督，提高自我保健意识，并善于把握自己在运动前后的生理变化，定期进行体格检查，了解身体生长发育和健康状况，结合实际，科学地安排锻炼计划，或者在医生和体育老师的指导下进行体育锻炼。

在实际的运动中，人体生理活动过程的有序性受到暂时性的破坏，因而常常出现某种生理反应。现将这些常见的生理反应的原因、症状及处理总结如下。

1. 肌肉酸痛

（1）原因

刚开始或间隔较长时间后再锻炼，由于运动量较大，从而引起局部肌纤维及结缔组织的细微损伤，以及部分肌纤维的痉挛。

（2）症状

局部肌肉疼痛、发胀、发硬。

（3）处理

可对酸痛的肌肉进行热敷，还可进行肌肉按摩。

2. 肌肉痉挛

（1）原因

在体育锻炼时，肌肉受到寒冷的刺激；准备活动不够充分，肌肉猛力收缩；局部肌肉疲劳，大量出汗，疲劳过度，体内缺少氢化物。

（2）症状

肌肉突然变得坚硬和隆起，疼痛难忍，且不易缓解。

（3）处理

立即对痉挛部分进行牵引，还可配合揉捏、扣打等按摩，症状即可缓解和消失。

3. 运动中腹痛

（1）原因

主要是准备活动不充分，运动过于激烈，内脏器官的功能不能满足运动器官的需要，造成脏腑功能失调，引起腹痛。

（2）症状

两肋处有胀痛感或腹部疼痛。

（3）处理

减慢运动速度，加深呼吸，疼痛常可减轻或停止；若无效，应停止运动，口服十滴水或揉按内关、足三里、大肠腧等穴位；若仍无效，则应送医院治疗。

4. 运动性昏厥（休克）

（1）原因

由于剧烈运动或长时间运动使大量血液聚在下肢，回心血量减少，脑供血不足导致昏厥。另外，有人空腹运动，血糖含量较低，造成能量供应不足而引起头昏。

（2）症状

全身无力，头昏耳鸣，眼前发黑，脸色苍白，失去知觉，突然昏倒，手足发凉，脉搏慢而弱，血压降低，呼吸缓慢。

（3）处理

应立即使患者平卧，足略高于头，并由小腿向大腿、心脏方向进行按摩，同时手指掐人中、百会、合谷等穴位。

5. 中暑

（1）原因

在高温环境中（温度高、通气差、头部缺保护），被烈日直接照射，因体温调节功能障碍而发生中暑。

（2）症状

轻度中暑时会出现面部潮红、头晕、头痛、胸闷、皮肤灼热、体温升高；严重时将出现恶心、呕吐、脉搏快而细弱、精神失常、虚脱抽搐、血压下降甚至昏迷。

（3）处理

将患者迅速移至通风、阴凉处，冷敷额头，温水抹身，并喝含盐饮料或十滴水，数小时后即可恢复。

6. 极点和第二次呼吸

（1）原因

由于内脏器官的活动跟不上运动器官的需要，能量消耗大，氧供应不足，下肢回流血量减少，血乳酸大量堆积，引起呼吸循环系统活动失调，而导致动力定型的暂时混乱，从而使动作慢而无力，也不协调。

（2）症状

呼吸困难，胸闷难忍，下肢沉重，动作不协调，甚至有恶心现象，简直不愿意再继续运动下去。

（3）处理

适当减慢速度，加深呼吸，坚持运动下去。无须疑虑和恐惧，这是一种正常的生理现象，随着训练水平的提高，这种生理反应将逐步推迟和减轻。

7. 运动性哮喘

（1）原因

可能与体质过敏，冷空气对呼吸道的刺激等因素有关。

（2）症状

一般在剧烈运动后 5~10 分钟发生。表现为面唇发绀、呼吸困难等。

（3）处理

多数患者在 1 小时内可自行缓解。

8. 运动性血尿

（1）原因

由于剧烈运动时肾脏血管收缩，肾血流量减少，氧气暂时供应不足，从而导致肾小管通透性增强而引起。

（2）症状

常在剧烈运动后出现，健康人在运动后出现的一过性血尿，虽经详细检查未找到其他原因。

（3）处理

这种情况需要立即休息，一般休息一周后可以完全消除。预防的办法是运动量逐渐增大，循序渐进，切忌过量运动。

9. 运动性贫血

（1）原因

一是运动量过大当乳酸浓度增大时，血液 pH 值下降，结果造成红细胞破坏，血红蛋白被分解；二是因剧烈运动出汗过量，使造血原料铁元素大量流失，又不能得到及时补充，引起缺铁性贫血。

（2）症状

剧烈运动之后，出现面色苍白，头晕目眩，心慌气促，四肢无力，精神萎靡等症状，即运动性贫血。

（3）处理

根据自身的体质选择相适应的锻炼项目，饮食要保证足够的蛋白质和铁质供给。

第四章
健美操

第一节 健美操的起源与发展简况介绍

一、国际健美操的起源与发展

健美操运动可追溯到两千多年前。古希腊人喜爱采用跑跳、投掷、柔软体操和健美操舞蹈等各种体育项目进行人体美的锻炼，提出了"体操锻炼身体，音乐陶冶精神"的主张。古印度很早就流行一种瑜伽术，它把姿势、呼吸和意念紧密结合起来，通过调身、调息、调心，运用意识对肌体进行自我调节，健美健心，达到延年益寿。瑜伽健身术的各种基本姿势与当前世界流行的健美操所常用的基本姿势是一致的。古代人对健身健美的追求，以及提倡体操与音乐相结合的主张是现代健美操形成与发展的基础。

欧洲文艺复兴时期，人体美格外受到重视，许多教育家认为古希腊体操是健美人体最完整的体育系统，提倡开展体操运动。18世纪德国开设的培训体育师资课程就有哑铃、吊环等运动，这些形式的锻炼，既是现代体操的雏形，也是现代健美操的起源。19世纪欧洲出现了各种体操学派，有人指出：健美操是在"基本体操"的基础上发展起来的。法国人为了帮助演员在表演姿态中姿态自然、举止仪表富有表现力，建立了德尔沙特体系，并赋予体操动作两个新的特征：美感和富于表情。19世纪末这种体系在女子中非常流行。瑞士教育家设计了一种描述肌肉活动和音乐伴奏相结合的音乐体操。这种体操练习是为了通过自然的身体活动来发展学生的音乐和节奏感。

上述各种体操流派的教育思想、教学方法和技术动作，都与现代体操有着密不可分的联系，即注重人体健康的优美，注重自然的全身动作，注重动作节奏的流畅性，这正是现代健美操的初级阶段。现代健美操起源于生活及人们对人体健美的追求，是体操、舞蹈、音乐逐步结合发展的产物。20世纪70年代末以来，健美操以其强大的生命力风靡世界。美国是对现代健美操发展具有较大影响的国家，最初是美国太空总署医生库帕博士为太空人设计的体能训练阿洛别克项目，1969年综合了体操和现代舞创编了健美操并在美国迅速兴起。美国电影明星简·方达根据自己健身的体会编写出版了《简·方达健身术》，并以自己所编的健美操及锻炼成效现身说法，对健美操在世界范围的推广作出了贡献。1985 年开始，美国正式举办一年一度的健美操锦标赛，确定了比赛项目和规则，使健美操发展成为既是健身美体、陶冶情操的大众健身方式，又是竞技运动的一个项目。

近 20 年来，美国以健身、健美为主的健美操和比赛为主的竞技健美操一直处于世界领先地位。健美操在欧洲也很普及。在法国巴黎仅健美中心就有 1 000 多个，电视台的健美操教学是最受欢迎的节目之一。

二、我国健美操的兴起与发展

两千多年前，中国古代导引图上，就描绘着 44 个不同性别、不同年龄的做着各种不同姿势的栩栩如生的人物，有站、立、蹲、坐等基本姿势，臂屈伸、方步、转体、跳跃等各种动作，几乎和当今健美操动作相仿。

1840 年鸦片战争之后，欧美各国体操相继传入我国。1905 年大通师范学堂开设了"体操专修科"，1908 年上海创办了第一所体操学校，1937 年发行了《女子健美操集》。后又相继出版了《男子健美操集》，增加了哑铃等轻器械的练习内容。

20 世纪 70 年代末，健美热传到了我国。1982 年年底上海电视台录制了娄琢玉的形体健美操、持环健美操等专题节目，1983 年体育报增刊《健与美》，1984 年中央电视台"女子健美操""马华健美 5 分钟""美国健身术""动感组合"等，为健美操在我国的宣传与普及起到了积极的引导作用。

1984 年原北京体育学院和上海体育学院分别成立了健美操研究室，率先开设了健美操课程。一些大中专院校也根据国家教委对学校体育教学的要求，逐步开设了健美操必修课或选修课。目前，健美操已成为我国各级各类学校体育课或课外活动中一项深受师生欢迎的教学内容和锻炼方式。1992 年，国务院颁布了《全民健身计划纲要》，健美操成了全民健身的重要项目之一。1998 年 10 月国家体育总局制定并颁布了《健美操运动员技术等级标准》，对国际运动健将，国家运动健将和一、二、三级运动员都有明确的达标要求。1999 年国家体育总局制定和颁布了大众健美操锻炼标准 6 套等级动作，并设立了国家级和一、二、三级健美操等级指导员制，从而大大促进了我国全民健身运动的深入开展和健美操运动技术水平的提高。

1987 年 5 月，我国首次在北京举行了竞技健美操比赛"长城杯"健美操邀请赛，此后每年举行一次全国健美操锦标赛。1992 年 9 月中国健美操协会在北京成立。1992 年 2 月，中国大学生体协健美操艺术操分会在北京成立，协会每年举行一次大学生健美操艺术体操比赛，标志着我国健美操运动已进入一个崭新的发展阶段。我国健美操规则与我国健美操项目的发展紧密相连，在 1987 年到 1999 年之间，我国健美操竞赛规则有两个系列：一是由原国家体委在 1987 年、1992 年、1996 年制定的《健美操竞赛规则与裁判法》；二是由中国大学生体协健美操、艺术体操分会，1991 年和 1993 年制定的《大学生健美操竞赛规则》。1999 年元月，我国的健美操正式与国际接轨，并邀请了制定国际健美操规则的外国专家来华讲学。至此，全国统一执行由国际体操联合会制定的《1997—2000 年健美操规则》。1996 年 6 月在浙江萧山举行的全国健美操锦标赛首次采用了这一规则，这是我国健美操规则发展的重要里程碑。2001 年我国开始执行《国际体操联合会 2001—2004 年健美操竞赛规则》。

一、健美操基本动作特点

1. 基本动作是健美操中最典型、最核心的部分

健美操中所有动作的变化和创新都是在基本动作的基础上产生和发展的，身体某个部位的基本动作既具有该部位的共性特征，又最具代表性和典型性。

2. 基本动作是发展难度和组成复合动作的基础

初学健美操时，首先应掌握身体各部位的基本动作。只有掌握了这些部位的基本动作，才能抓住健美操的特点。

3. 基本动作是健美操动作中最重要、最稳定的部分

健美操最突出的特点就是全面地影响身体，使练习者更加健美。例如：踢腿的基本动作抓住前、侧、后三个面，就能较全面地影响身体，在此基础上还能发展各种各样的踢腿动作，而这些动作都离不开这三个基本面的踢腿，因而它是最重要、最稳定的。

4. 健美操基本动作的变化

在准确熟练掌握最基本的简单动作后，就要进一步掌握基本动作的变化。健美操主要有以下几种表现形式。

（1）改变动作速度

动作速度是指在单位时间内身体某部位移动的距离，速度越快肌肉工作的负担就越大。另外为了得到不同的锻炼和教学效果，往往可以采用改变动作速度的方法进行练习。如屈伸步动作，开始采用两拍一动的慢做，随着动作掌握熟练程度的提高，可一拍一动，或者采用变换节奏的做法。

（2）改变动作幅度

动作幅度的大小，直接影响运动负荷的大小，因此改变动作幅度能较好地起到调节运动量的作用。如肩绕环可以用小绕环或大绕环，后者幅度显然大于前者，其对身体的影响也就更明显。

（3）改变动作方向

动作有前、后、左、右、上、下六个基本方向，除此还经常运用向内、向外和斜的方向来表现动作。由于动作方向不同，影响的肌肉群也不同，方向的变化能够使动作连接不呆板，有新意感。

（4）改变开始姿势

改变开始姿势不但使同一基本动作不至于千篇一律，而且还能增加动作的新颖度和难度。

二、健美操基本动作

基本动作分别是：头颈、肩部、胸部、腰部、髋部、腹部、上肢、下肢等动作。

1. 头颈部动作

（1）头颈屈

做练习时，上体保持不动和探颈，如图 4 - 1 所示。

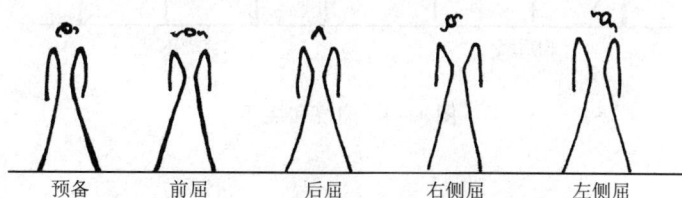

图 4 - 1 头颈屈

（2）头颈转

做动作时，头要正，不能抬下颌，如图 4 - 2 所示。

（3）头颈绕和绕环

颈部肌肉及韧带要相对放松动，如图 4 - 2 所示。

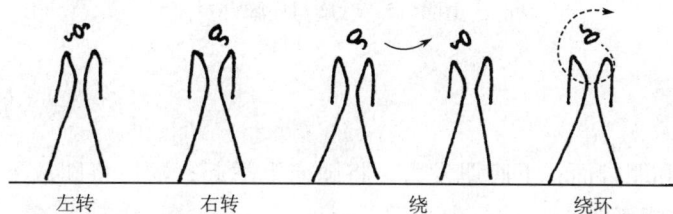

图 4 - 2 头颈转、绕和绕环

2. 肩部动作

（1）提肩和沉肩

颈与头不能向前探，上体不摆动，如图 4 - 3 所示。

图 4 - 3 提肩和沉肩

（2）肩绕和绕环

是指以肩关节为轴做小于或大于 360° 的弧形或圆形运动。注意肩部肌群放松，大幅度绕环，如图 4 - 4 所示。

3. 胸部动作

（1）含胸

动作要缓慢，速度要均匀，如 4 - 5 所示。

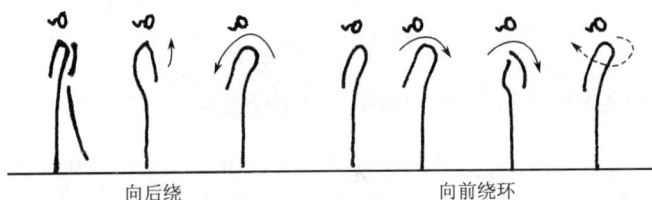

向后绕　　　　　　向前绕环

图4-4　肩绕和绕环

（2）展胸

指挺胸肩外展，向上展胸时下塌腰，如图4-5所示。

图4-5　含胸与展胸

4. 腹部动作

（1）下腹练习

仰卧，腿伸直和绷脚面；下腹肌发力，将腿向上举起；随后将腿放下，腿与地面约成15°。手臂与上体不能离地。

（2）上腹练习

仰卧，腿伸直，绷脚面；上腹肌发力将上体拉起成坐；随后使上体从下至上逐步着地。练习时脚不能离地。

（3）全腹练习

仰卧，脚伸直，绷脚面；整个腹肌发力，将上体和腿拉起，双手抱膝；上体和腿同时着地成仰卧。

（4）综合练习

仰卧，抱颈，屈膝，两腿分开；腹肌发力头离地；上体离地，两手臂插于两腿中间；上体完全立起；随后脊柱及腹肌相对放松，顺势躺下。要用腹肌发力，将上体一节一节地拉起。

5. 腰部动作

（1）腰屈

动作有腰前屈、后屈和左右侧屈。

（2）腰绕、绕环

动作有腰的左、右绕和绕环。

6. 髋部动作

（1）顶髋

动作有：前、后、左、右顶髋，如图4-6所示。

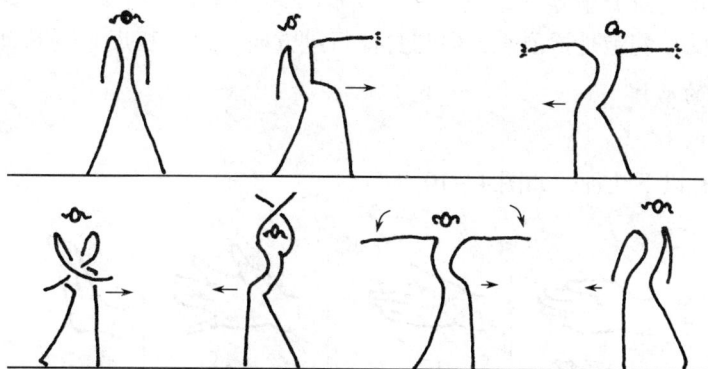

图4-6 顶髋

（2）提髋

动作有：髋的左、右侧摆。同侧脚提起，如图4-7所示。

图4-7 提髋

（3）摆髋

动作有：左、右侧摆。摆髋时，膝关节伸直，如图4-8所示。

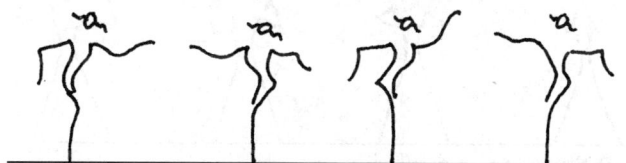

图4-8 摆髋

（4）绕髋和绕环髋

动作有：向左、向右的绕髋和绕环髋，如图4-9所示。

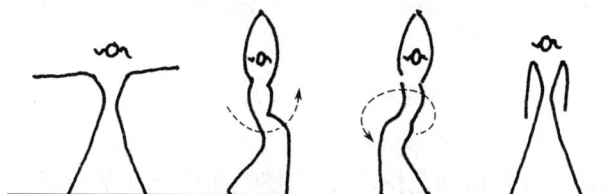

图4-9 绕髋和绕环髋

（5）行进间正（反）髋走

行进间正（反）髋走是指顶髋方向与身体行进方向一致（相反）的移动动作。

7. 上肢部位的动作

（1）基本手形

常用的手形有以下几种，如图4-10所示。

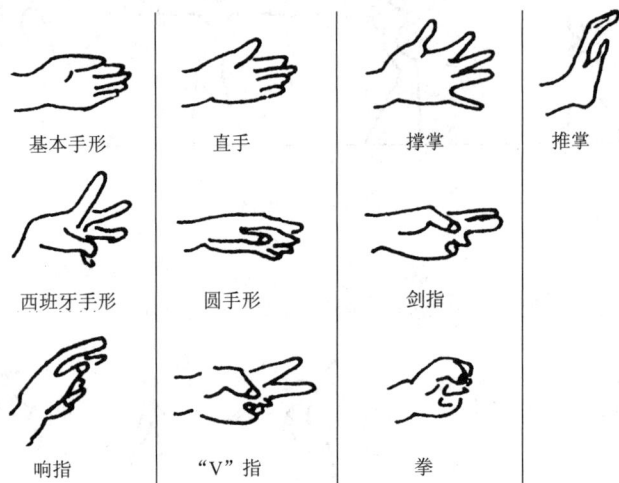

图4-10　基本手形

（2）屈臂

屈臂是指肘关节产生一定的弯曲角度，如图4-11所示。

图4-11　屈臂

（3）举臂

举臂是指以肩为轴，臂的活动范围不超过180°而停止在某一部位的动作，如图4-12所示。

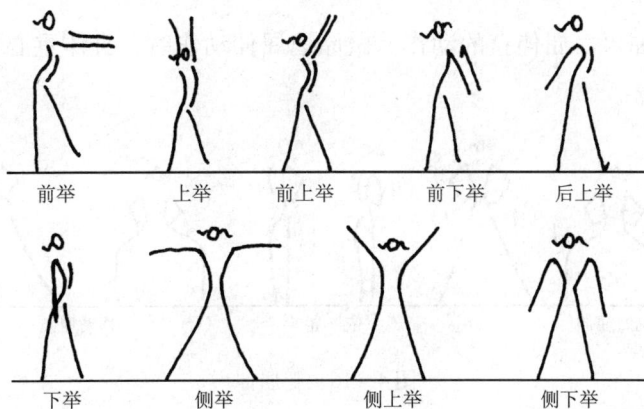

| 前举 | 上举 | 前上举 | 前下举 | 后上举 |

| 下举 | 侧举 | 侧上举 | 侧下举 |

图 4 – 12　举臂

（4）绕环

臂以肩为轴，向不同方向做圆形运动，如图 4 – 13 所示。

（5）振臂

以肩为轴做臂的加速度摆至最大幅度，如图 4 – 14 所示。

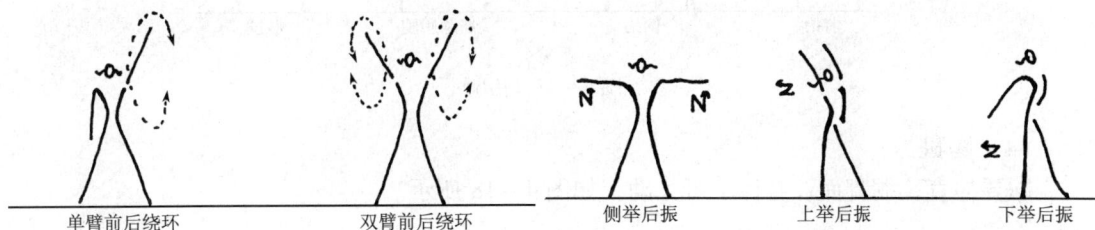

| 单臂前后绕环 | 双臂前后绕环 |

图 4 – 13　绕环

| 侧举后振 | 上举后振 | 下举后振 |

图 4 – 14　振臂

8. 下肢部位的动作

（1）脚与腿的基本位置

包括直立、开立、点地立、提踵立、弓步、蹲、跪等，如图 4 – 15 所示。

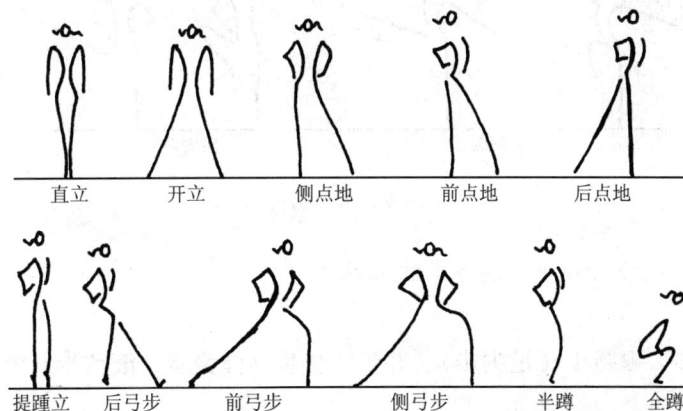

| 直立 | 开立 | 侧点地 | 前点地 | 后点地 |

| 提踵立 | 后弓步 | 前弓步 | 侧弓步 | 半蹲 | 全蹲 |

图 4 – 15　脚与腿的基本位置

（2）腿屈伸

膝关节由直成屈再由屈伸直的动作。做原地屈伸动作时，身体重心不能前后移动，如图4-16所示。

同时屈伸　　　　依次屈伸　　　　移动屈伸

图4-16　腿屈伸

（3）抬腿

一腿支撑，一腿屈膝高抬，如图4-17所示。

前抬　　　　侧抬　　　　屈膝抬腿　　　　吸腿

图4-17　抬腿

（4）踢腿

腿要伸直，绷脚面；身体不可晃动，如图4-18所示。

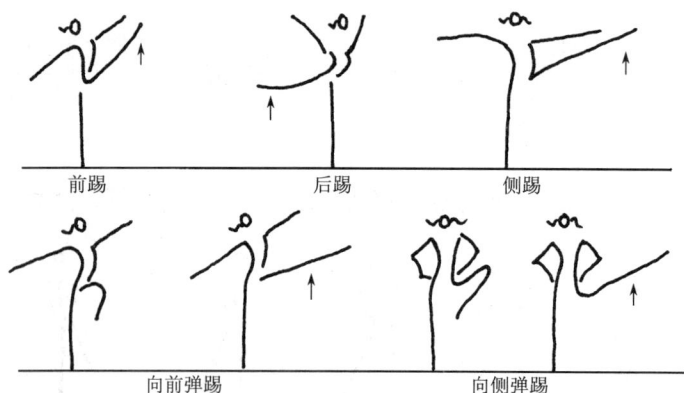

前踢　　　　后踢　　　　侧踢

向前弹踢　　　　向侧弹踢

图4-18　踢腿

9. 基本步伐、跳步、跑步、转体、波浪动作

（1）步伐

步伐有柔软步、提踵步（足尖步）、并步、垫步、弹簧步、滚动步、十字步等。

（2）跳步

跳步有开合跳、并步跳、提膝跳、钟摆跳、射燕跳、翻身跳、挺身跳、转体跳、弹踢跳、跨跳、交换腿跳、弓步跳等。

（3）跑步

跑步有摇臂、摆臂、屈伸臂等各种姿势的不同方向、不同形式的跑，如：跑十字、跑圆弧等。

（4）转体

转体有平转和单足转。

（5）波浪

波浪是指身体各环节依次而连贯的屈伸动作。有手臂的波浪（单、双臂），躯干波浪（前、后、侧），全身波浪。

第三节　健美操的音乐

一、健美操音乐的特点

健美操与舞蹈、艺术体操相比更强调动作的力度。因此，它的音乐更趋于节奏鲜明强劲，旋律悦耳动听，热情奔放。健美操音乐多取材于迪斯科、爵士、摇滚等现代音乐和具有上述特点的民族乐曲，以使健美操更加体现出一种鲜明的现代韵律感。

二、音乐在健美操中的作用

音乐是健美操的灵魂。旋律优美、节奏感强的音乐，有助于练习者牢固地记忆动作顺序和掌握动作；欢快、热烈、富有节奏的音乐，能有效地激发练习者的积极性和热情，使练习者闻声自娱，欲动不止。

音乐是表达思想感情的一种艺术。用音乐烘托健美操的气氛，表现健美操的特点，二者紧密结合，不仅能增强健美操的感染力，而且还能使人得到健与美的享受。

音乐是"心灵的体操"。优美动人的音乐可以提高练习者的乐感、美感及表现力，丰富练习者的想象力和创造力，从而达到增进健康、培养正确体态、塑造美的形态、陶冶美的情操的目的。

健美操是在音乐伴奏下进行的身体练习。人们在欢乐的气氛中进行锻炼，不仅心情愉快，不易疲劳，并且还可以缓解精神压力，使人既能得到美的享受，又可提高协调性、节奏感、韵律感和自我表现的能力。

三、健美操音乐的选配方法

对于健美操音乐的选配有两种方法。

1. 根据音乐选择动作

音乐是健美操教学中的重要组成部分。对精心选择的乐曲，要分析音乐的结构特点。应根据音乐的风格特点、节奏和旋律来设计创编健美操的成套动作。动作的节奏必须与音乐的风格相一致，与节奏相统一，才能达到良好的健美操效果。一般应选择节奏明显、旋律优美、结构较完整、具有较强感染力且格调健康的迪斯科、爵士乐、摇滚乐或民族音乐作为成套动作的音乐。

2. 根据动作制作音乐

当选择的乐曲在时间、速度或风格等方面与动作不相符时，需将音乐重新处理或制作。

首先是音乐的剪接。剪接的形式有两种：一种是同一首乐曲的剪接，另一种是两首或多首乐曲的剪接。但无论采用哪一种剪接方法都应注意：剪接的部位一般放在有停顿、空拍或乐曲的结尾处较好。剪接处前后乐曲的旋律应尽量做到相同或相似，特别是两首或多首乐曲的剪接，其乐曲的速度和旋律要相同或相似，以免在音乐的节奏和旋律方面出现不自然的现象。

第二是音乐速度的调整。乐曲的调速有两种：一种是整首乐曲的调速，另一种是在乐曲的部分处进行调速。在实践制作过程中，要在乐曲的部分处进行调速比较困难。在具体操作时，可采用以下方法，效果或许会好一些，即将调速后的音乐放完之后，稍加停顿（停4拍），再录制减速的音乐或在调速的乐曲剪接处配上有特殊效果的声音，如海浪声、宇宙间一些自然的声音等，但时间不宜过长，不能超过8拍，不然就会影响乐曲的完整性。

第三是成套音乐的制作。即结合成套动作特点，在音乐中适当加一些特殊效果，这不仅能有效地提高学生的表现力和练习的积极性，而且对培养他们的美感意识等也极为有效。

四、选用音乐时的注意事项

1. 音乐的风格应与动作的风格相一致

音乐的选择直接影响着健美操的风格、结构、速度和节奏。音乐选配得好，就容易激发编操者的创作灵感和练习者的锻炼激情。因此，在选配健美操音乐时，要注意音乐与健美操的风格相一致。竞技健美操应根据运动员的特点，选配最能显示其个性的音乐，而对于大众健身健美操音乐的选配，则应体现出民族风格，并向着突出时代特征的方向发展。

2. 音乐应体现健美操的特点

选配的音乐应体现健美操健、力、美的特点，强调美与力的结合。音乐的旋律要动听，力求新颖，富于变化，节奏要鲜明、强劲、规整，速度要适中。

3. 根据年龄特点选择音乐

一般来说，青年人可选择节奏强烈的迪斯科、摇摆舞、霹雳舞、爵士舞等风格的音乐，以使动作快速、有力、活泼；对中老年人，则可以轻巧、优美、欢乐的音乐为主；而对于少年儿童应选用活泼、轻快、跳跃性、节奏感强的音乐。

4. 音乐速度要适中

健美操的音乐速度通常是以10秒钟为单位作为设计动作速度的标准。健身健美操的音乐速度分为慢、中、快三种：慢速为每10秒钟16～20拍；中速为20～24拍；快速为24拍以上。通常，为了充分体现大众健美操的健身性，大众健身操的音乐为每10秒钟20～24拍。而竞技健美操的音乐速度则偏快，通常为每10秒钟26～30拍。因为，快速跳动的音乐节奏更能让人产生激情，具有感染力。

第四节　健美操运动的生理学基础

经常从事健美操锻炼，对身体许多器官、系统会产生良好的影响。长期参加健美操锻炼可以使心肌增厚，心腔容量增大，血管弹性增强，进而提高心脏的功能。健美操锻炼对呼吸系统的机能也有良好的影响，它能提高呼吸深度，增加每次呼吸时的气体交换量，这既有利于呼吸肌的休息，又可提高呼吸系统的功能储备，提高机能水平。健美操锻炼还能提高消化系统的机能，有助于营养物质的吸收和利用，从而提高对疾病的抵抗能力。另外，经常进行健美操锻炼，还可以提高关节灵活性，增强肌肉和结缔组织的弹性。

健美操是在中枢神经系统的支配下进行的活动，反过来，通过健美操锻炼也能提高中枢神经系统的机能水平。它能够提高神经过程的强度、集中能力、均衡能力和灵活性，使人视野广阔，感觉敏锐，增强分析综合能力。健美操是一项要求力度和幅度的身体练习，经常参加健美操运动可使肌肉的力量得到增强，肌腱、韧带、肌肉的弹性得以提高，从而发展了人体的力量和柔韧素质。健美操动作的路线、方向、速度、类型、力度等不断变化，可以加强人的动作记忆和再现力，提高神经系统的灵活性和均衡性，全面发展人的协调性。

第五节　健美操运动的损伤与预防

一、什么是健美操运动损伤

运动损伤即在运动过程中及之后发生的各种伤害及并发症。了解运动损伤的特点可以早点做出预防和准备，正确的了解急救方法、诊断治疗对减轻症状和损伤有很大的帮助。

健身的目的是为健康，但由于不正确的锻炼方法造成运动损伤这就不值得了，所以我们必须了解一些运动损伤的产生原因和预防措施。参加有氧运动，首先要了解自己是否有不适合有氧运动的家族病（比如：心脏疾病、哮喘等），并了解自己的身体检查情况。有心脏或其他因参加运动会使病情加重的人，应该先治病或参加康复锻炼，之后才能参加锻炼。

二、健美操运动会产生哪些运动伤害

一般有氧操常见疾病有：肌肉韧带拉伤、关节扭伤、心力交瘁、运动疲劳、重力休克、心绞痛、中风、运动腹痛、脚底筋膜炎和神经刺痛、籽骨炎、肌腱、小腿肌痛、半月板症、关节炎、黏液囊炎、腰肌劳损、颈椎疾病、胫骨膜炎等。

一般损伤的主要原因：鞋、地面、套路问题、过度使用某块肌肉。解决方法是调节肌肉、柔韧和力量防止受伤。在有经验的健身教练指导下健身，初级者先做低强度的练习，循序渐进。在家里做操要确定录像带的难度等、是否有准备活动、有无快和激烈的运动等，一些伸展运动要防肌肉过度拉伤。一般一边要伸展 10 秒，使你的心率保持在有氧心率上（220－年龄）×80% 左右。在运动前中后都要喝水、防脱水、头晕、肌肉疲劳酸痛、抽筋等。低估放松的重要性，它能除去乳酸、肾上腺素，不使血液情况差。一般锻炼，比较安全

的方法是一周 2 次左右，慢慢到最多一周 5 次，根据自己身体的情况，如果出现疼痛你就停止运动。不要运动试图穿越疼痛阶段，这样会使你的疼痛由慢性到永久的伤病。如果 24 小时疼痛不减请马上找医生。

严重受伤通常的处理方法依次为：停下来→冷敷→用绷带→受伤部位抬高→过一些天无效果就得上医院。

过度拉伤：必须提高运动技术、使用适当运动强度、频度和持续时间。出现运动反应：如在颈、脸、手臂上的疙瘩或斑点过敏性反应，运动过敏性反应一般需要马上治疗。出现运动哮喘：可能因为在寒冷、灰尘和潮湿的环境中锻炼引起，好的方法是找比较好的运动环境进行治病。

三、预防损伤的 10 个主要方法

① 暖身运动：走、踏步、分并跳、伸展等。

② 使用适当和慢的方法，听取教练的建议。

③ 学习防止运动损伤的技术和理论。

④ 投资运动鞋、护腕、护膝等。

⑤ 10% 增加的原则，一周内不要增加频率、强度、持续时间超过 10%，应循序渐进。

⑥ 保持有氧运动和无有氧运动的锻炼均衡。同时参加一些力量和柔韧练习防止受伤。

⑦ 你的身体需要时间去恢复，锻炼但不使身体受伤。

⑧ 运动前不要空腹、运动的前中后要饮足够的水。

⑨ 参加不同的训练如：交叉训练锻炼不同的肌肉群。

⑩ 根据自己的身体及时调整运动，如果在某部位运动产生酸痛，可以考虑是否减轻运动或停止。

第六节　竞技健美操

竞技健美操以竞技为目的，有特定的竞赛规则和评分方法，需完成一定的难度动作，对人的身体素质、技术能力和艺术表现力有较高的要求，是展示人体健、力、美和全面素质的竞赛项目，并有多个比赛项目，如图 4 – 19 所示。

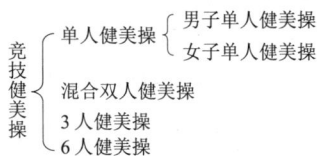

竞技健美操
{
　单人健美操 { 男子单人健美操 / 女子单人健美操
　混合双人健美操
　3 人健美操
　6 人健美操
}

图 4 – 19　竞技健美操分类

根据《国际体操联合会 2001—2004 年健美操竞赛规则》的精神，结合我国近年来竞技比赛的实际，将竞技健美操比赛的一般规则介绍如下。

1. 比赛项目

男子单人、女子单人、混合双人、3 人（性别任选）、6 人（性别任选）。

2. 比赛时间

成套动作的时间为 1 min 45 s，有加减 5 s 的宽容度。

3. 比赛场地

竞赛的地板必须是 12 m × 12 m，并清楚标出 7 m × 7 m 的单人、混双、3 人的比赛场地，以及 10 m × 10 m 的集体 6 人场地，并用 5 cm 宽的黑色标记带做标线（该带宽度包括在比赛场内）。

国内外高级正规比赛设赛台，赛台面积至少为 14 m × 14 m，台高 80 ~ 140 cm。

4. 比赛音乐

音乐速度在 24 拍/10 s 以上，音乐前奏不得超过 2 个 8 拍（国内）。

5. 着装

女运动员着一件套紧身衣和肉色连裤袜，紧身衣可前后开口，但上下必须在同一处合拢，不得露肚脐。紧身衣在腿根部的开口不得超过腰部以上，并盖住髂骨嵴。男运动员必须着一件套连衣裤或背心短裤，背心前后不得有开口，同时必须穿保护下体的短裤。男女运动员都要穿整洁的健美操鞋。

6. 队形

各项比赛的队形变化次数要求是：混双最低 3 次，3 人最低 5 次，6 人最低 6 次。

7. 裁判组成

世界与洲际健美操锦标赛的裁判组由 14 人组成（我国各级各类竞技健美操赛可参照）：艺术裁判 4 人，完成裁判 4 人，难度裁判 2 人，视线裁判 2 人，计时裁判 1 人，裁判长 1 人。

8. 评分

艺术分最高为 10 分，以 0.1 加分；完成分从 10 分起评，对每个完成错误给予减分；难度分按加分法评分，从 0 分起评（每个难度有分值）。

最后得分为总分（艺术分、完成分加难度分）减难度裁判、视线裁判与裁判长的减分。

9. 动作难度

竞技健美操成套动作最多允许做 12 个难度动作，且必须包括下列各组难度动作 1 个：
① 俯卧撑、倒地、旋腿与分切。② 支撑与水平。③ 跳与跃。④ 柔韧与变化。

供编排成套动作时参考的常见难度动作如下。

A 组：

侧倒俯卧撑	单臂（侧倒）俯卧撑
俯卧撑腾越（侧、前）	俯卧撑转体 360°
自由倒地（加转体）	团身跳成俯卧撑
前跳 180° 成俯卧撑	单腿全旋
双腿半旋（全旋）	分腿前切成仰撑（直角支撑）
提臂起（单臂、无支撑）	搭肘俯卧撑
架腿俯卧撑（单、双腿）	燕式平衡后摆 360° 成俯撑

B 组：

分腿支撑（单臂）	直角支撑（加转体）
分腿高直角支撑（单臂）	分腿水平支撑（单臂）

肘水平支撑（单臂）	各种加转体的支撑

C组：

分腿屈体跳	屈体跳
纵劈腿跳	交换腿劈腿跳
剪式变身跳	前击足跳

各种加转体的姿态跳

各种跳起俯卧撑、臂腿的跳

交换腿弹踢、跳踢、外摆腿

后踢跳	旋风腿180°

D组：

前、侧搬腿平衡	燕式平衡
前、侧控腿平衡	垂直臂腿360°
纵臂腿侧滚翻	臂腿旋转180°

动作的难度任选，但最多不得超过12个。

10. 违例动作

为了保持健美操的项目特色，国际体操联合会健美操竞赛规则规定下列动作禁止使用：

① 所有绕矢状轴和额状轴转体动作，如空翻、手翻和滚翻。

② 所有用手支撑身体成一直线超过水平30°以上动作，如侧立等。

③ 使用完全反自然方向用力的动作，如体后屈、仰俯后举腿、跪顶起等。

④ 运用弹道式的加速或减速发力的动作，如抽踢腿、侧踹腿等。

⑤ 任何马戏、杂技、霹雳舞等动作。

⑥ 抛接动作。

第五章
形体训练与形体健美

第一节 形体训练的特点与作用

当今时代，社会对人才综合素质的要求越来越高。尤其是对有较高文化层次的特殊群体——大学生，除了具备过硬的专业知识和专门技能外，同时，必须具有健康的体魄、旺盛的精力、健美的形体和高雅的气质。形体训练和形象塑造是现今体育教学课程的一种新形式，它以人体科学理论为基础，通过各种身体练习，可以增进健康、增强体质、塑造体型、训练仪态、培养具有良好的形体、文明的礼仪和高尚的道德修养，同时教会学生可以终身受益的健身活动，从而达到全面育人的目的。

目前比较典型的意见有两种，即狭义和广义。狭义的形体训练把它定义为形体美训练。广义的形体训练认为，只要是有形体动作的训练就可以叫做形体训练，这样各式各样的动作都可以称为形体训练，甚至某些服务行业的程式化动作，比如迎宾、端菜、送菜、礼仪姿势等，也被称为形体训练。

形体训练是一项比较优美、高雅的健身项目，主要通过舒展优美的舞蹈基础练习（以芭蕾为基础），结合经典、身韵、民间和各个民族的舞蹈进行综合训练，可塑造人们优美的体态，培养高雅的气质，纠正生活中不正确的姿态。可以说它是所有运动项目的基础。

通常意义的形体训练就是形体美训练，这也是大多数形体训练者的意愿。人们进行训练绝不仅仅是为了活动一下身体，娱乐和游戏更在其次，对自身体态美的塑造才是最终目的。

一、形体训练的特点

形体训练与其他项目比较，具有不同的特点。只有了解了这些特点，才能更好地发挥形体训练的作用，有目的、有计划、有针对性地进行训练，从而达到满足身心需求，促进人的全面发展。

1. 内容和方法多种多样，适用不同水平的练习者

从形体训练的方法上看：它是在人体解剖学、运动心理学、运动训练学、运动生理学、美学等科学理论指导下进行的。可根据不同的年龄和不同的性别，不同的体型和体质，不同的训练目的和各自的水平，选择不同的训练方法。

从形体训练的内容上看：形体训练的动作有用于身体局部练习的单个动作，还有用于形体练习的健身系列、成套动作以及整体形象塑造和礼仪训练。

从形体训练的项目上看：有健身强体的练习；有健美体型的练习；有训练正确的站、坐、行走姿势的专门练习；有塑造形象的着装、发式、化妆及言谈、举止、礼仪等形体语言；有适合胖人减肥的锻炼；有适合瘦人丰腴健美的锻炼。

从训练的形式上看：有局部练习，也有全身性的练习；有单人的练习，也有双人练习，还有集体练习；有徒手练习，也有器械练习；有站姿练习，也有坐姿练习，有节奏柔和缓慢的练习，也有节奏快动感强的练习。

形体训练器械更是繁多，有单项器械，有联合器械等。

2. 具有一定艺术性

形体训练的内容涉及体操、舞蹈、音乐等，是一门综合性艺术，丰富多彩的练习内容及形体美的表达形式、舒展优美的姿态和矫健匀称的体型、集体练习中巧妙变换的队形展示了其强烈的艺术表现力和感染力。

音乐是形体训练的灵魂，不同风格的乐曲，可以创造出不同风格、形式的形体训练动作，经常练习能提高学生的音乐素养，培养良好气质和修养。形体训练具有其他艺术形式难以达到的综合美的艺术表现力，它在提高人的素质方面有着其他教育学科不可替代的作用。

3. 组织形式灵活

形体训练可以集体锻炼，也可以个人锻炼；可以按统一的规定时间锻炼，也可以分散安排锻炼。

4. 实用性强、价值高

（1）通过形体训练提高体能素质，为学生的终身发展奠基

健康、长寿、智慧是人类的美好愿望。每一个人要获得健康必须要有一定的体能。健康的体能是健康的保证。因此，我们就必须做一些特别的运动训练来提高自己的体能，来保持我们基本的健康状况。

"生命在于运动"，但是如何从运动的角度来促进健康一直是我们需要有所突破的问题。形体训练以身体练习为基本手段，匀称和谐地发展人体，增强体质，促进人体形态更加健美的一种体育运动。可根据学生的实际情况选择不同的运动时间来进行，通过基本动作练习和强度不同的成套动作练习，对身体各关节、韧带、各主要肌群和内脏器官施加合理的运动负荷，对心血管功能、柔韧性、协调性、力量及耐力素质、有效地改变体重、体脂等身体成分有十分显著的作用。例如采用压、拉肩，下桥，体前、侧、后屈，压、踢、控腿等练习来发展学生的柔韧性。采用舞蹈、徒手及成套动作练习锻炼大脑支配身体各部位同步运动的能力，体会各部位肌肉运动时的不同感觉，来达到发展学生的协调性。采用健美操中的仰卧起坐、快速高踢腿、跳步等来发展学生的力量和弹跳力的素质，提高动作的速度和力度，采用跑跳操等练习来提高耐力素质，增强体能，提高人体的防御能力。使生命力更旺盛、精力更

充沛，学习和生活更有节奏，从而保持高效率地工作和学习。

（2）塑造时代需要的完美的外在素质，促进人的和谐发展

人体形体是世界上一种永远新鲜、永远洋溢着生命力的最动人的美。歌德曾经说过："不断升华自然的最后创造物就是美丽的人。"人的美丽直观的表现首先在于形体美。人类遗传学告诉我们，影响体形的因素是遗传和环境（营养、劳动、生活条件、体育锻炼）。遗传因素虽然生成了人的基本体型，但后天塑造却是完全可能的。特别在青春发育期，人体对环境因素的敏感性较强，是塑造体形的最佳时期。形体训练动作形式多，锻炼部位广泛。通过各种臂的摆动、绕环、波浪组合、姿态组合、腰腿的柔韧性组合、舞蹈组合、体育舞蹈练习形成正确的身体姿态，并能发展身体的柔韧性和协调性。

健康的形体美，仅有健康美和静态美是不够的。从形体训练追求层次上看，动态美和整体协调美更显人的气质和魅力。动作美是形体美的一种表现形式，姿态美是通过动作表现出来，而动作美在完成动作时应显示出姿态美。在形体训练动态美练习中强调步态、姿势、表情等形体语言，强调动作的节奏感和优美感。通过科学的形体训练，可以改变和改善不良体型，达到肌肉匀称、比例协调、举止和谐、姿势优美、气质高雅，可以说形体训练是一种特殊的人体雕塑艺术。

（3）通过形体训练塑造良好个人形象，提高职业素质

形象是当今社会的核心概念之一，人们对形象的依赖已经成为一种生存状态。个人形象指的主要是容貌、魅力、风度、气质、化妆、服饰等直观的包括天生的外表感觉的东西，这是一种值得开发、利用的资源。

个人的人性特征特质通过形象表达，并且容易形成令人难忘的第一印象。第一印象在个人求职、社交活动中会起到非常关键的作用。大学生是未来职场的主要力量，社会对他们提出要求会更高。只有掌握职业礼仪的规范与标准，获得今后职业所需的悦目的仪表和得体的举止，具有应变各种工作和生活环境的能力，才能在激烈的职业竞争中立于不败之地。

二、形体训练的作用

1. 形体训练能改善神经系统和大脑功能

神经系统可分为中枢神经系统和周围神经系统两部分。中枢神经系统由脑与脊髓组成，而周围神经系统则是由脑和脊髓发出的神经纤维组成。整个神经系统是人体主要的机能调节系统，人体的各器官、系统的一切活动都是在神经系统的控制下进行的。通过神经系统的调节，人体对内外环境的变化产生相适应的反应，使内部与周围环境之间达到协调统一，从而使人体的生命活动得以正常进行。

形体训练，是外环境对机体的一种刺激。这种刺激具有连续、协调、速度、力量的特点，使肌体处于一种运动状态。这种状态下中枢神经将随时动员各器官及系统使之协调、配合肌体的工作。经常参加形体训练，就能使神经活动得到相应的提高。除此之外，形体训练还要求动作要迅速、准确；而迅速、准确的动作又要在大脑的指挥下来完成。脑是中枢神经的高级部位。形体训练时，脑和脊髓及周围神经要建立迅速而准确的应答式反应，而脑又要随时纠正错误动作，储存精细动作的信息。经过经常、反复不断的刺激，提高人的理解能力、思维能力和记忆能力，从而使大脑更加聪明。所以说，经常参加形体训练，可以加强肌体神经系统的功能和大脑的工作能力，使之更加健康和聪明。

2. 形体训练能提高心血管系统的功能

心血管系统即心脏与各类血管所组成的，并以心脏为动力的闭锁管道系统，也就是人们常说的血液循环系统。形体训练主要由运动系统即骨骼与肌肉运动参与完成。运动系统在进行工作时要消耗大量的氧气、养料（又要排泄大量的废物），在消耗的同时又要不断地补充供给大量的新鲜氧气及养料，与此同时还要排泄大量的废物。这一繁重的任务，只有依靠体内的闭锁的管道系统——心血管（循环）系统来完成。

人体在处于安静状态时，平均心率为 75 次/分，而心脏的每博血液输出量为 50 ~ 70 mL，每分钟输出量约为 4.5 L。在强烈的肌肉运动时，可以达到安静时的 5 ~ 7 倍，这就势必使心肌处于激烈收缩的状态。经常的刺激会使心肌纤维增粗，心房、心室壁增厚，心脏体积增大，血溶量增多，从而增加了心脏的力量。由于心肌力量的增加，每博射出的血量增多，心跳的次数相应减少，在平时较为安静的状态下，心脏能够得到较长时间的休息，从而减轻心脏的工作负担，使心脏永葆青春。

第二节　形体训练与常见的形体缺陷与矫正方法

一、形体训练的基本内容

1. 基本姿态练习

人的基本姿态是指：坐、立、行、卧。当这些基本姿态呈现在人们眼前时会给人一种感觉，如：身体形态所显示的端庄、挺拔与高雅，给人的印象是赏心悦目的美感（包括日常活动的全部）。由于一个人的姿态具有较强的可塑性，也可具有一定的稳定性，通过一定的训练，可以改变诸多不良体态，如：斜肩、含胸、松垮、行走时屈膝晃体，步伐拖沓等。

2. 基本素质训练

形体基本素质练习是形体训练的最重要内容之一，在练习中可采用单人练习和双人配合练习两种形式。通过大量的练习，可对人体的肩、胸、腰、腹、腿等部位进行训练，以提高人体的支撑能力和柔韧性，为塑造良好的人体形态，改善形体的控制力打下良好的基础。形体基本功练习的内容较多，在训练时，应本着从易到难，从简单到复杂的原则；同时也要注意自己和配合者的承受能力，不能超负荷，以免发生伤害事故。

3. 基本形态控制练习

基本形态控制练习是对练习者身体形态进行系统训练的专门练习，是提高和改善人体形态控制能力的重要内容。是通过徒手、把杆、双人姿态等大量动作的训练，进一步改变身体形态的原始状态，逐步形成正确的站姿、坐姿、走姿，提高形体动作的灵活性。这部分练习比较简单，个别动作要求比较严格，训练必须从严要求，持之以恒。

二、形体训练的基本要求

① 训练前必须做好准备活动。
② 训练时要穿有弹性的紧身服装或宽松的休闲服、体操鞋、舞蹈鞋或健身鞋。

③ 训练时不能佩戴饰物，以免发生伤害事故。

④ 训练要有计划有步骤，循序渐进，切忌忽冷忽热、断断续续。要持之以恒，力求系统地掌握形体训练的有关知识和方法。

⑤ 要保持训练场的整洁和安静。

⑥ 在做器械练习时，要有专人指导和帮助，特别是联合器械的运用，要注意训练的安全。

⑦ 在训练中和训练后要注意补充适当的水，同时要注意饮食营养的合理搭配。

三、常见的形体缺陷与矫正方法

1. 正常型的特征与练习方法

正常型表现为身体各部生长发育比较协调一致；体型匀称。苗条，胸、臀等部位中等突出或偏小。坚实而富有弹性；全身肌肉较发达有力；脂肪沉着中等，身体曲线稍显现。正常型体型的练习，主要以增强全身的曲线感，发达各部肌肉和力量，提高肌肉用力的协调性和灵活性。练习安排多以各部肌肉群的动作为主，以整体练习为辅的练习内容，适当增加各种舞蹈（如迪斯科）和徒手动作练习，以发展身体协调性和各韧带的柔韧性。具体练习项目以胸部为主。在此基础上，进行第二步训练，选择成套舞蹈动作及综合训练，发展各部肌肉的徒手练习或负重练习。随着体力的不断增长，这两步练习可循环多次。对去脂减肥、发达肌肉均有较好的效果。

2. 消瘦型的特征与练习方法

消瘦型一般表现为身材瘦削、细长单薄；肌肉块头很小、全身脂肪沉着少，一般在 0.5 厘米以下；胸臀部位不丰满。这类体型者首先要分析产生消瘦的原因，然后采取相应的措施。如果由于疾病或内分泌障碍等引起者，则应先进行治疗。在治疗的基础上，适当进行徒手动作练习，运动量要小，可以选择局部的或整体的练习，待病愈后再按正常人的练习进行锻炼。属于正常消瘦者，其锻炼应以发达肌肉、增加脂肪沉着为主。开始练习时，先以自身重量做徒手练习，如俯卧撑、仰卧起坐、俯卧两头起、仰卧挺髋成桥等。通过这个阶段的练习后，在各部位力量增长的基础上，再做负重的专门肌力训练。锻炼要循序渐进，运动量要由小到大，负荷则由轻到重。同时还要适当加强饮食营养，增强其适度的脂肪沉着。

3. 肥胖型的特征与练习方法

肥胖型的特征，体重与身高比例严重失调。全身肥胖臃肿并松弛有抖动现象；腰腹脂肪大量囤积；臀部宽厚；腿部肥粗。上下呈笼统趋势，毫无肌肉显现感。这类体型的练习方法，主要以减肥为主，在减肥的基础上，进行肌肉练习。

第三节　认知健美运动

健美运动是一项通过徒手和各种器械，运用专门的动作方式和方法进行锻炼，以发展肌肉，增强体力，改善形体和陶冶情操为目的的运动项目。

健美运动的动作方式也是多种多样的，既有成套的各种徒手健美体操，也有球、棒等轻器械体操，这些主要用于女子健美训练，借以减肥和改善体形体态，提高韵律感。更有许多能发展身体各部位肌肉的举重练习动作和其他动作，这些动作主要用于男子竞技健美训练。

健美运动不仅包括以比赛为目的的竞技健美，也包括以减肥或改善体形体态为目的的群众性健美活动。

古代健美观念以古希腊为代表。四年一届的古代奥林匹克运动，就是炫耀力量和人体健美的场合。公元 130～200 年，古罗马著名医生盖伦著书立说，倡导健美运动。到了 18 世纪，德国的体育活动家艾泽伦创造的各种形式的锻炼，既是现代竞技举重的起源，也是现代健美运动和力量举重的起源。从 19 世纪起，德国人欧岑·山道作为健美运动创始人，通过实践，创造摸索出一整套锻炼肌肉的方法，并广为宣传，世人称之为"健美运动的开拓者和鼻祖"。20 世纪初，健美在英美等国得到了广泛的发展。加拿大人韦特兄弟创建国际健美协会，并开始了正式国际业余健美锦标赛。女子健美在 20 世纪 40 年代的美国才兴起。

一、人体健美的标准

1. 人体健美的基本要素

构成人体健美的要素有 3 个，即体型、骨骼和肌肉。

（1）体型

人的体型各异，一般与遗传、运动、劳动、疾病等因素有关，有的还受自然和社会环境的制约。体型一般说来大致可分为肥胖型、匀称型、瘦长型 3 种类型。

（2）骨骼

骨骼构成人体的"框架"。骨骼的大小关系着人的体型的发展。同时，对肌肉的健壮也有很大的影响。

（3）肌肉

肌肉的质量是健美体格的重要标志。健而美的肌肉是"刚如铁，柔若绵"。如果肌肉在放松时仍是那么僵硬，就容易疲劳和失去弹性，久之失去健美。

肌肉的发展，较骨骼而言，先天的因素较少，通过健美锻炼可以显著地使肌肉发达起来。

2. 人体健美的标准

人体健美的 10 条标准如下。

① 骨骼发育正常，身体各部位之间的比例匀称。

② 肌肉均衡发展，女子体态丰满而无肥胖臃肿感。

③ 眼大有神，五官端正，与头部配合协调。

④ 双肩对称，男宽女圆，微显下削，无耸肩垂肩。

⑤ 脊柱背视成直线，侧视具有正常的生理曲度，肩胛骨无翼状隆起和上翻。

⑥ 胸廓宽厚，比例协调。男子胸肌圆隆，脊视呈倒梯形。女子乳房丰满，侧视有明显的女性特征。

⑦ 腰细而有力，微成圆柱形，腹部扁平，男子处于放松时也有肌肉垒块隐现。女子腰部比臀部约小 1/3。

⑧ 臀部圆鼓丰满，男子匀称，女子不显下隆。

⑨ 下肢修长，无"头重脚轻"之感。大腿线条柔和，小腿较长，腓肠肌位置较高而突

出，足弓高。两腿并拢时，正视和侧视均有曲线感。

⑩ 整体观是体格壮实，体态优美，体力充沛，热情奔放，举止大方，风度潇洒，无比例失调和形态异常的感觉。

3. 健美锻炼的原则与方法

健美锻炼是肌肉与形体的专门性练习，锻炼者除应遵循一般体育锻炼的原理之外，还应当掌握以下原则与方法。

① 熟悉肌肉分布规律，懂得不同的动作活动方式主要锻炼哪部分肌肉群。

② 采用适宜的运动负荷。以增加肌肉横断面的健美锻炼应当采取中大重量的负荷，即使用本人能举起的最大重量的 50%～70%，完成 10～15 次为一组，重复 4～6 组；以减肥和提高肌肉质量弹性的健美锻炼应采用中小重量的负荷，即使用本人能完成的最大重量的 30%～40%，做 30～40 次为一组，重复 4～6 组。

③ 合理安排练习的前后顺序。健美练习应从小肌肉群开始至大肌肉群结束。

④ 注意锻炼—疲劳—休息—恢复—再锻炼的平衡交替，增强肌力的锻炼应适当补充蛋白质、维生素等营养物质。

健美锻炼大致分为以下 3 个阶段。

（1）初级阶段

这一阶段主要的任务是：提高身体素质，发展肌肉群的围度。在这一阶段中主要遵循"渐进性超负荷"法，用中小重量做一些"基本动作"。如负重深蹲、卧推、硬拉、颈前和颈后推、直立划船、双杠双臂屈伸、引体向上、俯身划船等，使全身肌肉协调发展，增强肌力，增粗肌束。练习时间应为一周 3 次，经过 1～2 年的每周 3 次锻炼，身体呈现出美的基本体态。

（2）中级阶段

这一阶段的主要任务是：在健美的基本体型的基础上，进行美化身体系列加工。

此阶段的练习应减少"基本动作"，增加一些以某一肌肉群为主要锻炼对象的"孤立动作"。如蹲或膝内弯举，仰卧臂屈伸，立式侧飞鸟，坐式屈伸，立式提踵，卧式屈膝等。它将使各部肌肉都各自呈现隐块，线条分明。

锻炼时间安排应由上阶段一周 3 次增加到 4～6 次。

（3）高级阶段

健美高级阶段主要针对运动员的专门化训练，这里不予介绍。

二、男子健美锻炼方法

1. 臂部锻炼 4 例

上臂主要肌肉群有肱三头肌、肱二头肌。前臂主要有前臂前面肌肉群、后面肌肉群。

练习 1：发展前臂前面肌肉群。

动作——坐姿正握弯举。

练习 2：发展前臂后面肌肉群。

动作——坐姿反握弯举。

练习 3：发展上臂肱二头肌。

动作——立姿正握弯举。

练习4：发展上臂和前臂屈肌。

动作：立姿反握弯举。

2. 肩部锻炼8例

整个肩部由三角肌所构成。肩膀宽阔取决于三角肌的发达。

练习1：发展肩带肌肉和臂部屈肌。

动作——坐姿或立姿的腋下提铃。

练习2：发展肩带肌和肱三头肌。

动作——立、坐姿推举。

练习3：发展肱三头肌。

动作——颈后弯举（立、坐姿均可）

练习4：发展肱三头肌和肩胛肌。

动作——俯身弯举，俯身90°左右，弯举时上体不动。

练习5：发展肩带肌。

动作——立、坐姿侧上举（又称立、坐式飞鸟）。

练习6：发展肩带上部肌肉和上臂屈肌。

动作——坐、立姿背后弯举，正握，反握均可。

练习7：发展肩带肌、背阔肌、后三角肌。

动作——俯身侧平举。

练习8：作用同练习7。

动作——俯身后上举。两臂同时或轮流向前、向后提举（不要摆荡），上举与下落时要控制速度。

3. 胸部锻炼7例

胸大肌是胸部最大的一块肌肉，覆盖着胸部大部分。胸小肌位于胸大肌深层。胸肌发达，能使肋上提，扩大胸廓，增强呼吸功能。胸部是人体最显露健美的部位。

练习1：发展肩带肌、胸肌、上臂伸肌和三角肌。

动作——卧推。斜、平卧在举重凳上，采用杠铃握推，效果更好。

练习2：发展肩带上部肌肉、胸肌、三角肌。

动作——仰卧侧上举，也可在斜板上进行。

练习3：发展整个肩带肌。

动作——仰卧前上举。

练习4：发展肩带肌、上臂伸肌、三角肌、胸肌。

动作——仰卧头后上拉。仰卧在条凳上，头与凳的一端齐平（登高30 cm），双手头后正握杠铃，把杠铃提拉至胸上方，稍停后将杠铃提放回原处。

练习5：各种形式的俯卧撑。

动作（1）：平握式俯撑（发展胸大肌下缘）。

动作（2）：顺高（头高）塌腰式俯卧撑（作用同上）。

动作（3）：反高（头低）举臂式俯卧撑（发展胸大肌上缘、胸小肌、外三角肌、腹直肌等）。

动作（4）：宽距式俯卧撑（发展胸大肌外缘）。

动作（5）：窄距式俯卧撑（发展胸大肌内缘）。

动作（6）：肘横撑俯卧撑（发展胸大肌上外缘）。

动作（7）：肘竖撑俯卧撑（发展胸大肌上内缘）。

练习 6：双杠臂屈伸（发展臂、胸、背部肌肉）。

练习 7：引体向上（作用同上）。

4. 颈部锻炼 3 例

颈部肌肉发达，往往是一个人强壮有力的象征。颈部肌肉十分丰富，分颈前屈肌群、颈后伸肌群、头侧屈肌群、头侧回视肌群等。

练习 1：发展颈部肌肉。

动作——俯身负重颈屈伸；坐姿俯身也可。

练习 2：发展头侧肌肉群。

动作——立、坐姿均可。一手按在同侧头上，另一手叉腰，头向按手的方向侧屈，手侧发力抵抗，头屈至极限位置后还原。反复几次后交换。

练习 3：发展颈部肌肉。

动作——双手抱脑后，或抱前额颈屈伸。屈、伸至极限位置后，放松还原。过程要缓和均匀。

5. 背部、腰部锻炼 5 例

背肌和腰腹肌是人体健美的主要标志之一。如果一个人的腰腹肌力小，做很多动作都会感到腰酸背痛。倘若腹部脂肪堆积，就很难有什么健美可言了。

练习 1：发展背部伸肌群。

动作——负重体前屈。如果把重量适当的杠铃担在肩上，双手扶握杠铃，做体前屈，就更安全，更有效果。

练习 2：发展背部伸肌和腹肌。

动作——俯卧负重体后屈。最好俯卧在条凳上，躯体悬空，加长大屈伸距离，效果更好。

练习 3：发展腹肌、提肋肌。

动作——持铃体侧屈。

练习 4：发展腰肌、背阔肌、提肋肌。

动作（1）：颈后持铃体侧屈。

动作（2）：双臂上举持铃体侧屈。

练习 5：发展腹部肌肉。

动作（1）：各种姿势的仰卧起坐。

① 平卧起坐，两手触脚背。

② 头低脚高斜卧起坐。

③ 横卧跳箱深度后仰起坐。

④ 两手抱头屈膝仰卧起坐。

动作（2）：仰卧两头起。

动作（3）：单杠上悬垂举腿。

动作（4）：肋木上悬垂举腿。

6. 腿部锻炼 6 例

大腿肌分前群、后群、内侧群 3 部分。前群有缝匠肌、阔筋膜张肌、股四头肌；后群有股二头肌、半膜肌、半腱肌；内侧有趾骨肌、长收肌、短收肌、股薄肌。小腿主要有腓肠肌等。

练习 1：发展腿部前群肌肉。

动作——坐姿小腿负重前举。

练习 2：发展腿部后群肌肉。

动作——小腿负重后举。

练习 3：发展腿部前群肌肉和内侧群肌肉。

动作（1）：小腿负重前踢腿。

动作（2）：小腿负重侧举腿。

练习 4：发展大腿伸肌、背肌、肩带肌。

动作——蹲举。如果采用适宜重量的杠铃效果更好。

练习 5：发展臀部肌肉。

动作（1）：负重深蹲。将杠铃置于双肩上，双手扶握杠铃下蹲至最低位置，稍停后起立至挺直身体。重复进行。

动作（2）：俯卧于纵箱，向后上方举腿。将双腿举至极限位置，稍停后，控制速度下落双腿，反复进行。

练习 6：发展小腿后群肌肉。

动作——负重提踵。双肩担负杠铃，双手扶握杠铃，用力踮起双脚跟至极限位置后还原，反复进行。

三、女子健美锻炼方法

1. 女子健美锻炼原则

（1）重视青春期的健美锻炼，打好终身体态健美的基础

女子的青春期比男子一般提前约 2 年左右。青春期是人第二次生长高峰期。这时期全身组织细胞快速发展，体重身高急剧增长，到 16～18 岁，身体各器官基本发育成熟，身高初步定型，身体将逐渐向横向发展。因此，一定要抓住时机积极从事身体锻炼，塑造自己健美的体型。

（2）预防肥胖，是女性健美的关键

进入青春期后，全身肌肉逐渐丰满，随之而来的是脂肪在腰、腹、臀部的堆积。脂肪过多，接踵而来的是肌肉松弛下坠，这样便缺乏女性特有的轻盈、柔和、优美的体态。为了控制肥胖和减肥，有人采用蛋白质节食法、影星节食法、饥饿法，甚至发展到少饮水、少睡眠法，这都是权宜之计，缺乏科学性。控制体重最好的方法是：系统的健美锻炼＋科学的安排饮食＝体重下降＋肌肉质量提高。

（3）胸部健美是女性体型美的特有标志

女性胸部的发育与女性荷尔蒙的分泌有关，随着青春期的消逝，荷尔蒙分泌将逐渐减少，要使丰满的胸部永葆青春，唯一的奥秘是积极地锻炼。

（4）加强腰、腹肌肉的力量，减少皮下脂肪

女性的身材苗条，体态动人，很大程度上取决于腰腹部的健美。有人用束缚力很强的

"健美裤"、宽型健美腰带来"束腰"，这是伤害身体的举动。腰束之过紧，腹部受压增大。影响内脏器官正常发育，使呼吸、泌尿、生殖系统的活动不能正常运转，甚至会导致膀胱炎、肾炎等疾病。加强腰腹肌肉的锻炼，是增强肌肉力量、控制脂肪的有效手段。

（5）腿部的健美是女性身段优美的基础

大腿肌肉发达匀称，小腿肌肉结实柔和，膝、踝关节小，身段就显得协调、修长。经常进行腿部健美练习，可防止腿部出现肥胖、臃肿或者是瘦骨嶙峋的形态。

（6）加强全身的柔韧性锻炼，使身体协调发展

柔韧性是体态丰润柔和的基础。柔韧性不仅有利于正确地完成各种身体练习，而且会显现出婀娜多姿、舒展大方的风采。

2. 身体各部位健美锻炼方法

（1）脖颈的健美练习方法

功效：

① 可克服脖颈过短或瘦长，软弱无力，多皱纹，脂肪过多而引起的粗脖颈、双下巴等。

② 纠正头部不正确的姿势、举止，使你充满活力，显得高雅。

③ 加强脖颈部位的血液循环。

练习1：头颈自然放松，慢慢侧转头部，当下巴转至肩部时，停3秒还原，左右重复数次。

练习2：头颈自然放松，双手掌握支撑在下巴两侧部位，头后仰。头部慢慢尽力向下低，直至脖颈完全伸直。

练习3：身体俯卧在床上，将头探出与地面平行，把头部慢慢低下，再慢慢使头部恢复原位，同时收缩颈肌，稍停。

练习中的动作速度说明：最慢速为 5～10 次/min；慢速为 15～20 次/min；中速为 25～30 次/min；快速为 40 次/min 以上。

（2）肩部的健美练习方法

功效：

① 防止三角肌萎缩、过瘦而造成的肩骨凸露、肩膀无力向前，上胸部下陷等缺陷。

② 消除体胖者肥肩短颈、圆背的现象。

③ 增强肩、胸部位柔韧性，使双肩、胸、背协调匀称发展。

练习1：坐立，背部紧贴椅背。双手持铃由前至后做直臂大回环，中速。

练习2：站立，手持橡皮拉力器，直臂经大腿前做侧平举，中速。

练习3：斜卧，双手反握哑铃，直臂由体前沿身体两侧慢上举，同时抬头举肩，动作结束时使两肩骨并拢，慢速。

（3）胸部的健美练习方法

功效：

① 矫正平扁胸，下塌的双肩和弓形的腰背，也可以消耗胸部堆积的脂肪。

② 使胸部丰满、双肩匀称。

③ 改善和增强肺呼吸、心血管机能。

练习1：手握拉力器，做直臂体前交叉，中速。

练习2：宽距俯卧扩胸。

练习3：仰卧撑铃，直臂体前交叉，中速。

（4）背部的健美练习方法

功效：

① 发达瘦弱者的背部肌肉，消耗肥胖者背部多余的脂肪。

② 矫正驼背的缺陷。

③ 使背部肌肉结实而柔和，脊沟清晰，整个上体从肩至腰成 V 字型的健美身材。

练习1：手握拉力器做直臂后展，后展将要结束时挺胸收腹，尽力使肩胛骨合拢，中速。

练习2：由手持拉力器双臂侧平举开始向背后尽力拉拢，慢速。

练习3：手持哑铃，屈体直臂向后甩动，中速。

（5）腹部的健美练习方法

功效：

① 增强腹肌力量，消耗多余的皮下脂肪。

② 保持腹腔内脏正常位置和功能。

③ 促使腹部围度、腰围、臀围与身体发展的正常比例。

练习1：身体慢慢后仰，并不着垫，再慢慢起来，下巴尽量贴近上胸部，最慢速。

练习2：双手上举互握，上臂贴耳，上体左右侧摆动，中速。

练习3：身体倒斜卧，做仰卧起坐，快速。

（6）腰部的健美练习方法

功效：

① 塑造和维持高胸、平腹、细腰的状态。

② 消耗多余的腰腹皮下脂肪。

练习1：侧身立于镜子前面，目视镜面，双手置于腹部，舒展骨盆，最大限度地收缩腹部肌肉，始终保持这种收缩状态，并在双手协助下努力使腹部体积缩小，持续若干分钟。

练习2：直立，双手置于腰部，使腰部缩小到最低限度，尽可能保持长时间的收缩状态。

练习3：直立，做深吸气，使胸部最大限度鼓起，同时全力内收腹部，保持 5 ~ 6 s。做深呼气，反复进行。

（7）腰背部的健美练习方法

功效：见腰部的健美练习方法。

练习1：横卧山羊，做俯卧"两头起"，中速。

练习2：俯卧躯体悬空做体后仰，慢速。

练习3：手持哑铃体前深屈，接着直臂上举展体。

（8）髋和臀部的健美练习方法

功效：

① 防止臀部肌肉萎缩，使臀部线条正常，丰满。

② 消耗多余脂肪，预防臀部下坠。

③ 加强盆腔血液循环和新陈代谢，防治女科疾病。

练习1：俯卧举腿，慢速。

练习 2：直体仰卧，转动两胯，中速。

练习 3：坐姿，臀部交替擦地向前移，中速。

（9）大腿部的健美练习方法

功效：

① 防止腿部肌肉萎缩，使腿部肌肉结实而丰润。

② 矫正腿部生理性缺陷，使之保持线条美。

③ 加强腿部静脉血液回流，防止静脉曲张。

练习 1：腿部肌肉萎缩时（干瘦），可将身体自然放松，双膝跪地，慢慢站立，反复进行。

练习 2：坐姿举小腿。

练习 3：俯卧小腿后上举。

（10）小腿部的健美练习方法

攻效：

① 塑造和维持优美的小腿状态。

② 消耗多余的腿部皮下脂肪。

练习 1：以踝关节为轴心，脚在空中做屈伸，旋转动作。

练习 2：提踵。

练习 3：单腿体侧前后摆。

3. 健美韵律操

健美韵律操是一种集音乐、体操、舞蹈和技巧为一体的新型体育锻炼项目。近年来，日益得到人们的青睐和广泛的普及。健美韵律操对身体有如下作用。

（1）锻炼肌肉和关节

坚持经常做韵律操，能使臂部肌肉、肩带肌肉、躯干肌肉和两腿肌肉韧带的力量、弹性和伸展性得到增强，机体的代谢能力和内脏器官系统功能得到提高，坚持做 3 个月的健美韵律操，会感到自身的工作能力和效率有所提高，体态和步姿有明显的改观。

（2）锻炼心肌的功能

韵律操中的跑、跳和舞蹈动作，对心血管系统和呼吸系统影响很大，做韵律操的全过程就像"流水作用"，中间没有间歇时间，也没有停顿。少则数分钟，多则 30～40 min，会使人的有氧代谢能力显著提高，产生良好的健身效果。

（3）健心作用

韵律操的音乐功能，可以锻炼情绪，振奋精神，使神经系统从沉重的学习和工作负荷状态下解脱出来，排除各种杂念和紧张情绪。经常在音乐伴奏下的健美韵律操，还有助于提高韵律感、节奏感和欣赏音乐的能力。

健美韵律操基本动作的练习方法如下。

（1）手型

掌、拳、健美指、鹰爪掌及单指、剑指、合掌。

（2）身体各部位基本动作

① 头、颈部位：低头、抬头、左右侧倒、左右转动、绕环。

要求：低、抬头有力，侧倒、转动头要正，绕环时间可前左后右或方向相反，动作轻松。

②肩关节：双、单肩上提、下压，前、后运动，绕环运动。

要求：上体不能摆动，颈与头不能前探。

③上肢：摆动、绕环、屈伸。

要求：手臂伸直，屈伸动作有力，头手配合协调。

④胸部：挺胸、含胸。

要求：发力要迅速、胸部挺含到最大极限，侧身挺胸时，身体其他部位保持原位。

⑤髋部：左右移髋，绕环及髋部挺收。

要求：身体其他部位不动，提髋时要提踵，上体保持正直。

⑥膝踝关节：屈伸、蹲、屈、绕环。

要求：屈伸时重心不要前后移动。

（3）基本步法

①屈伸步：两膝同时或依次屈伸，可前、后、左、右、原地，一步或多步屈伸。

②滚动步：两脚依次滚动，脚尖至脚跟，或反之，并加臀部及两臂动作。

③并步：一脚向前（后、侧），另一脚跟并拢加髋前挺、后收，左右顶髋动作。

④反髋走：右脚向右侧出一步，脚跟提起，同时屈膝，左侧髋向左侧顶，两脚轮换进行，髋部动作恰与走的方向相反。

⑤正髋走：步小与反臀走相同，但臀与步小方向一致。

⑥蹉步：一脚追赶另一脚，并带有轻微跳。

⑦踏点步：一腿屈伸，另一脚前（侧、后）点地。

（4）跑跳步

①跑步：两脚有短暂腾空过程。

②跑跳步：两脚交替进行，跑后支撑阶段有一次跳的过程。

③单脚跳：一脚跳起，同一脚落地。

④踢腿跳：单脚跳，另一腿伸直前踢、侧踢等。

⑤吸腿跳：单脚跳起，另一腿屈膝（前、侧）吸至腰部以上。

⑥后踢腿：两脚短暂腾空，小腿向后屈伸。

⑦分腿踢：双脚跳起前后左右分腿、弓步、并腿跳。

（5）转体

转体有平转、单脚转、跳转。

（6）小组合

①伸展运动（四八拍）。

②摆臂与正髋走组合（四八拍）。

③屈伸与反髋走组合（四八拍）。

④踢腿跳与转体组合（四八拍）。

⑤跑跳步与整理组合（四八拍）。

四、人体主要肌肉群的练习方法

人体的肌肉分布见图 5 – 1。

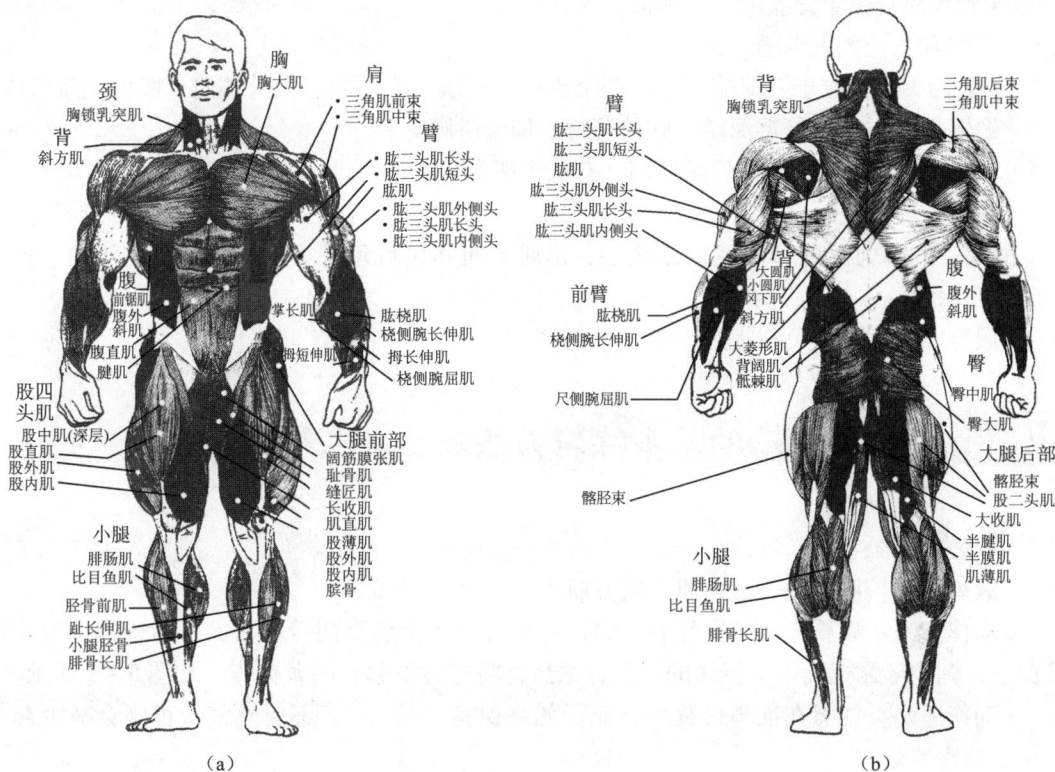

（a）　　　　　　　　　　　　　　　　（b）

图 5-1　人体肌肉的解剖视图

① 斜方肌：位于项背部，一侧成三角形，两侧相合成斜方形。

［锻炼方法］提铃耸肩、负重直臂侧上举、杠铃划船、直立上拉等。

② 背阔肌：位于腰背下部，为人体最大的阔肌。上部被斜方肌所遮盖。

［锻炼方法］引体向上、杠铃划船、屈腿硬拉、双臂屈伸。

③ 胸大肌：位于胸前浅层，为扇形扁肌。

［锻炼方法］卧推、双杠臂屈伸、上斜卧推、下斜卧推（哑铃或杠铃）、引体向上等。

④ 前锯肌：位于胸廓侧面。

［锻炼方法］直立推举、仰卧屈臂上拉、俯卧撑、推球等。

⑤ 三角肌：位于肩关节前外后方，是一块三角形的肌肉。

［锻炼方法］直立上拉、直立推举等。

⑥ 肱二头肌：位于上臂前面，上部被三角肌、胸大肌遮盖，属梭形肌，有长、短二头。

［锻炼方法］直立杠铃弯举、垫肘弯举等。

⑦ 肱三头肌：位于肱骨后面。

［锻炼方法］仰卧屈臂上拉、窄握卧推等。

⑧ 前臂肌：分前、后两群，每群又分为浅深两层。

［锻炼方法］腕弯举（正握、反握）。

⑨ 腹直肌：位于腹前壁正中线两侧，前后被腹直肌鞘包裹。

［锻炼方法］小腿搁凳仰卧起坐，斜板仰卧腿上举，持铃体侧屈，两头起。

⑩ 臀大肌：位于骨盆的后外侧面。

［锻炼方法］负重半蹲、臀上挺等。

⑪ 股四头肌：位于大腿前面，由四个头即股直肌、股中肌、股外侧肌、股内侧肌组成。

［锻炼方法］颈后负重深蹲、胸前深蹲、仰卧举腿等。

⑫ 股二头肌：位于大腿后面外侧，有长短两头。

［锻炼方法］直腿硬拉等。

⑬ 小腿三头肌：位于小腿后面浅层，由腓肠肌和比目鱼肌组成。腓肠肌在浅面，比目鱼肌则在深面。

［锻炼方法］站立负重提踵、负重单腿跳。

第四节 健美运动的基本练习方法及要求

① 宽握卧推：

［锻炼部位］胸大肌、三角肌、斜方肌。

［动作方法］以胸大肌的突然收缩力，将杠铃向上推起至两臂伸直，然后慢慢屈臂将杠铃放下，到胸部靠近乳头平行线的位置，之后再将杠铃推起至两臂伸直，如图 5-2 所示。

［动作建议］注意在推举过程中，躯干始终保持"桥形"，不要憋气，否则会减少参加工作的肌肉数量。

③ 仰卧飞鸟：

［锻炼部位］胸大肌、前锯肌，三角肌前部。

［动作方法］两臂慢慢向侧下分开，两手所持哑铃要降至低于身体水平面，充分把胸部拉开，然后用力夹胸使两臂在胸前上方合拢。将哑铃放到水平位置，之后再向下、向外，让胸部肌肉有拉伸的感觉，两臂放下的位置应低于身体的水平位置。

［动作建议］两臂向侧下分开时，肘关节稍屈，如果在整个动作过程中两臂始终伸直，那么对于发展胸部肌肉并不是很好。当下落时做深吸气，当还原时呼气，如图 5-3 所示。

③ 直立飞鸟：

［锻炼部位］三角肌中束、前束及斜方肌的上部。

［动作方法］两臂同时外展，直至同肩部水平位置，再还原。

［动作建议］如果肘部和腕部始终保持微屈，那么对发展三角肌中束有很好的作用。当两臂向外，向上举时，手部翻转，小拇指向上，而当两臂落下时正好相反，小拇指向下，如图 5-4 所示。

| 图 5-2 宽握卧推 | 图 5-3 仰卧飞鸟 | 图 5-4 直立飞鸟 |

④ 坐姿颈后推举：

[锻炼部位] 三角肌、斜方肌、胸大肌上部和肱三头肌。

[动作方法] 将杠铃垂直向上推起直至两臂伸直，然后再慢慢将杠铃放下，还原，如图 5-5 所示。

[动作建议] 定期改变两手的握距可以发展不同部位的肌肉。宽握可以最大限度地发展三角肌；窄握主要发展肱三头肌。

⑤ 颈后深蹲：

[锻炼部位] 股四头肌、股外肌、股直肌、臀部肌肉和腰背肌，还锻炼腹肌、小腿和肩部肌群。

[动作方法] 双腿屈膝至深蹲。当下蹲至大腿低于水平面时，静止片刻，然后缓慢起立还原至起始姿势，如图 5-6 所示。

[动作建议] 在深蹲过程中，保持平衡会很困难，在脚跟下垫一个 5 cm × 10 cm 的木块有助于保持身体的平衡。要求在整个动作过程中挺胸拔背，脊柱不要侧弯，头部保持正直。

⑥ 坐姿腿屈伸（穿铁鞋）：

[锻炼部位] 股四头肌。

[动作方法] 固定大腿，以股四头肌的力量使小腿上举至全腿伸直，然后缓慢放下，还原，如图 5-7 所示。

[动作建议] 铁鞋对膝关节有拉伸作用，因此在休息时不要穿铁鞋坐着。可以将小腿放在凳上休息。

图 5-5　坐姿颈后推举　　　　图 5-6　颈后深蹲　　　　图 5-7　坐姿腿屈伸

⑦ 站姿单腿屈伸（穿铁鞋）：

[锻炼部位] 股二头肌。

[动作方法] 大腿不动，将负重腿的小腿向上屈起至股二头肌充分收缩，脚尽量靠近臀部，静止片刻，然后控制速度伸直还原。两腿交替进行练习，如图 5-8 所示。

[动作建议] 完成的次数越多，效果就越好。

⑧ 颈部肌肉抗阻练习：

[锻炼部位] 颈部肌肉。

[动作方法] 两手放在前额作为阻力，尽量阻止头向前运动，将头尽量向后仰，然后再将头向右（左）将手放在头的一侧，施加阻力，动用颈部肌肉来对抗阻力。最后将两手置于脑后，两手用力阻止头部向后运动，如图 5-9 所示。

[动作建议] 也可用毛巾来对抗颈部的肌肉，只限于前、后方向，不适用于左、右方向。

⑨ 杠铃划船：

[锻炼部位] 背阔肌上部肌肉，其次也发展斜方肌、三角肌后束、股二头肌及前臂肌群。

[动作方法] 在提拉杠铃时要使杠铃垂直向上直至胸部为止，然后将杠铃慢慢复原，如图 5 - 10 所示。

[动作建议] 弓身提铃（杠铃划船）等练习应经常变换两手的握距。握杠铃杆的方式越多，越有利于肌肉的全面发展。

图 5 - 8　站姿单腿屈伸　　　图 5 - 9　颈部肌肉抗阻练习　　　图 5 - 10　杠铃划船

⑩ 直立杠铃弯举：

[锻炼部位] 肱二头肌，其次也发展前臂肌群。

[动作方法] 前臂向内弯曲，将杠铃弯举到胸部下缘，然后沿原路线将杠铃放下，还原，如图 5 - 11 所示。

[动作建议] 应注意当屈臂时上体保持不动，身体晃动或背部弯曲会减小训练的效果。在将杠铃举到最后点后向下放杠铃时，应使两臂充分伸直。每个动作都应用最大幅度来完成。

⑪ 仰卧臂屈伸（法图式卧推）：

[锻炼部位] 肱三头肌。

[动作方法] 以肘关节为轴，以肱三头肌之力使前臂下落至头后和伸直于体前，如图 5 - 12 所示。

[动作建议] 这个练习可以用站立、坐姿、仰卧等方式完成。

⑫ 上斜哑铃弯举：

[锻炼部位] 臂部肌群，尤其是肱二头肌。

[动作方法] 双臂同时用力屈伸，将哑铃由下向上举至肩际，如图 5 - 13 所示。

[动作建议] 如果在弯举过程中由开始位（两个大拇指朝里）到结束位（两个大拇指朝外）转动手腕，可以使更多的肌肉收缩。

图 5 - 11　直立杠铃弯举　　　图 5 - 12　仰卧臂屈伸　　　图 5 - 13　上斜哑铃弯举

⑬ 小腿搁凳仰卧起坐：

［锻炼部位］腹肌力量。

［动作方法］两臂向上使身体离开地面 2.5～5 cm，保持这一姿势几秒钟，然后复原，如图 5 - 14 所示。

［动作建议］为了达到更好的训练效果，当抬起上体时，应将臀部紧贴在地板上。

⑭ 斜板仰卧腿上举：

［锻炼部位］腹直肌下部。

［动作方法］确信背部受到稳定的支撑。两腿膝部微屈，上举至与身体垂直位置，然后将两腿放下，但两腿不接触斜板。

［动作建议］为了使腹直肌下部收缩得更充分，在两腿上举过程中，背部应紧靠在板上保持适度紧张，如图 5 - 15 所示。

⑮ 站立提踵：

［锻炼部位］腓肠肌和比目鱼肌。

［动作方法］两腿伸直，尽力向上提踵，然后脚跟缓慢下落至起始状态，重复动作。这个练习也可采用单手持哑铃完成。如图 5 - 16 所示。

［动作建议］慢提，会保持平衡。两脚尖方向的不同角度对腿肌群的锻炼效果也不同。

图 5 - 14　小腿搁凳仰卧起坐　　　图 5 - 15　斜板仰卧腿上举　　　图 5 - 16　站立提踵

⑯ 翻举：

［锻炼部位］背部上、中、下肌群，以及斜方肌、颈部、大腿和臂部屈肌群。这是全面发展身体力量的练习。

［动作方法］用一个动作将杠铃翻举到胸部位置，同时背部挺直，将杠铃靠近身体，注意力放在加快翻举动作速度上。如图 5 - 17 所示。

［动作建议］动作过程中腿和腰用力。

⑰ 单手哑铃划船：

［锻炼部位］背阔肌、三角肌后部、大圆肌和肱二头肌。

［动作方法］用力屈肘，尽可能上拉哑铃至肩部或更高，然后慢慢放下，感到有拉伸感，如图 5 - 18 所示。

［动作建议］两手轮流完成练习。当将哑铃上提至最高点时，可稍微转动身体，使动作幅度更大，效果更好。

⑱ 仰卧屈臂上拉：

［锻炼部位］胸部肌群、肱三头肌、上背部肌群，尤其是背阔肌。

［动作方法］使杠铃慢慢向头后下方下落，两臂屈肘，充分拉长胸大肌，杠铃的位置要

降至头部水平面以下，然后再用力把杠铃从头后下方拉至胸部上方，如图5－19所示。

[动作建议] 在这个练习中，采用较大的负重可以更有效地提高力量水平及增大肌肉体积。

图5－17　翻举　　　　　　图5－18　单手哑铃划船　　　　图5－19　仰卧屈臂上拉

⑲ 直立推举：

[锻炼部位] 三角肌、肱三头肌以及背阔肌。

[动作方法] 杠铃正直向上推起，至两臂伸直，再慢慢还原。如图5－20所示。

[动作建议] 当向上推举杠铃时，身体不要向后退，不要憋气，同时要记住系举重腰带。

⑳ 杠铃直立高位上拉：

[锻炼部位] 三角肌、斜方肌。

[动作方法] 先将两上臂慢慢向上提起，两手贴近身体将杠铃拉至胸锁骨以上位置，即接近下颌处，然后再慢慢还原。

[动作建议] 在将杠铃放下时，应保持慢速，如图5－21所示。

㉑ 弓身飞鸟：

[锻炼部位] 斜方肌、大圆肌、三角肌后束。

[动作方法] 两臂用力向上、向外侧运动，使哑铃高度达到与肩平或稍高于肩的位置，然后还原，如图5－22所示。

[动作建议] 如果肘关节、腕关节稍屈，那么三角肌后束会得到更大的锻炼，在练习中将注意力集中在用力的肌肉部位。

图5－20　直立推举　　　　图5－21　杠铃直立高位上拉　　　　图5－22　弓身飞鸟

㉒ 垫肘单臂弯举：

[锻炼部位] 肱二头肌及前臂肌群。

[动作方法] 慢慢屈臂，将哑铃向胸部方向靠近，上臂保持固定不动，如图5－23所示。

[动作建议] 不要屈腕，保持最大收缩状态3 s，之后慢慢还原。

㉓ 弓身单臂屈伸：

［锻炼部位］肱三头肌。

［动作方法］上臂腋下夹紧，以肘关节为轴，用力伸前臂，使臂完全伸直，如图5－24所示。

［动作建议］在动作最后部分要使肌肉充分用力。

㉔ 腕弯举：

［锻炼部位］前臂肌群。

［动作方法］手腕向上弯起至极限，然后缓慢下放还原。

［动作建议］掌心向上握杠铃发展前臂屈肌，掌心向下握杠铃发展前臂伸肌，如图5－25所示。

图5－23　垫肘单臂弯举　　　图5－24　弓身单臂屈伸　　　图5－25　腕弯举

㉕ 负重箭步蹲：

［锻炼部位］股四头肌、股二头肌和臀大肌。

［动作方法］一腿向前跨步，并慢慢下蹲至大腿与地面平行。然后，再用力使身体还原。然后另一腿向前，重复上述动作。如图5－26所示。

［动作建议］如果在复原时，腿不完全伸直，那么股四头肌将处在始终紧张状态。

㉖ 坐姿腿屈伸：

［锻炼部位］股四头肌。

［动作方法］小腿慢慢向上使腿伸直，保持伸直状态2 s，然后小腿向下复原，如图5－27所示。

［动作建议］可以单腿交替进行练习。

㉗ 俯卧小腿屈伸：

［锻炼部位］股二头肌。

［动作方法］腿用力向上弯起至股二头肌充分收缩，静止2 s，然后慢慢还原，如图5－28所示。

［动作建议］可两腿交替完成练习。

图5－26　负重箭步蹲　　　图5－27　坐姿腿屈伸　　　图5－28　俯卧小腿屈伸

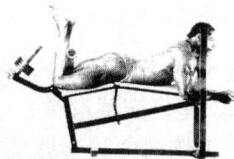

㉘ 屈腿硬拉：

[锻炼部位] 下背部、臀部肌群、斜方肌。

[动作方法] 以腰背肌的力量控制住上体缓慢前屈，直至杠铃接近地面，稍停，持铃挺身起立。当上体将要立直时，两肩后展，胸部尽量前挺，如图 5 - 29 所示。

[动作建议] 负重不要太大。

㉙ 上斜卧推：

[锻炼部位] 上胸部及三角肌前束、肱三头肌。

[动作方法] 将杠铃向上推起至两臂伸直，然后慢慢屈臂将杠铃放下，如图 5 - 30 所示。

[动作建议] 采用宽握距时对胸部肌群的锻炼效果更好。

㉚ 窄握卧推：

[锻炼部位] 胸大肌，尤其是胸大肌内侧部。

[动作方法] 两臂弯曲，慢慢将杠铃放下至胸部，然后用力向上推起杠铃至两臂完全伸直，如图 5 - 31 所示。

[动作建议] 两手握距越宽，负荷就越向胸大肌外侧部转移。

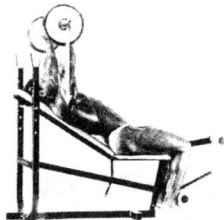

图 5 - 29　屈腿硬拉　　　　图 5 - 30　上斜卧推　　　　图 5 - 31　窄握卧推

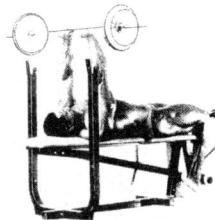

㉛ 杠铃前平举：

[锻炼部位] 上胸部和三角肌束。

[动作方法] 肘关节略屈，以肩部肌群的收缩力，直臂将杠铃或哑铃提举至胸前，与肩齐高，静止片刻后，再以肩部肌力控制住杠铃或哑铃，使其缓慢下落，经原路返回，如图 5 - 32 所示。

[动作建议] 如果采用哑铃，则在提举动作快结束时转腕使大拇指向上，这对发展三角肌前束的效果更好。

㉜ 坐姿颈后单臂屈伸：

[锻炼部位] 肱三头肌。

[动作方法] 用力向上伸直手臂，掌心始终朝前，保持上体肩部固定。当还原时，应将哑铃尽量向下置于最低位置。哑铃运动的路线应始终一致。两臂交替完成练习，如图 5 - 33 所示。

[动作建议] 使哑铃在头部后方运动。

㉝ 坐姿交替弯举：

[锻炼部位] 上臂肱二头肌，前臂肱桡肌和旋前圆肌。

[动作方法] 一臂屈肘，将哑铃匀速举至肩际，之后还原，然后另一臂做同样动作，交替进行，如图 5 - 34 所示。

［动作建议］完成此练习时，也可以手持哑铃，掌心朝下，在将哑铃向上举时转腕，使掌心朝上，可以更好地发展肱二头肌。

图 5 - 32　杠铃前平举　　　　图 5 - 33　坐姿颈后单臂屈伸　　　　图 5 - 34　坐姿交替弯举

㉞ 反握弯举：

［锻炼部位］前臂肌群。

［动作方法］上臂紧贴体侧不动，以肘关节为轴，前臂向上弯起至肩前，动作要慢，之后还原，如图 5 - 35 所示。

［动作建议］在前臂向上弯起时，手腕部不要过于紧张；身体要避免晃动；这些都会降低训练效果。

㉟ 负重提踵行走：

［锻炼部位］小腿肌群。

［动作方法］行走，每一步都尽量将脚向上抬起，直到感到小腿部肌肉疲劳为止，如图 5 - 36 所示。

［动作建议］当小腿肌肉充分活动开以后，可以轻轻跳跃。

㊱ 上斜仰卧飞鸟：

［锻炼部位］胸大肌、三角肌。

［动作方法］两臂慢慢向侧下分开，两肘微屈，将哑铃降至身体水平面，感到胸部充分拉伸，然后用力夹胸使两臂在胸前上方合拢，如图 5 - 37 所示。

［动作建议］在动作过程中两臂始终伸直，难度会更大，对胸部肌肉的锻炼效果会更好。哑铃放下时，深吸气；上举时呼气。

图 5 - 35　反握弯举　　　　图 5 - 36　负重提踵行走　　　　图 5 - 37　上斜仰卧飞鸟

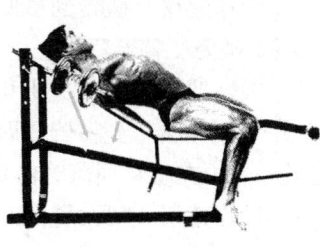

㊲ 持铃体侧屈：

［锻炼部位］腹内、外斜肌，腹直肌。

［动作方法］上体尽力向持哑铃一侧侧屈，哑铃沿体侧下滑，另一只手置于头后，静止片刻，然后慢慢还原，如图 5 - 38 所示。

［动作建议］身体左、右方向侧身，不要前后弯曲。

㊳ 直立耸肩：

［锻炼部位］颈部、肩部肌肉。

［动作方法］用力向上耸肩，然后肩部向后旋转，复原。如图 5－39 所示。

［动作建议］动作过程中肘部不要弯曲。两臂始终伸直，肩上耸时吸气，下落时呼气。

㊴ 单腿站立提踵：

［锻炼部位］小腿部腓肠肌和比目鱼肌。

［动作方法］持哑铃手臂的同侧腿极力向上提脚跟，然后慢慢放下脚跟，还原，如图 5－40 所示。

［动作建议］提起脚跟与放下脚跟一样慢。

图 5－38　持铃体侧屈

图 5－39　直立耸肩

图 5－40　单腿站立提踵

㊵ 正握腕弯举：

［锻炼部位］前臂伸肌。

［动作方法］用力屈手腕将杠铃向上举起，并保持这一姿势 2 s，然后还原，如图 5－41 所示。

［动作建议］可以站立做。两臂伸直。

㊶ 横仰卧屈臂上拉（哑铃）：

［锻炼部位］胸部肌群、背阔肌、前锯肌等。

［动作方法］使哑铃慢慢向头后下方下落，至头水平面以下，尽可能低的位置。然后沿原路线慢慢还原，如图 5－42 所示。

［动作建议］哑铃到最低点之前，臂部稍下沉。

㊷ 坐姿交替臂弯举：

［锻炼部位］肱二头肌和前臂肌群。

［动作方法］先一侧屈肘，把哑铃举至肩际。在上举后半程中，前臂外旋，使掌心向上至最高点，在哑铃回落时做相反动作。哑铃刚回落时另一臂开始动作，如图 5－43 所示。

［动作建议］可两臂同时进行。

图 5－41　正握腕弯举

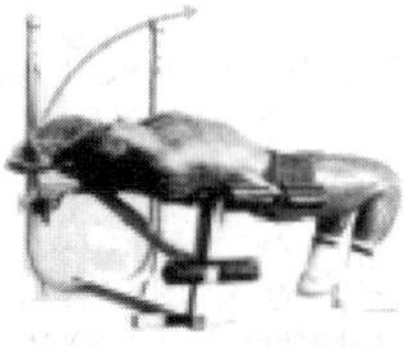

图 5－42　横仰卧屈臂上拉

图 5－43　坐姿交替臂弯举

㊸ 仰卧屈膝：

［锻炼部位］腹部肌群。

［动作方法］用力收腹，两腿屈腿向胸部靠近，再慢速还原。如图 5 - 44 所示。

㊹ 坐姿弓身飞鸟：

［锻炼部位］三角肌后束和上肩部肌群。

［动作方法］两臂同时向两侧上振臂，使哑铃向上到尽可能高位置，然后还原，如图 5 - 45 所示。

［动作建议］肘部稍屈，可更多地锻炼三角肌后束。上举过程中两臂做内旋，在哑铃到最高点时，小拇指向上，效果更好。

㊺ 转体仰卧起坐：

［锻炼部位］腹外斜肌。

［动作方法］上体抬起至半程，向左（右）转体，使肘部在动作结束时触及另一侧腿的膝部，之后使身体还原，然后再向另一侧做转体动作。交替进行，如图 5 - 46 所示。

［动作建议］可在地板上做，一抬起身体就做转体。若提高练习强度，可增大斜板角度。

图 5 - 44　仰卧屈膝　　　　图 5 - 45　坐姿弓身飞鸟　　　　图 5 - 46　转体仰卧起坐

第六章
篮球

第一节　篮球运动的起源

　　篮球运动是由在加拿大出生的体育教师詹姆士·奈·史密斯 1891 年发明的。他当时受启发于当地青年摘桃扔入桃筐的活动性游戏。即在一块场地的两端设置两个竹制桃筐，展开投篮比赛，这便是篮球运动的雏形。

　　后来史密斯将在室外开展的篮球游戏移至室内，并将桃筐悬挂在室内两侧离地面约 10 英尺高的墙壁上，以足球代替其他物体向篮筐中投准，展开攻守对抗的游戏比赛。最初由于篮筐底部是封闭的，投进的球不能下落，需要架梯将球取出，开展活动十分不便，之后很快将篮筐底部去掉，并将悬挂在墙壁上的篮筐安装在特殊的立柱架上，移至场地两边进行游戏比赛，为了避免将球投掷到场地外，曾在篮筐后部设有挡网，有些还用网状装置罩住整个场地，类似一个大网笼，因此有些国家和某些版本的书上仍将篮球运动称为笼球运动。正因为这种活动的游戏性和趣味性较强，有较好的健身作用，所以便在游戏的基础上很快充实活动内容，制定了某些限制性规则，不断改革比赛方式，从而逐步形成了现代篮球运动。

第二节　篮球运动的发展及特点

一、篮球运动的发展

现代篮球运动的发展大体经历了 5 个时期。

1. 初创试行时期

19 世纪 90 年代，篮球运动无明确的竞赛规则，场地大小、活动人数不限，仅在室内一块狭长的空地两端各放一只桃筐，竞赛时把参加者分成人数相等的两队，当竞赛主持者在边线中心点把近似现代足球大小的球向场地中心区抛去后，两队便集体向球落点奔抢球，随即展开攻守对抗，球进筐者得一分，累计得分多者为胜。而每进一球都需要按开始时的程序重新比赛。

最初的活动与比赛目的是为了让更多的学生在冬季参与室内游戏活动，场地没有区域划分，也没有比赛时间的明确限制。由于攻守争球投篮十分激烈，往往在争抢过程中出现粗野的动作和某些不利于游戏和比赛正常进行的现象，为此，1892 年，史密斯将比赛场地按照进攻方向分为后场、中场和前场，同时明确了比赛的要求，如不准个人持球跑，限制攻守对抗中队员身体接触部位等，对悬空的篮筐装置也做了明确规定，不久又提出了 13 条简明而必须严格执行的比赛规则，其中有比赛时间分为前后两个 15 min，中间休息 5 min；比赛结束双方打成平局时若双方队长同意可延长比赛时间，先投进球的队为胜，掷界外球规定在 5 s 内完成，超过 5 s 时裁判可判为违例，由对方发界外球。某一方连续犯规 3 次，判对方投中一个球，还规定可以用单手或双手运球，但不能用拳击球，不准用手或脚对对方队员进行打、推、拉、摔，违者第一次记犯规，第二次犯规者停止比赛，直到对方投进一个球才允许该犯规队员再次进入场地参赛。对故意或具有伤害性质的犯规行为，则取消犯规者该场比赛的资格，而且该队不得换人。

此后，比赛场地由不分区域的场地，逐步增划了各种区域的限制线，如中圈及罚球线，不久又增加了中场。篮圈也由铁圈代替了不同制作形式的篮筐，篮圈后部的挡网也换成了木质规则的挡板，并与铁质篮圈相连，接近于现代使用的篮板装置，竞赛开始程序改由中圈跳球，比赛中的队员也开始有前锋、中卫的位置分工。前锋、中锋在前场进攻，后卫负责守卫本篮和把球传给中场和前场的中锋、前锋。至此，现代篮球运动基本形成。从 1904 年第三届奥运会上由美国队举行了国际上第一次篮球表演赛至 20 世纪 20 年代末，国际上虽未有统一规则，但上场已基本定为 5 人，进而球场有了电灯泡式的限制区和罚球时的攻守队员分列站位线。此时攻守技术简单，仅限双手做几个传、运、投的基本动作，竞赛中以单兵作战为主要攻守形式，战术配合还在朦胧时期。1891—1920 年，由于篮球比赛的趣味性强，篮球运动在美国教会学校迅速得以推广，同时，通过基督教青年会组织、教师及留学生间的交往，篮球运动随着美国文化和宗教在 1891—1920 年期间先后传到美洲、欧洲、亚洲、澳洲及非洲。

2. 完善和推广时期

进入 20 世纪 30 年代以后，篮球运动迅速向欧、亚、非、澳四大洲的许多国家推广发展，技术水平不断提高，单兵作战的基本形式逐渐被掩护、协防等几个人的相互配合所充实。为了适应并推动世界各国篮球运动的普及与发展。1932 年 6 月 18 日在瑞士的日内瓦由葡萄牙、罗马尼亚、瑞士、意大利、希腊、拉脱维亚、捷克斯洛伐克、阿根廷欧美 8 国的代表酝酿组织国际统一的竞赛规则 13 条，例如规定竞赛人数为 5 人；场地上增加了进攻限制区，投篮时对手犯规，则投中加罚 1 次，未投中加罚 2 次；竞赛时间由女子 8 min、男子 10 min 一节共赛四节，改为 20 min 一节共赛 2 节；进攻队在后场得球后必须 10 s 过中线不得再回后场等。1936 年第 11 届奥运会上，篮球运动被列为男子正式竞赛项目，现代篮球运动从此登上国际竞技舞台。

20 世纪 40 年代，随着篮球技术，战术不断演进、发展，特别是运动水平的提高，高大队员开始涌现，篮球规则进行了充分修改。例如严格了侵人犯规和违例罚则，篮板有了规范的长方形和扇形两种，球场中圈分为跳圈和禁圈两个圈，球场罚球区的两侧至端线，明确分设了争抢篮板的队员的分区站位线、篮球技术、战术不断变化，充实并各成体系地向集体对抗方向发展，到 20 世纪 40 年代末，进攻中的快攻、掩护、策应战术；防守中的人盯人防守、区域联防等战术阵形和配合已被各篮球队所运用，篮球运动在国际上进入完善、推广的新时期。

3. 普及与发展时期

20 世纪 50 年代到 60 年代，篮球运动在世界各地广泛普及，特别是随着篮球运动技术、战术的创新发展，规则与技术、战术之间不断制约和相互促进，迫使篮球运动员身高增长加速，如美国巨型运动员张伯伦，前苏联巨型运动员克鲁明及女运动员谢苗诺娃等，高度开始成为现代篮球竞赛中决定胜负的重要因素之一。因此，一种利用高大队员强攻篮下的中锋打法风行一时，篮球运动员进入了一个向高大体型发展的新时期，特别是 1950 年和 1953 年在阿根廷和智利举行的男女首届世界篮球锦标赛上，高大队员威震篮坛，国际上开始有了"得高大中锋者得篮球天下"的说法，迫使篮球规则在场地和时间上对进攻队加强新的限制。如 20 世纪 50 年代将篮下门字形 3 秒区域扩大成梯形 3 秒区，一次进攻有 30 s 的限制，以及进入 20 世纪 60 年代中期，一度取消中场线等，攻守区域的扩大，高度与速度的相互交叉、渗透，使比赛的速度、技巧、准确性，争夺篮下的优势成为竞赛胜负的重要保证，有力地推动了攻守技术、战术的全面发展。例如进攻中的快攻，移动掩护突破快攻，以及防守中的全场紧逼人、盯人防守，成为当时以快制高，以小打大的重要手段。

60 年代末，世界篮球运动开始形成以美国队为代表的高度、速度与技巧结合的美国型打法；以前苏联为代表的高度、力量和速度相结合的欧洲型打法；以韩国、中国队为代表的矮、快、灵、准结合的亚洲型打法的新时期。

4. 全面提高时期

进入 20 世纪 70 年代以后，2 m 以上的队员大量涌现，篮球竞赛空间争夺越发激烈，高度与速度的矛盾更加尖锐，高空技术的发展和占有高空优势就显示着实力，篮球竞赛名副其实成了巨人们的空间游戏。为此，规则对高大队员在进攻时提出了更多的限制和要求，以利于调动防守和身高处于劣势队伍的积极性。随之，一种攻击性防守——全场及半场范围内的区域紧逼人盯人防守和混合型防守战术展现出新的制高威力。1973—1978 年间竞赛规则又多次对犯规提出了次数的调整和增设追加罚球的规定，促使进攻与防守的技术、战术在新的条件制约下，向既重高度、速度，又重智慧、技巧，准确多变的方向创新发展，进攻中全面的对抗技术、快速技术结合更加巧妙；传统的单一型的攻击型技术、机械的战术配合和相对固定的阵型打法，被全面化、整体型、综合型频繁移动中掩护的运动打法所取代，防守更具破坏性和威胁力，个人远距离斜步或弓箭步站位干扰式防守和单一型的防守战术，被近身平步站位，积极抢距、抢位，身体有关部位主动用力的破坏型的个体防守和集约型防守战术所取代。尤其是自 1976 年第 21 届奥运会篮球赛和 1978 年第 8 届男子世界篮球锦标赛后，篮球运动高身材、高技巧、高速度、多变化、高比分的特点，特别是高空技术有了进一步的发展。这一趋势和特点到 20 世纪 80 年代则更为突出和明显。为此，80 年代中期，篮球竞赛规则对进攻时间，犯规罚则又做了新的修正，规定了远投区，增加了 3 分球规定等，篮球运动向更高水平全面提高和发展。

5. 创新与攀登时期

进入 20 世纪 90 年代，国际奥委会允许职业篮球队员参赛，给世界篮球运动开创了新的发展渠道和方向。1992 年西班牙巴塞罗那举行的第 25 届奥运会上，以美国梦之队中的超级球员乔丹、约翰逊等为代表的现代篮球技巧表演，把这项运动技艺表演得更加充实完善，战术打法更为简练实用。特别是南斯拉夫、巴西等欧美地区的篮球竞技水平迅猛提高，形成欧美两大洲对抗的格局。从此以后，世界篮球运动发展跨入了创新、攀登、融竞技化、智谋化、技艺化于一体的新时期，标志着现代篮球运动结构、优秀运动队伍综合智能结构，以及运动员的体能、智能与掌握、运用篮球技术、战术的能力结构发生了质的变化，如技术动作不断演变创新，战术阵型锋卫位置界线逐步模糊。赛制不断变革，规则不断修订，展现出现代篮球当代化的教育、科技、艺术、文化气息，1994 年后，国际篮球联合会因运动员制控能力增强，空间拼抢激烈，对篮球竞赛规则又做了某些修改，以使比赛争夺更安全、更合理、更具观赏性，并将篮板周边缩小，增加保护圈。1999 年 12 月，又决定在 2000 年奥运会后实行某些新的规定，即比赛分为 4 节，每节比赛时间 10 min；每队每节如达到 4 次犯规，对以后发生的所有犯规均要处以 2 次罚球；两节比赛后中场休息 15 min；首节与第 2 节之间，第 3 节与第 4 节之间休息 2 min；首节、第 2 节、第 3 节每队只可暂停 1 次，第 4 节可暂停 2 次；球队每次进攻的时间从 30 s 缩短为 24 s；球进入前场的时间限制为 8 s；奥运会和世界锦标赛可实行三裁判制度等。可见，现代篮球运动无论男子或是女子今后都向着"智""高""快""全""准""狠""变"和技术，战术运用技艺化的方向和各种风格、不同打法，形成高度技艺性、高度文化性、高度观赏性、高度商业性的新的发展趋势。

由此可见，现代篮球竞技运动的形成是有阶段、有层次、从低级向高级逐步发展的，是由某一个国家的地方性游戏发展为区域性文化活动，再发展为竞技性项目，进而成为世界范围的体育文化现象，体育科学的一个分支门类。

二、现代篮球运动的特点

篮球运动与其他球类运动项目的区别在于，活动都是围绕着如何激励活动者能将篮球更快、更准、更多地投进高空篮筐和破坏对手将球投进高空篮筐中去而展开的。自篮球运动创建百余年来，国际篮球组织和各国篮球界人士不断研究探索，提出了种种新的观点，出现了多种新技术、新战术，使篮球运动内容更丰富，活动更富有魅力。透过现代篮球运动的活动形式，可以概括为以下几个特点。

1. 空间对抗性特点

与其他球类项目相比，篮球运动有其特殊的高空运动规律，即为了争夺球与空间的控制权，篮球竞赛的双方运用不同战术阵形与技术手段开展立体型的进攻、防守，并不断进行攻、守转换，这一规律体现出以下两个特点。

（1）高空性

是指篮筐悬空 3.05 m，通过进攻与防守向对方投篮或防止对方向我方篮筐投篮是其最特殊的特点。因此，篮球运动要求运动员具有特殊的控制球与制空能力。

（2）瞬时性

是指竞赛规则对持球进攻队有 3 s、5 s、8 s 和 24 s 不同性质的时间限制，因此强化时间概念，主动捕捉战机就成为攻守的关键。所以准确围绕空间目标尽快缩短攻守转换时间，时刻牢牢控制球与投进球，就成了篮球比赛获胜的关键。

2. 内容多元化特点

现代篮球运动内容呈多元化发展趋势，有其独特的理论体系和技术、战术体系，已成为一门综合性的体育学科。内容涉及哲学、军事学、政治学、经济学、决策学、管理学和科学的专项理论基础。其中科学的专项理论包括体育学、教育学、心理学、训练学、伦理学、逻辑学和相关的生理学科，如选材学、创伤学、营养学，保健学等。另外，还有对教练员、运动员的智能潜力，特殊的运动意识、气质、身体形态条件、生理机能、心理修养、意志品质、道德作风，专项技术水平与战术配合意识及其实战能力等研究。从而使篮球运动的学科发展更趋科学化、独特化，更具现代意识。

3. 多变与综合性特点

篮球运动是由低级到高级，在去粗取精的动态中发展进化的，至今已成为一项综合竞技艺术。篮球比赛过程较其他球类项目复杂，技术动作繁多，战术形式多样，优秀运动队和明星队员创造性地运用篮球技术、战术已达到艺术化的程度，促使篮球比赛过程充满生气和活力；而围绕空间瞬时变化展开的争夺，反映出个体单兵作战与集体协同配合相结合，空间攻守与地面攻守相结合，空间与时间相结合，拼抢与计谋、技艺相结合的综合性技术、战术特点。

4. 健身与增智性特点

根据体育运动的项群分类理论，篮球运动属综合性的非周期性的集体运动，这是由其运动内容结构的多元性和竞赛过程的多变性、综合性特征所决定的。所以，从事篮球运动有助于培养活动者的综合素质，增进身体健康、活跃身心、增长知识；对锻炼人的综合才干，开发人的智慧，培养优良的道德品质和顽强的意志作风都起到积极的影响。例如实战过程中，篮球运动的技术、战术都是在变化着的时间、空间条件下，通过运用跑、跳、投掷等手段来完成的。在这一过程中，无论智力、生理、心理都要承受各种复杂因素的影响，所以经常参加篮球活动，对促进人的生理机能，特别是内脏器官与感受器官的功能，中枢神经系统的支配能力有积极的作用。

篮球运动已进入科学化、技艺化、谋略化的新时期，技高与智深的渗透结合，促使运动员既要提高篮球运动技术水平，又要鞭策自己具有更高的文化知识和文明意识，提高自己对篮球运动本质的理解能力。

5. 启示与教育性特点

从社会学的角度说，篮球运动是一项具有广泛群众基础和特殊社会影响的体育项目，篮球竞赛和各种篮球活动过程中充满教育因素。因此，它对提高参与人员素质，活跃社会文化生活，促进社会交往，增进国家与民族的自尊、自强都有积极的教育价值。为此，世界各大洲每年都以不同形式组织各种重大的篮球竞赛活动。各国参与各种形式的篮球赛和篮球游戏活动的球民达 10 亿多，充分显示着篮球运动特殊的社会教育潜力。

6. 职业与商业性特点

自 20 世纪 90 年代，国际奥林匹克委员会允许职业篮球运动员参加奥运会篮球赛后，篮球运动在世界范围内的职业化和商业化进程进一步加速。特别是亚洲、中国、菲律宾、韩国、日本及中国台湾地区都相继成立或筹划成立职业篮球队或职业篮球俱乐部，这对亚洲和世界篮球运动的进一步发展、提高起到催化剂作用。这种职业化和商业化的发展趋势已成为现代篮球运动的重要特点。

第三节　篮球比赛规则简介

一、场地器材

1. 场地

国际比赛标准场地：长 28 m、宽 15 m。场地的丈量均从界限的内沿量起，线宽为 5 cm。中圈半径为 1.80 m。

2. 篮板

篮板横宽 1.80 m，竖高 1.05 m，篮板下沿距地面 2.90 m。

3. 比赛用球

充气后，使球从 1.80 m 的高度落到地面上，反弹高度不得低于 1.20 m，也不得高于 1.40 m。

二、一般规则

1. 出场人数

每队出场 5 人，不足 5 人不能比赛。如规定的时间开始后 15 min 仍不足 5 人或球队不到场，则判该队弃权，罚则是判给对方以 20:0 获胜，弃权队在名次排列中为 0 分。比赛中如果球队在场上的队员只剩 1 人时则判该队告负；如该队比分落后，则在比赛停止时的比分有效，另一队获胜；如该队比分领先，则判另一队以 2:0 获胜，在名次排列中该队得 1 分。

2. 比赛时间

分为四节，每节 10 min。每节之间和每决胜期之前休息 2 min。两半时之间休息 15 min。如第四节结束时比分相等，则打若干个决胜期直至决出胜负。

3. 要登记的暂停

第一、二、三节每节准予一次暂停，第四节准予二次暂停。每一决胜期准予一次暂停。

4. 换人

每当死球且停表时，球队即可换人。如果是甲队发生违例则甲队不能换人，而如果此时乙队先换人，也可以给予甲队换人。换人的次数没有限制。

5. 队员 5 次犯规

一名队员 5 次犯规即取消比赛资格。

6. 全队 4 次犯规

在每一节中如果某队共登记队员 4 次犯规，那么以后的每次原不该罚球的犯规均被判给二次罚球。而如果该队处于控制球时则不罚球，只是失去球权。

7. 对做投篮动作的队员犯规

投中 2 分或 3 分有效再加罚一次。如不中则视其投篮地点给予 2 次或 3 次罚球。

三、常见的违例

违例是指队员违犯了比赛中关于时间或技术等方面的规则之行为。

1. 三秒

场上控球队的队员在对方限制区内停留超过 3 s（划定限制区的 5 cm 宽的线是限制区的一部分）。

2. 五秒

① 罚球时，每次罚球均不得超过 5 s。

② 掷界外球时，不得超过 5 s。

③ 在场上，持球队员一旦被对方严密防守并停步时开始计算，他须在 5 s 内使球出手，否则为违例。

3. 八秒

每当一名队员在他们的后场控制活球时，他的队必须在 8 s 内使球进入他们的前场，否则为违例。

4. 二十四秒

每当一名队员在场上控制活球，他的队需在 24 s 内投篮，否则为违例。

5. 球回后场

当某队在前场控制球时，不能使球回后场，否则为违例。只要该队使球触及后场的地面及有部分身体触及后场的队员或裁判员即算该球回后场违例。

6. 带球走

篮球技术的特殊点之一是队员一旦持球，就必须确立中枢脚。中枢脚离地后再次落地前，球必须离开队员的手，否则为"带球走"。

7. 两次运球

队员在一次运球结束后不得再次运球。

8. 罚球时的违例

罚球时，罚球队员除了需遵守 5 秒规则外，脚不得触及限制区（罚球线是限制区的一部分）和投出的球必须触及篮圈以及不得做假动作。罚球时可共有包括罚球队员在内的双方各三名队员在位置区站位。其余五人的站位方法是：如甲队罚球，则乙队的两名队员站在两侧靠篮下的两个位置，然后是甲队两名队员，再就是乙队的第三个队员可站在任一侧。非罚球队员的违例包括：罚球队员的球还没离手就进入限制区、干扰罚球队员投篮等。罚则是：若罚球队员违例则该次罚球投中不算；如是仅有的一次或最后的一次罚球违例后，由对方在罚球线延长线的边线外掷界外球。若非罚球队员违例，如甲队罚球，仅有一次或最后一次罚球投中与否分别按如下处理：球投中得分有效，双方的违例均不究；若不中，如乙队违例此球重罚，如甲队违例，由乙队在罚球线延长线的边线外掷界外球，如果双方同时违例则在该罚球圈跳球重新比赛。

以上是比赛中常见的违例，罚则都是失去球权，由对方在就近的界线外掷界外球。

四、常见的犯规

犯规包括有身体接触的侵人犯规和没有身体接触的技术犯规两大类。

1. 侵人犯规

比赛中常见的侵人犯规有"拉人""推人""撞人""阻挡""背后非法防守""非法用手""非法掩护"等。罚则是：上述犯规中凡是对做投篮动作的队员犯规均判罚球；如对没做投篮动作的队员犯规，则由非犯规队在就近的地点掷界外球；如果在那一节中该队已达四次犯规并且是非控制球的队，则判给二次罚球。

2. 违反体育道德的犯规

当裁判员判断某队员不是在规则的精神和意图范围内合法地去抢球而发生的侵人犯规，则判为"违反体育道德的犯规"。罚则视其犯规对象是否在投篮和投中与否分别按如下处理：如其没做投篮动作，判给二次罚球和一次中场掷界外球权；如正做投篮动作且投中，判二或三分有效再加罚一次；如未中，视其投篮地点判给二次或三次罚球。上述罚球无论投中与否都获得一次中场掷界外球权；此界外球可传入前场或后场。罚球时非罚球队员也不必站位。

3. 取消比赛资格的犯规

这是一种恶劣的违反体育道德的犯规。无论是队员、替补队员，还是教练员、随队人员，裁判员均有权判罚。罚则是除取消该犯规人员的比赛资格，令其离开比赛场地外，其他与"违反体育道德的犯规"相同。

4. 双方犯规

是两个队的两名队员同时的相互间的犯规。罚则是不判给罚球，按如下处理：如犯规同时一方投篮有效并命中，则得分有效，由另一方在端线掷界外球；如是某队已控制球或拥有球权，则判该队在就近处掷界外球；如双方都没控制球和不拥有球权，则在就近的圆圈跳球开始比赛。

5. 队员技术犯规

当一名队员不顾裁判员的警告或与裁判员、记录台人员、技术代表、对方队员交涉时没有礼貌；使用冒犯或煽动观众的言行；戏弄对方；阻碍掷界外球的迅速进行等，将被判技术犯规。罚则是一次罚球和中场处掷界外球。

第四节 篮球技术及战术教学

一、篮球基本技术

（一）移动技术

移动是篮球比赛中队员为了改变位置、方向、速度和争取高度等所采用的各种脚步动作方法的通称。移动包括起动、跑、跳、急停、转身、跨步、滑步及后撤步。在进攻中运用各种移动来摆脱防守和防守中看住对手，保持或抢占有利位置。

（二）传接球技术

1. 持球手法

持球手法分单手持球和双手持球两种。

（1）双手持球：两手手指分开，拇指相对成"八字"形，手心空出，两臂屈肘，肘关节下垂，置球于胸前。

（2）单手持球：手指分开，手心空出。

2. 双手胸前传球

传球时，后脚蹬地、身体重心前移的同时前臂迅速向传球方向伸出，拇指用力下压，手腕前屈，食、中指用力拨球将球传出。

3. 单手肩上传球

右手传球为例，传球时，左脚向传球方向迈出半步，将球引到右肩上方，肘外展，上臂与地面平行，手腕后仰。右手托球，左肩对着传球方向，重心落在右脚上，右脚蹬地，转体，前臂迅速向前挥摆，手腕前屈，通过食指、中指拨球传出。

4. 单手低手传球

以左手传球为例。持球手法与双手低手传球相同。传球时，右脚向球方向迈出一步，右肩斜对传球方向，上体前倾，双手持球于体侧，左臂前摆，屈腕，拨指将球传出。

5. 接球技术

接球有双手接球和单手接球两种，不论是哪种，接球时眼睛要注视球，肩、臂都要放松，手臂要迎球伸出，手指自然分开。当手指触球时，屈肘，臂后引，缓冲来球的力量，两手握球，保持身体平衡，以便做下一个动作。

（三）投篮

1. 持球方法

投篮持球手臂托住球的后下方，手心空出，手腕后仰，球的重心落在食指和中指之间，肘关节自然下垂，置球于同侧肩的前上方。

2. 投篮方法

投篮是从准备姿势开始，下肢蹬地发力，腰腹用力向上伸展，手臂向前上方伸直，手腕前屈（或翻转），手指拨球，用全身综合协调的力量将球投出。其中伸臂举球和手腕前屈或翻转与手指拨球的力量，是控制与调节身体各部位用力的关键，也是取得合理的投篮出手角度与速度的保障。通常投篮距离越近，身体综合用力的程度越小，以手指与手腕动作用力为主。远距离投篮时，身体综合用力的要求则愈高，特别是手腕与手指调节力量的能力也要求越强。因此，投篮时身体各部位的肌肉用力要互相配合、连贯协调，这样才能合理地完成投篮动作。

（1）行进间单手低手投篮

行进间单手低手投篮是在快速移动中超越对手后在篮下的一种投篮方法，有单脚起跳和双脚起跳两种。它具有速度快、伸展距离远的优点，所以防守队员正面干扰比较困难。

（2）行进间单手肩上投篮

以右手投篮为例，右脚跨出一大步的同时接球，左脚接着跨出一小步并用力蹬地起跳，右腿屈膝上提，双手向前上方举球。当身体接近最高点时，左手离球，右手外旋，掌心向上，托球，并充分向球篮的上方伸直，接着屈腕，食、中指用力拨球，通过指端将球投出。

（四）运球

1. 高运球

运球时，两腿微屈，目平视，手用力向前下方推按球，球的落点在身体侧前方，使球反弹的高度在胸腹之间，手脚协调配合，使球有节奏地向前运行。这种运球，身体重心高，速度快，便于观察场上情况。

2. 低运球

运球遇到紧逼时，常用这种运球摆脱。重心下降，上体前倾，用上体和腿保护球。同时，用手短促地拍按球，使球从地面向上反弹的高度在膝部以下，以便更好地控制球和摆脱防守继续前进。

3. 运球急停疾起

在对手护守较紧的情况下，运球向前推进时，可利用急停疾起的变化来摆脱对手。在快速运球中，突然急停时，手拍按球的前上方。运球疾起时，要迅速起动，拍按球的后上方，要注意用身体和腿保护球。在运球急停疾起时，要停得稳，起动快。

4. 体前变向换手运球

这是当对手堵截运球前进的路线时，突然向左或向右改变运球方向，以摆脱防守的一种运球方法。运球队员从对手右侧突破时，先向对手左侧变向运球，然后向右侧变向。变向时，右手拍按球的右后上方，把球从自己的右侧拍按到左侧前方，同时，右脚向左前方跨出，上体左转，用肩保护球。

5. 运球转身

当对方逼近，不能用直线运球体前变向运球突破时，可用此法过人。以右手运球为例，变向时，左脚在前为轴，做后转身的同时，右手将球拉至身体的左侧前方，然后换手运球，加速前进。运球转身时，要降低重心，不要上下起伏，手型要正确，以免违例。

（五）持球突破

1. 交叉步突破（以右脚做中枢脚为例）

两脚左右开立，两膝微屈，身体重心降低，持球于胸腹之间。突破时，左脚前脚掌内侧迅速蹬地，上体稍向右转，左肩向前下压，重心向右前方移动，左脚向侧前方跨出，将球引于右侧，接着运球，中枢脚蹬地向前跨出迅速超越防守，如图6-1所示。

图6-1 交叉步突破

2. 顺步突破

准备姿势和突破前的动作要求与交叉步相同。突破时，右脚向右前方跨出一步，向右转体探肩，重心前移，右手运球，左脚前脚掌迅速蹬地，向右前方跨出，突破防守，如图6-2所示。

图6-2　顺步突破

（六）防守对手

1. 防守无球队员

在比赛中，防守队员绝大部分时间（约占全部防守时间的70%～80%）是防守无球队员，这充分说明了它的重要性。它的主要任务是尽可能不让对手在有效攻击区内接球，或使对方接球后处于被动地位。防守队员及时判断对手的位置及其与球和篮的位置关系，并随对手的切入方向、球的转移和是否有掩护等，合理运用防守动作，阻截对手进入有利攻击区和习惯位置，隔断对方重要的配合位置和区域间的联系，并尽可能抢断传向自己对手穿越自己防区的球，力争主动，以达到破坏进攻，争得控制球权的目的。

防守无球队员时要坚持防守的攻击性和破坏性；防守队员必须随时抢占"人球兼顾"的有利位置，要做到"内紧外松、近球紧、远球松、松紧结合"；要防止对手的摆脱空切，不让对手在有效攻击区和切向篮下接球，阻截对手的移动接球路线；要及时果断地进行协防配合，帮助同伴防守对方威胁最大的或持球进攻队员，要有随时补防、夹击和换防的集体防守意识和能力。

2. 防守有球队员

防守有球队员的主要任务是尽力干扰和破坏其投篮，堵截其运球突破，封锁其助攻传球。并积极地抢、打、断球以达到控制球权的目的。

防守有球队员时要及时抢占对手与篮之间的有利位置；要观察判断对手的进攻意图，合理地运用防投、运、突、传等技术；要及时发现对手的进攻技术特点，以便有针对性地防守；在对手运球停止时，立即上前封堵。

（七）抢篮板球

1. 抢占位置

抢占有利位置是抢篮板球技术的关键，无论进攻队员还是防守队员，都应设法把对手挡在身后。抢占位置时，应根据对手和投篮队员所处的位置，正确判断篮板球的反弹方向、距离，运用快速的脚步动作，配合身体动作抢占有利位置。

2. 起跳动作

抢占到有利位置时，身体应保持正确的起跳准备姿势。起跳前，两腿微曲、重心降低、上体稍前倾，两臂屈肘举于体侧，重心置于两脚之间，观察和判断好球的反弹方向，及时起跳。起跳时，两脚用力蹬地，几乎同时两臂上摆，手臂向上伸，腰腹协调用力，充分伸展身体，并控制身体平衡。

3. 抢球动作

根据攻、防队员的位置及球的方向，抢球动作可分为：双手、单手抢篮球和点拨球三种。

二、篮球基本战术

（一）战术基础配合

战术基础配合，是两三人之间有目的、有组织、合作行动的方法。

1. 进攻基础配合

（1）传切配合

传切配合是进攻队员之间利用传球和切入技术所组成的简单配合。传切配合多用于半场阵地进攻，但也用于全场进攻，加快进入前场的速度或作为快攻的结束方法。

（2）突分配合

突分配合是有球队员持球突破后，主动地或应变地利用传球与同伴配合的方法。突分配合用于对付扩大防守，能各个击破，打乱对方的防守部署；也可用来压缩对方防区，创造外围中、远距离投篮的机会。

（3）掩护配合

掩护配合是掩护队员采用合理的行动，用自己的身体挡住同伴的防守者的移动路线，使同伴得以摆脱防守，或利用同伴的身体和位置使自己摆脱防守的一种配合方法。

侧掩护是掩护队员站在同伴防守者的侧面。用身体挡住防守者的移动路线，使同伴得以摆脱防守的一种掩护方法。

（4）策应配合

策应配合是指进攻队员背对篮或侧对篮接球，由他做枢纽，与同伴空切相配合形成的一种里应外合的方法。

2. 防守基础配合

防守基础配合，是指两三名防守队员，为破坏对方的配合，或当同伴防守出现困难时，及时互相协作行动的方法。防守基础配合包括"关门"配合、夹击配合、补防配合、挤过配合、穿过配合和交换防守配合。

（1）关门配合

"关门"是两个防守队员靠拢协同防守突破的配合方法。

（2）补防配合

补防配合是指防守队员当同伴漏防时，立即放弃自己的对手，去补防那个威胁最大的进攻者，而漏人的防守队员及时换防的一种防守方法。

（3）交换配合

为了破坏进攻队员的掩护配合，防守队员之间彼此及时地相互交换自己所防守的对手的一种配合方法。

（二）快攻与防守快攻

1. 快攻

快攻是由防守转入进攻时，以最快的速度、最短的时间，在对方尚未部署好防守之前，创造人数上、位置上的优势，果断而合理地进行攻击的一种速度决战的进攻战术。快攻有三种形式：长传快攻，短传结合运球推进快攻，运球突破快攻。

快攻是由发动接应、推进和结束三个阶段组成的。

（1）发动与接应阶段的方法

发动快攻要抓住时机，主要是通过在防守中的获球队员和后场掷界外球队员的快速传球或运球突破来发动。一般来讲，先争取长传快攻，再与接应队员配合共同发动快攻。

（2）推进阶段的方法

在快攻推进过程中，场上五名队员注意保持前、后、左、右合理的纵深队形，并根据场上的情况各自努力完成向前推进的任务。

（3）结束阶段的方法

快攻结束阶段是决定快攻成功的关键，在保持速度和时空优势的基础上，保持推进中的纵深队形，不论处于最前沿人数多或少，都要乘防守立足未稳之时，果断地展开有组织的攻击，毫不犹豫地投篮和跟进抢篮板球，准备第二次进攻和转入阵地进攻。

2. 防守快攻

防守快攻是防守战术的重要组成部分。防守快攻要在积极主动的思想指导下，针对快攻的三个阶段，采取积极防御行动来阻止对方快攻的发动或进行，争取时间，为组织阵地防守战术创造条件。

（1）一防二

力求做到退守中积极移动，始终注意占据和调整有利于兼顾的防守位置，有策略地利用假动作进行干扰，造成对方失误或延缓其进攻速度，赢得时间争取同伴们的回防。准确判断，出其不意地出击。

（2）二防三

力求做到积极退守中，紧密配合，里外兼顾，左右照应，分工明确，对有球队员和无球队员加以控制。严控篮下，不让对方轻易切入篮下进行攻击。准确判断，出击断球或打球。

（三）半场人盯人防守与进攻半场人盯人防守

1. 半场人盯人防守

（1）半场人盯人防守的基本要求

由攻转守时，每个队员都要迅速退回后场，找到对手，组成集体防守。根据对手、球、球篮选择有利位置。有球紧、无球松；近球紧、远球松；近篮紧、远篮松。积极移动，控制对手。做到球、人、区兼顾，与同伴协防，破坏对方的进攻配合，加强防守的集体性。

（2）半场人盯人防守的方法

半场人盯人的防守按运用时的防守范围而言，可分为半场缩小人盯人防守（离篮 7 m 左右范围）和半场扩大人盯人防守（离篮 8~10 m 范围），它们不仅在防守区控制范围上有差异，而且在防守的重点上也不同。半场缩小人盯人防守用于对付中、远距离投篮不太准，而突破和篮下攻击能力较强的对手。半场扩大人盯人防守则用于对付外围投篮较准，突破与篮下进攻能力较弱和后卫控制、支配能力较弱的队。但在运用时，都要根据队员身高、攻守位置、技术水平等进行合理分工，明确要盯的对手，按半场人盯人的基本要求，积极进行防守。

选位与移动的方法是：在防守时，根据场上的变化和盯人为主的原则，要球、人、区兼顾，对强侧（指有球侧）与弱侧（指无球侧），进行不同的防守。

2. 进攻半场人盯人防守

进攻半场人盯人防守战术是由各种传切、突分、掩护、策应等基础配合组成的全队战术，战术的基本要求是：

① 进入半场后，应合理地组织进攻队形，迅速地落位。

② 要充分利用基础配合及其变化来创造攻击机会，要正面进攻与侧面进攻、内线进攻与外围进攻、主动与辅助进攻相结合，扩大攻击面，增多攻击点，加强进攻的攻击性。

③ 在组织进攻中，要根据防守情况，攻其薄弱环节，有目的地穿插、换位，造成防守的漏防，同时注重速度，讲究节奏，快慢结合，动静结合，在动中配合，在比赛中默契，加强进攻中的针对性和灵活性。

④ 组织拼抢前场篮板球，注意攻守平衡，保证攻守转换的速度。

（四）区域联防与进攻区域联防

1. 区域联防

区域联防是由进攻转入防守时，防守队员退回后场，每个队员分工负责防守一定的区域，严密防守进入该区域的球和进攻队员，并与同伴协同防守，用一定的队形，把每个防守区域有机地联结起来，组成区域联防战术。

（1）区域联防的基本要求

① 每个队员必须认真负责自己的防区，积极阻挠进入该防区的进攻队员的行动，并联合进行防守。

② 要以防球为重点，随球的转移而经常调整位置，做到人球兼顾，不让持球队员突破和传球给内线防区。

③ 对进入罚球区附近或穿过罚球区的进攻队员，必须严加防守，切断其接球路线，不让其轻易接球，传球或投球、加强篮下区域防守。

④ 每个防守队员要彼此呼应，随时准备协防、换位、越区、"护送"等，相互帮助，加强防守的集体性。处于远离球的后线防守队员，要起指挥防守的作用。

（2）区域联防的方法

① 区域联防的形式：区域联防的形式常用的有"2－1－2""3－2""2－3""1－3－1"等。

② "2－1－2"区域联防的优缺点：五个防守队员分布比较均衡，移动距离近，便于相互协作，并能根据进攻队员的特点防守位置，变换防守队形，所以它是区域联防的基本形式。这种防守队形便于控制篮下，有利于抢篮板球和发动快攻。但有薄弱地区，不利于防守这些区域内的中远距离投篮，不利于在球场底角进行"夹击"防守配合。

2. 进攻区域联防

进攻区域联防是针对区域联防的特点、队形、方法和变化所采用的进攻战术。

（1）进攻区域联防的基本要求

① 由防守转入进攻时，应首先争取快攻。乘对方立足未稳，尚未组织好防守之前进行攻击。

② 根据对方区域联防队形，采用针对性落位队形，组织对薄弱地区的攻击。

③ 运用传球转移、中远距离投篮等进攻技术，通过"人动""球动"打乱对方防守队形。运用声东击西、内外结合、以多打少等方法，创造投篮机会进行攻击。

④ 要组织拼抢篮板球，争夺二次进攻机会，同时还要保持攻守平衡，准备及时退防。

（2）进攻区域联防的方法

① 进攻区域联防的队形：常用的进攻阵式有"1-3-1""2-1-2""2-2-1""1-2-2""1-4"等。

② 进攻区域联防的方法："1-3-1"进攻方法，队员分布面广，攻击点多，便于内外联系，左右配合，有利于组织抢篮板球和保持攻守平衡。

第五节 篮球竞赛规则

一、比赛

每场篮球比赛由两个队参加，每队出场5名队员。每队的目标是将球投入对方球篮得分，并阻止对方队获得控制球或得分。

被某队进攻的球篮是对方的球篮，由某队防守的球篮是本方的球篮。

球可向任何方向传、投、拍、滚或运，但要受到规则有关条款的限制。

在第4节或任一个决胜期（如果需要）的比赛时间结束时得分较多的队，将是比赛的胜者。

二、尺寸和器材

（一）球场和线条尺寸

1. 比赛场地

比赛场地应是一块长方形、平坦且无障碍物的坚实平面。

对于国际篮联主要的正式比赛以及所有新建的比赛场地，其尺寸应是长28 m、宽15 m，从界线的内沿测量。

对于所有其他的比赛，国际篮联的适当部门，如地区委员会或国家联合会，有权批准最小尺寸为长26 m、宽14 m的现有比赛场地。

2. 天花板

天花板或最低障碍物的高度应至少是7 m。

3. 照明

比赛地面要被均匀和充分地照亮。照明设备的安置不得妨碍队员和裁判员的视觉。

4. 线条

所有的线条应用相同的颜色（最好白色）画出，宽 5 cm 并清晰可见。

（1）端线和边线

比赛场地是由两条端线（比赛场地的短边）和两条边线（比赛场地的长边）限定出的区域。这些线不是比赛场地的部分。

（2）中线

中线是一条从两边线的中点画出的平行于端线的线。它向每条边线外延伸 15 cm。

（3）罚球线、限制区和罚球区

罚球线应画成与每条端线平行。从端线内沿到它的最外沿应有 5.80 m，其长度为 3.60 m。它的中点应落在连接两条端线中点的假想线上。

限制区是在球场上标出的地面区域，它由端线、罚球线和两条起自端线（画线的外沿距离端线中点 3 m）终于罚球线外沿的线所限定。除端线外，这些线都是限制区的一部分。可以在限制区里面着色，但必须与中圈内的颜色相同。

罚球区是限制区加上以罚球线中点为圆心、以 1.80 m 为半径向限制区外赛场上所画出的半圆区域。在限制区内的半圆要画成虚线。

（4）中圈

中圈应画在球场的中央，半径为 1.8 m（从圆周的外沿丈量）。如果在中圈里面着色，它必须与限制区内的颜色相同。

（5）3 分投篮区域

某队的 3 分投篮区域是指除对方球篮附近被下述条件限制出的区域之外的整个赛场地区。这些条件包括：

① 从端线引出两条平行线，分别距对方球篮的中心垂直线与地面的交点 6.25 m。该交点距端线内沿中点的距离为 1.575 m。

② 以上述规定的同一点为圆心，画半径为 6.25 m（量到圆弧外沿）的半圆与两平行线相交。

（6）球队席区域

球队席区域应标在记录台同侧的场外，并按下述要求：

每个区域分别由一条从端线向外延伸至少长 2 m 的线和另一条离中线 5 m 且与边线成直角并至少长 2 m 的线所限定。

5. 记录台和替补队员席（长凳/椅子）的位置

对于国际篮联主要的正式比赛，下述球队席和替补队员席（长凳/椅子）的安排是强制性的，并也推荐给所有其他的比赛。

（二）器材

篮球器材更详细的描述见"篮球器材附录"。

1. 篮板和篮板支撑

（1）篮板要用整块适宜的透明材料（最好具有适当韧度的安全玻璃）建造。

（2）篮板的尺寸应是横宽 1.80 m，竖高 1.05 m。

（3）篮板上的所有线条应按下述要求画出：

- 如果篮板是透明的，用白色。
- 在所有其他的情况中用黑色。
- 宽度 5 cm。

（4）篮板的前面须平整且明确标出：

（5）篮板要按下述要求牢固地安置：

- 在球场两端，与地面成直角，平行于端线。
- 篮板前面的中央垂直线延伸至地面，与地面的接触点落在与端线成直角的假想线上，此点距离端线内沿中点 1.2 m。

（6）篮板上的包扎物应按要求完善。

（7）篮板支撑应按下述要求：

- 篮板支撑构架（包括包扎物）的前面应距端线外沿至少 2 m。构架与背景相比应颜色鲜明，以便它对队员是清晰可见的。
- 篮板支撑应与地板固结致使它不能移动。
- 篮板后的任何篮板支撑应在其下表面给予包扎，从板面起包扎距离为 1.20 m。包扎物的最小厚度应为 5 cm，并且密度应和在篮板上包扎物的相同。
- 所有篮板支撑构架必须有一个在面向球场的表面上被完全包扎的基座，其包扎高度从地面起最少 2.15 m。包扎物的最小厚度应为 10 cm。

（8）包扎物应被制造成可防止肢体部位被夹住。

2. 球篮

球篮应由篮圈和篮网组成。

（1）篮圈应按下列要求制造：

- 材料应是实心钢材，内径 45 cm，漆成橙色。
- 圈材直径最小是 1.6 cm，最大为 2.0 cm，在其下沿设有为系篮网的附加系统，以防止手指被夹住。
- 篮网应系在每一篮圈的 12 个（围绕篮圈）等距离的位置上。连接篮网的器件不应有任何尖棱或容得手指进入的空隙。
- 篮圈应固定在支撑篮板的构架上，这样，任何作用在篮圈上的力不能被传递到篮板上。因此，在篮圈、固结件和篮板（玻璃或其他透明材料）之间不应有直接的接触。然而，空隙要足够的小，以防止手指进入。
- 每一篮圈的顶沿应位于水平，距地面 3.05 m，与篮板的两条竖边等距离。
- 从篮板面到篮圈内沿的最近点是 15 cm。

（2）可以使用抗压篮圈。

（3）篮网应符合下列要求：

- 篮网应是白色的细绳悬挂在篮圈上，并制作成当球穿过球篮时有短暂的停留。网长不短于 40 cm，不长于 45 cm。
- 为系在篮圈上，每一篮网要有 12 个小环。
- 篮网的上半部应是半硬的，以防止：
——篮网反弹上去穿过篮圈可能形成障碍物。
——球被篮网托住或回弹出篮网。

3. 篮球

（1）球应是圆形的，为认可的单纯的橙色并带有8瓣按惯例成型的镶片和黑色的接缝。

（2）外壳应是皮革，合成皮革，橡胶或合成物质制成。

（3）充气后使球从大约1.80 m的高度（从球的底部量起）落到球场的地面上，反弹起来的高度在1.20 m至1.40 m之间（从球的顶部量起）。

（4）球的接缝的宽度不得超过0.635 cm。

（5）球的圆周不得小于74.9 cm，不得大于78 cm（7号）。重量不得少于567 g，不得多于650 g。

（6）主队应提供至少两个按照上述规格的并使用过的球。主裁判员是确定球是否合乎标准的唯一鉴定人。如果经鉴定，两球均不适宜作为比赛用球，主裁判员可以选择客队提供的球或从两队做赛前准备活动的用球中选择一个。

4. 专用器材

主队应提供下列专用器材供裁判员及记录台人员使用：

（1）比赛计时钟和计秒表

① 比赛计时钟为比赛的各节计时和在比赛各节间的休息时使用，并且放置在让与比赛有关的包括观众在内的每一个人都能清楚地看到的地方。

② 应使用一个适宜的可见装置（不是比赛计时钟）或计秒表作为暂停计时。

③ 如果主比赛计时钟放置在比赛场地中央的上方，那么在比赛场地两端足够高的地方各设一个同步的副比赛计时钟，要让与比赛有关的包括观众在内的每一个人都能看到。每一个副比赛计时钟应指示剩余的比赛时间。

（2）24 s装置

① 24 s装置要有一个控制单元去操纵该装置以及符合下述规格的显示单元：

• 数字倒计数型，用秒指示时间。

• 两队都不控制球时，装置上不显示。

• 具有能停止并在重新开始时能继续倒计时的能力。

② 显示单元应按以下方式设置：

• 两个显示单元应分别架设在每块篮板的上方且位于篮板后面。距离在30～50 cm之间。

• 4个显示单元应分别设置在球场4个角落的地面上，在每条端线的后面2处。

• 两个显示单元设置在地面上，处于斜对角位置。记录台左侧的显示单元应设置在到那里最近的角落。两个单元均应在每条端线后2 m并距边线延长部分2 m。

③ 显示单元应让与比赛有关的包括观众在内的每一个人清楚地看到。

（3）信号

至少要有两种独立的声响信号。能发出显然不同的和非常响亮的声响：

• 一种是为计时员和记录员所用。对于计时员，该信号在指示一节或决胜期比赛时间终了时应自动地发出声响。对于记录员和计时员，当已请求了暂停、替换等，暂停开始后过去了50 s或有可纠正的失误的情况要引起裁判员的注意，在适当时候要手动操纵信号发出声响。

• 一种是为24 s计时员所用，在指示24 s周期结束时应自动地发出声响。

两种信号要足够地强，在最不利或嘈杂的情况下容易地被听到。

（4）记录板

记录板应让与比赛有关的包括观众在内的每一个人清楚地看到。

记录板至少应显示：

- 比赛时间。
- 比分。
- 现时的节数。
- 要登记的暂停次数。

（5）记录表

国际篮联所有主要的正式比赛，应使用经国际篮联世界技术委员会批准的正式记录表。

（6）队员犯规标志牌

为记录员提供队员犯规标志牌。标志牌应是白色的，上面分别标有数字1至5（从1到4的数字为黑色，5为红色），数字的最小尺寸为：长20 cm，宽10 cm。

（7）全队犯规标志

为记录员提供两个全队犯规标志。

全队犯规标志应是红色的，最小尺寸为：宽20 cm，长35 cm，当放在记录台上时要让与比赛有关的包括观众在内的每一个人清楚地看到。

也可以使用电的或电子的装置，只要装置的颜色和尺寸与上述指定的相同。

（8）全队犯规指示器

应有一个指明犯规到5次的适宜装置，指明某队已达到了全队犯规处罚状态（第55条——全队犯规：处罚）。

5. 国际篮联的主要正式比赛所需的设施和器材

以下提的设施和器材是国际篮联下述主要正式比赛所需的：奥林匹克比赛；世界男子、女子、青年男子、女子、青少年男子、女子锦标赛；洲际男子、女子、青年男子、女子锦标赛。

这些设施和器材也推荐给所有其他的比赛。

① 所有的观众必须坐在距离比赛场地界线外沿至少5 m处。

② 比赛场地应是：

- 木制。
- 用5 cm宽的界线标定。
- 用鲜明反差的颜色画出一条至少2 m宽的外侧界线。

外侧界线的颜色应与中圈和限制区的颜色相同。

③ 应准备4名擦地人员，每半块比赛场地2人。

④ 篮板应由适当韧度的安全玻璃制成。

⑤ 球的表面应由皮革制成。为进行训练和赛前的准备活动，竞赛的组织者要提供至少12个制作和规格相同的球。

⑥ 比赛场地上的照明不得少于1 500 lx。这个标准应在比赛场地上方1.5 m处测量。该照明应符合电视转播的要求。

⑦ 比赛场地应配备下述电子器材，从记录台、比赛场地、球队席以及与比赛有关的包

括观众在内的每一个人都能清楚地看到。

两块大记录板，球场每端各一块。

- 放置在比赛场地中央上方的记录板（呈立方体）不排斥使用两块记录板的必要性。
- 应给计时员提供一个操纵比赛计时钟的控制台，并应给助理记录员提供一个单独的控制台。
- 记录板应包含一个清晰可见的数字倒计数型的钟，在一节或决胜期的比赛时间结束时能自动地发出非常响亮的信号。
- 记录板上的比赛计时钟和比赛得分显示的高度最低是 30 cm。
- 所有的计时钟都应同步且始终显示比赛剩余时间的总数。
- 在每一节或决胜期的最后 60 s 期间，应用秒和 1 s 的 1/10 为单位指明剩余时间的总数。
- 主裁判员应指定其中一个计时钟为比赛计时钟。
- 记录板还应指明：

——每位队员的号码，有队员的姓更好。

——每队的得分数，有每位队员个人的得分数更好。

——球队中每位队员发生犯规的次数（这不排除需要由记录员指明犯规次数的标志牌）。

——全队犯规次数从 1 到 5（具有停在最大值 5 的功能）。

——节数从 1 到 4 并且用 E 表示决胜期。

——暂停次数从 0 到 2。

带有一个副比赛计时钟和一个发光的红色电灯的 24 s 装置应安装在每块篮板的上方并在篮板后面，距离在 30 ~ 50 cm 之间。

- 24 s 装置应是自动的数字倒计数型装置，以秒来指明时间，并能自动发出非常响亮的信号来指示 24 s 周期的结束。
- 24 s 装置应与主要的比赛计时钟连接，以便：

——当主要的比赛计时钟停止时，该装置也应停止。

——当主要的比赛计时钟开始启动时，该装置必须能手动开始启动。

——当该装置发出声响时，主要的比赛计时钟应停止。

- 24 s 装置和副比赛计时钟上数字显示的颜色应不同。
- 所有的副比赛计时钟应符合上述的详细说明。
- 每块篮板上方并位于篮板后面的电灯应是：

——当一节或决胜期比赛时间结束的信号响时和主要的比赛计时钟同步发出红色亮光。

——当 24 s 周期结束的信号响时和 24 s 装置同步发出红色亮光。

三、裁判员、记录台人员和技术代表以及他们的职责

（一）裁判员、记录台人员和技术代表

裁判员应是一名主裁判员和一名副裁判员。他们应得到记录台人员和技术代表（如到场）的协助。

此外，国际篮联的适当部门如地区委员会或国家联合会有权运用3人裁判制，即一名主裁判员，两名副裁判员。

记录台人员应是一名记录员，一名助理记录员，一名计时员和一名24 s计时员。

可有一名技术代表到场。他应坐在记录员和计时员之间。

在比赛中他的职责主要是监督记录台人员的工作，并协助主裁判员和副裁判员使比赛顺利进行。

必须充分强调：担任一场比赛的裁判员不得与比赛双方的组织有任何方式的联系。

裁判员、记录台人员和技术代表要按照这些规则来指导比赛并无权同意改变这些规则。

裁判员的服装应由灰色上衣、黑色长裤、黑色袜子和黑色篮球鞋组成。

对于国际篮联主要的正式比赛，记录台人员应着装一致。

（二）主裁判员：职责和权力

主裁判员应：

检查和批准在比赛过程中使用的所有器材；

指定正式的比赛计时钟、24 s装置、计秒表并确认记录台人员本人；

不允许任何队员佩戴可能造成伤害的物品；

在中圈执行跳球开始每一节和决胜期的比赛；

当情况需要时有权停止比赛；

如果球队在得到通知后拒绝比赛，或以其行动阻碍比赛的进行，有权判定该球队弃权；

在第2节、第4节以及任一决胜期的比赛时间结束时，或在任何他认为有必要的时候，仔细地审查记录表以认可比分；

每当有必要或裁判员的意见不一致时作出最终的决定；

有权对这些规则中未明确规定的事项作出决定。

（三）裁判员：宣判的时间和地点

裁判员有权对不论发生在界线内或界线外包括记录台、球队席以及紧靠线后的区域所发生的对规则的违犯作出宣判。

裁判员应在预定的比赛开始时间前20 min到达球场，此时他们的权力应生效，当裁判员批准比赛结束时他们的权力结束。在比赛时间结束时，经主裁判员的认可和在记录表上签字终止了裁判员对比赛的管理以及他们和比赛的联系。

如果在早于预定的比赛开始前20 min或在比赛时间结束和核查及在记录表上签字之间发生了运动员、教练员、助理教练员或随队人员的违反体育道德的行为，主裁判员必须在签字之前在记录表的反面记录该事件，技术代表或主裁判员必须向竞赛的组织者提交详细的报告。

如果其中一队提出抗议，技术代表或主裁判员应在比赛时间结束后的1小时内向竞赛的组织者报告该事件。

如果在第4节或决胜期的比赛时间结束的大约同时或正好之前发生了犯规，作为执行罚球的结果需要有决胜期，那么在比赛时间结束的信号响后至完成罚球前发生的所有犯规，应被看作是在比赛休息期间发生的并相应地予以处罚。

任一裁判员无权不顾或质问另一裁判员在本规则规定的各自职权范围内所作的宣判。

（四）裁判员：发生违犯时的职责

1. 定义

由队员、替补队员、教练员、助理教练员或随队人员造成的所有违例和犯规是违犯规则。

2. 程序

① 当发生违例或犯规时，裁判员应鸣哨并同时给出适当的手势以停止比赛计时钟，使球成死球（见裁判员手册，第7章手势和程序）。

② 罚球或投篮成功后或当球成活球时裁判员不应鸣哨。

③ 宣判每一起犯规或跳球后，裁判员应在球场上交换位置。

④ 对所有的国际比赛，如果有必要用口语使宣判清楚，则应使用英语处理。

（五）裁判员：受伤

如果一位裁判员受伤或因任何其他原因，在事故发生的 10 min 内还不能继续执行任务，比赛应继续。除有可能以有资格的替补裁判员更换受伤的裁判员外，另一位裁判员应单独执裁直到比赛结束。在更换问题上，另一位裁判员在与技术代表商议后决定。

（六）记录员和助理记录员：职责

1. 记录员应使用正式的记录表

- 登记比赛开始时上场的队员和所有参加比赛的替补队员的姓名和号码。当有关比赛开始时上场的 5 名队员、替换或队员的号码违反本规则时，他在发现违犯后应尽快通知就近的裁判员。
- 记录累积分数以及投篮和罚球得分。
- 记录登记在每个队员名下的侵人犯规和技术犯规。

当登记任一名队员第 5 次犯规时记录员必须立即通知裁判员。同样，他应记录登记在每一位教练员名下的技术犯规，当一位教练员被取消比赛资格并必须离开比赛时，他必须立即通知裁判员。

2. 记录员还应完成以下工作

- 当某队已提出暂停请求，在下次暂停机会时通知裁判员并登记暂停。如果教练员在该节中不再有剩余暂停时，他应通过裁判员通知该教练员。
- 举牌指示每位队员发生犯规的次数，举到双方教练员看到的程度。标志牌上的数字要和该队员发生犯规的次数相一致。
- 在一节中，登记某队任何队员的侵人犯规或技术犯规达第 4 次全队犯规后。一旦球成活球时将全队犯规标志放置在记录台上靠近该球队的球队席一端。
- 实现替换。
- 仅当球成死球，并在球再次成活球之前发出他的信号。记录员的信号声响不停止比赛计时钟或比赛，也不使球成死球。

3. 助理记录员应操纵记录板和协助记录员

如果记录板和正式记录表之间的任何差异不能被解决，正式记录表应居先，记录板应按正式记录表修正。

4. 在记录表上登记累积分时可能造成下列重大失误

- 一个 3 分中篮，可是仅累加了 2 分。
- 一个 2 分中篮，可是累加了 3 分。

如果在比赛中发现了这样的失误，为停止比赛，记录员必须等到第一次死球时才发出他的信号并引起裁判员们的注意。

如果在指示比赛结束的比赛计时钟信号发出后，主裁判员正在核查记录表，但在裁判员们签字之前发现了这样的失误，主裁判员必须纠正该失误；如果这同一个失误影响了比赛的结果，则主裁判员必须合理地纠正比赛的最终结果。

如果裁判员们已在记录表上签字之后发现了这样的失误，主裁判员不再可能纠正该失误。主裁判员必须向竞赛的组织者提交报告陈述该事件。

（七）计时员：职责

应给计时员提供一块比赛计时钟和一块计秒表，并应：

- 掌握比赛时间和停止时间；
- 在第 1 节和第 3 节开始前至少 3 min 时通知球队和裁判员或使他们得到通知；
- 启动计秒表并在一次要暂记的暂停已消耗了 50 s 时发出信号；
- 保证一节或决胜期比赛结束时的信号声响自动发出，且非常大声。如果他的信号失灵或未被听到，他应立即使用任何可能的办法通知裁判员。

计时员的信号使球成死球并停止比赛计时钟。然而，当投篮或罚球的球在飞行时，他的信号不使球成死球。

当出现下列情况时应开始启动比赛计时钟：

- 跳球时，球被跳球队员合法拍击；
- 罚球未成功并且球继续是活球，球触及场上队员；
- 在掷球入界时，球触及场上队员。

当出现下列情况时应停止比赛计时钟：

- 在一节或决胜期比赛时间结束时时间终了；
- 当球是活球时裁判员鸣哨；
- 当球是活球时 24 s 装置信号响；
- 某队已请求暂停，对方队投篮得分；
- 第 4 节或任一决胜期的最后 2 min 内投篮得分。

（八）24 秒钟计时员：职责

应给 24 秒钟计时员提供一个 24 s 装置，并按下列要求操作该装置。

一旦队员在场上获得控制活球就启动或再启动。（规则修改：原"控球活球"现修改为"控制活球"）

一旦出现下列情况就停止和复位到 24 s 并不显示影像：

- 裁判员因犯规、跳球或违例而鸣哨，但因球出界判给先前控制球的球队掷球入界时除外；
- 投篮球进入球篮；
- 投篮球触及篮圈。

- 因为涉及控球队的对方队的行为使比赛停止。

一旦对方在场上获得控制活球就复位到 24 s 并再启动。

如果对方队员仅仅触球，而同一个队仍然控制球，则不开始一个新的 24 s 周期。

当原先已控制球的同一个队由于如下的结果被判给掷球入界时，停止但不复位到 24 s：

- 球出界；
- 一起双方犯规；
- 由控制球队引起的任何原因而使比赛停止。

在任一节或决胜期中，当某队获得控制球时比赛计时钟的剩余时间少于 24 s，则停止并不再操作，即不显示影像。

四、球队

(一) 球队

1. 定义

"合格参赛"是指按竞赛组织者的规程规定，经核准有权为某队参赛。还要考虑年龄限制。

当一名球员在比赛开始前已被登记在记录表上，并且他既没有被取消比赛资格又没有达到 5 次犯规，即是"有资格参赛"。

在比赛时间内，每一位球员不是一名队员就是一名替补队员。

随队人员可以坐在球队席区域内，只要他有一个专门的职责，如领队、医生、理疗师、统计员、译员。已发生了 5 次犯规的队员变成随队人员。

2. 规定

每个队应按下列要求组成：

- 不超过 10 名合格参赛的球员；
- 竞赛中一个队超过 3 场比赛时，不超过 12 名合格参赛的球员；
- 一名教练员，如果球队需要可配备一名助理教练员；
- 队长，应是有资格参赛的球员之一；
- 最多 5 名有专门职责的随队人员。

(二) 队员和替补队员

1. 定义

当一名球员在赛场上并有资格参赛时为队员。当一名球员不在场上参赛，或在赛场上但由于已被取消比赛资格或已发生了 5 次犯规没有资格参赛时为随队人员。（规则修改：原"替补队员"现修改为"随队人员"）

2. 规定

① 在比赛时间内，每队应有 5 名队员在场上并可被替换。

② 当裁判员招呼替补队员进场时他即成为队员。当裁判员招呼那名队员的替换者进场时，那名队员即成为替补队员。

③ 每个球队的队员服装应按下列要求配备：

- 背心前后的主要颜色相同。

在比赛期间，所有队员（男性和女性）必须把他们的背心塞进他们的比赛短裤内。一体的服装是允许的。

- 圆领衫（不管式样）不可以穿在背心里面，除非该队员有明确的医生书面证明。如果有这样的许可，圆领衫的颜色必须和背心的主要颜色相同。
- 短裤前后的主要颜色相同，但没必要和背心的颜色相同。
- 允许穿长于短裤的紧身内裤，只要和短裤的颜色相同。

④ 每位队员应穿前后有号码的背心，其清楚的单色号码与背心的颜色有明显的区别。

号码应清晰可见，并且：

- 后背的号码至少高 20 cm；
- 前胸的号码至少高 10 cm；
- 号码的宽度应不少于 2 cm；
- 球队应使用 4 至 15 的号码；
- 同队队员不得使用重复的号码。

允许上广告的地方应遵守各自比赛的规程规定，并不得干扰背心前后号码的可见性。

⑤ 主裁判员不应允许任何队员佩戴可能使其他队员受伤的物品。

- 下列物品不允许：

——手指、手、手腕、肘或前臂部位的护具、模件或保护套，它们由皮革、塑料、软塑料、金属或任何坚硬的物质制造，即使表面有软的包扎。

——能割破或引起擦伤的装备（指甲应仔细剪好）。

——头饰、头发饰物和珠宝饰物。

- 下列物品是允许的：

——肩、上臂、大腿或小腿部位的保护装备，如果其材料被包扎，不会使其他队员受伤。

——被适当包扎的膝部保护架。

——断鼻保护器，即使用硬质材料制成。

——不会对其他队员造成危险的眼镜。

——头带最宽为 5 cm，由不会发生擦伤的单色棉布、软塑料或橡胶制成。

⑥ 队员使用的所有装备必须合乎篮球比赛要求。任何被设计成增加队员的高度或能及的范围，或用任何其他方法得到不正当利益的装备是不允许的。

⑦ 本条中没有明确提到的任何其他装备，必须首先得到国际篮联世界技术委员会的批准。

⑧ 球队必须至少有两套背心，并且：

- 秩序册中队名列前的队（主队）应穿浅色背心（最好白色）。
- 秩序册中队名列后的队（客队）应穿深色背心。

然而，如果涉及比赛的两队同意，他们可以互换背心的颜色。

⑨ 对于国际篮联的主要正式比赛，同队的所有队员应穿：

- 相同颜色或是相同复合颜色的鞋。
- 相同颜色或是相同复合颜色的袜子。

（三）队员：受伤

如果队员受伤，裁判员可以停止比赛。

如果发生受伤时球是活球，裁判员不应鸣哨，直到比赛告一段落，即：控制球的队已经投篮、失去控制球、持球停止进攻或球已成死球。

然而，当有必要去保护受伤队员时，裁判员可立即中断比赛。

受伤队员的替换有以下规则。

如果受伤队员不能立即（大约15 s）继续比赛，或如果他接受治疗，他必须在1分钟内或尽可能快地被替换。

然而，已经接受治疗或在1分钟内恢复的受伤队员可以留在比赛中，但他的队要被登记一次暂停。

此外，如果受伤队员在1分钟内不能继续比赛或他的队没有任何剩余的暂停，他不能留在比赛中并必须被替换。例外：该队上场队员少于5人。

如果已判给受伤队员罚球，必须由他的替补队员执行。如果受伤队员涉及跳球，则他的替补队员应执行跳球。作为受伤队员的替补队员在参加比赛到下一个比赛的钟表运行片断之前不能被替换。

已经被教练员指定为比赛开始时上场的一名队员万一受伤时可以被替换，只要主裁判员确信受伤是真实的。在这种情况下，对方也有权有一名替换者，如果他们想这样做的话。

比赛期间，裁判员应命令任一正在流血或有伤口的队员离开比赛场地并让其被替换。该队员只有在流血已经停止并且患部或创面已被全面安全地包扎后才可返回球场。

（四）长：职责和权力

队长是一名在场上代表他的球队的队员。在比赛期间，他可与裁判员联系以获得信息。做此举要有礼貌，而且只能在球成死球和比赛计时钟停止时。

当队长因任何正当原因离开比赛场地时，教练员应将他不在场期间替代他在场上当队长的队员号码通知裁判员。

队长可以担任教练员。

在规则未限定跳球队员或罚球队员的所有情况下，队长应在跳球情况中指定本队的跳球队员，在罚球情况中指定本队的罚球队员。

如果球队以在记录表上标有"球队抗议队长签名"栏内签名来抗议比赛的结果，队长应在比赛结束时立即通知主裁判员。

第六节　篮球游戏

一、四角传球

进行跑位和传接球练习（如图6－3所示）。分为两个小组在两个半场进行。先后进行单球、双球传接练习。

学生主体活动：认真听教师讲解，观察教师的跑动路线和传球线路积极动脑进行模仿和

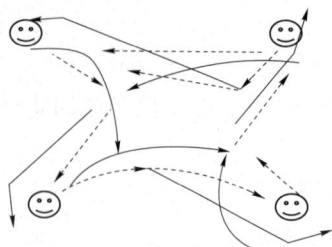

图 6-3　四角传球

学练。体育骨干参与帮教。

教师学法指导：以通俗的语言，形象的比喻描述动作与方法，调动学生的想象力；并做好动作的示范与提示。学生学练中反复巡视指导。

阶段目标：提高移动中传接球技术和能力；增进对移动球的观察、判断及临场处理能力。

安全提示：依规定线路跑动，避免相撞。传球的方向和力度要适中，避免砸伤同学。

二、运球接力

参赛队员分甲乙两组分别站在起终点线后成一路纵队，比赛开始甲组第一名队员运球至乙组将球交给乙组第一名队员，乙组第一名队员接球后迅速向甲组运球并将球交给甲组第二名队员，依次进行，以先完成的队为胜。

规则：① 不得抱球跑；② 不得扔球。

三、喊号接球

大家全部站在一定范围内不许出去，每个人编一个号码，用一个篮球，向上扔球，越高越好，扔后随便喊一个号码，被编为这个号码的人则过来接从空中落下的球，如果球没有落地他可以继续扔球并喊下个号码，如果落地，他则被罚俯卧撑。

四、臂下运球

将所有的人分成两组，每组的人都把手拉起来，这样两组人拉手站成两排，从排尾开始，一个接一个的带球绕着从两个拉起手臂的同学中间经过，哪组先完，哪组胜出。

第七章

足球

第一节 **足球运动概述**

古代足球运动起源于我国。早在 3500 年前的殷代，就有"足球舞"。这是古代足球游戏的雏形。战国时代民间已盛行集体的"蹴鞠"游戏。

现代足球始于英国。1863 年 10 月英国足球协会在伦敦成立了第一个足球俱乐部，制定了最初的比赛规则，现代足球运动随之兴起。

最早的比赛阵形是英国人创造的"九锋一卫"式，即九个前锋，一个后卫，再加一名守门员。随着技术水平的提高，一名后卫难以抵挡九名前锋的进攻，于是产生了"七锋二卫"式阵形，使攻守力量达到相对平衡。

由于技术水平的进一步提高，战术的发展，前锋活动的加强，防守力量又日趋薄弱。为了改变这种状况，1870 年苏格兰人创造了"六锋四卫"式阵形。接着，英国人又创造了"1 + 2 + 3 + 5"阵形。这一阵形对当时世界足球运动的发展影响很大，因为它体现了攻守力量的基本平衡。为了适应足球运动的发展需要，1904 年 5 月 21 日，法国、比利时、丹麦、荷兰、西班牙、瑞典、瑞士等国在巴黎发起成立了国际足球联合会。1925 年，国际足联公布了新的"越位"规则，加重了防守任务，攻防矛盾又趋尖锐。据此，英国人契甫曼于 1930 年创造了"WM"式阵形，使攻防人数的分布达到均衡状态。这一阵形虽然在四十年代前盛行于全世界，但因"W"式的进攻很容易被"M"式的防守看死，故此阵形出现对峙、对战术的发展并没有起到重大的推动作用。20 世纪 50 年代以来，世界足球运动经历了三次革命性的变革。

1953 年，匈牙利人突破了"WM"式的传统打法，运动四前锋制的打法击败了足球王国——英国队，并在第五届世界杯赛中以创纪录的进球数战胜了大多数的世界强队，震动了世界足坛。由于这一阵形开创了以攻为主的局面，因而有力地推动了当时的世界足球运动。1958 年，巴西人在技术、技巧上有了新的发展，并创造了攻守趋于平衡的"四二四"阵形，使其夺取第六、七、九届世界杯的冠军，轰动了世界足坛。由于这一阵形与现代足球"全攻全守"打法相适应,因而很快被世界各国广泛采用,"WM"式打法被彻底抛弃。此后,又出现了"四三三"式及其变体,但基础特点与"四二四"式相同,只不过在力量分配上更侧重于防守。1974年,在第十届世界锦标赛上出现了以荷兰、西德、波兰代表的总体型打法。按照这种打法,阵形只是在比赛开始前队员站位时看得出来。比赛开始后,由于全攻全守,阵形就难以辨认。这种踢法打破了严格的位置分工,每个队员既能进攻又善防守,且守中有攻,攻中有守,攻守转换快速,战术灵活多变,体现了技术、战术和身体素质全面发展的趋势,因而被誉为足球运动史上的第三次革命。

目前,国际上规模较大的足球比赛有两种:一种是由国际足联每四年举办一次的世界杯足球比赛,另一种是奥林匹克运动会的足球赛。国际足联还从1977年起,举办两年一届的世界青年足球锦标赛;从1981年起,举办世界少年足球锦标赛。1934年,我国加入了国际足联。1958年,由于国际足联不承认所谓中华民国足球协会为会员,我国足协宣布退出。1979年10月,国际足联决定恢复我国足协的合法权利,确认我国足协是中国的唯一代表。现在,足球运动已经成为亿万人民喜爱的"世界第一运动"。足球运动水平的高低,不仅代表了一个国家的体育运动水平,而且是一个国家物质文明和精神文明的标志之一。现代女子足球运动于十六世纪初始于英格兰。1890年,英格兰首次举办了有一万多人观看的女子足球赛,并于1894年建立女子足球俱乐部。

第二节 足球基本技术

足球技术是指运动员在足球竞赛规则条件下,运用身体的有效部位完成各种动作方法的总称。足球技术是运动员进行比赛活动的基本手段,是完成战术配合,决定战术质量的前提和保证。

根据运动员的位置分工,我们将足球技术分为守门员技术和锋、卫队员技术两大类。在比赛过程中,运动员的全部比赛行为都是以球为核心展开的,运动员为获得球、控制和处理球所采用的动作方法,称为有球技术,而在处理球后到再次获得球前的时段,运动员所采用的动作方法,称为无球技术(表7-1)。

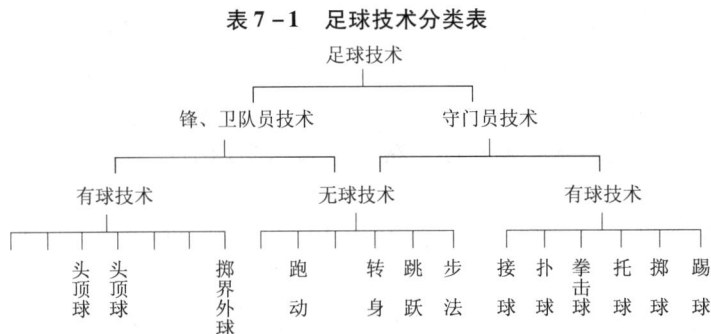

表7-1 足球技术分类表

```
                        足球技术
            ┌─────────────┴─────────────┐
        锋、卫队员技术                守门员技术
    ┌────────┴────────┐          ┌────────┴────────┐
  有球技术        无球技术          有球技术
 ┌──┬──┬──┐    ┌──┬──┬──┐    ┌──┬──┬──┬──┬──┐
 头  头      掷    跑  转 跳 步    接 扑 拳 托 掷 踢
 顶  顶      界        身 跃 法    球 球 击 球 球 球
 球  球      外    动             球
         ……  球
```

一、运球及运球过人

运球是指运动员在跑动中为将球控制在自身范围内,用脚部进行的推拨球动作。采用此类方法突破防守队员时,称为运球过人。

运球及运球过人是运动员控球与进攻能力的具体表现形式，熟练掌握与合理运用运球及运球突破技术，对调控比赛节奏、丰富战术变化、破解密集防守、创造射门机会都具有实际的意义。

1. 运球动作方法

直线运球时，自然跑动，步幅偏小，上体稍前倾，两臂协调摆动。运球脚屈膝提起前摆，脚趾稍内转斜下指，摆至球体上方时，用脚推拨球的后中部，重心随球跟进。

曲线运球时，触球作用力方向应偏离球心，使球呈弧线运行。

变向运球时，应根据变向角度的大小，调整支撑脚的位置、触球部位及运球脚用力方向，以保证蹬脚用力与推拨触球动作协调一致。

2. 运球过人

运球过人从动作方法上可大致分为强行突破、假动作突破、变向突破、交叉突破和人球分离突破几类。

（1）强行突破

指利用速度优势，以突然快速的推拨和爆发式的起动，加速超越防守队员的动作方法。实施强行突破时，通常要求防守队员身后有较大的纵深距离，从而使速度优势能够得到充分发挥。

（2）假动作突破

指运动员利用各种虚晃动作迷惑对手，如假射、假传、假停等。使其不知所措或贸然盲动失去重心，并乘机突破的动作方法。实施假动作突破时，要真真假假，真假结合，假动作要带真，真动作要快捷，在控好球的同时，能够有效调动对手，利用其重心错位进行突破。

（3）变向突破

指队员利用灵活的步法和娴熟的运球技术，不断改变球路，使对手防守重心出现错位，并利用出现的位置差乘机突破的动作方法。实施变向突破时，运球队员脚下要娴熟，步法要灵活，重心变幻随心所欲，变向动作要突然，变向角度要合理。

（4）变速突破

指队员通过速度的变化，打乱对手的速度节奏，并利用产生的时间差乘机突破的动作方法。实施变速突破时，节奏变化要鲜明，做到骤停疾起，要充分利用攻方的先决优势去支配和调动对方，真正做到你快我慢，你停我走，使对手无从适应。

（5）人球分离突破

指运球队员利用对手站位过死或重心移动过猛时，突然推球从其跨下或体侧越过，自己却迅速从另一侧超越对手实现突破的动作方法。实施人球分离突破时，运球队员要能够有效地把握和利用对方的重心变化，并能够利用其身后的空间，推拨球动作要快速隐蔽，跑进路线要合理。

运球突破时用于控制和支配球的基本动作有以下几种：

① 拨球：指利用脚踝的动作，以脚背内侧或外侧触拨球的动作方法。用脚背内侧的拨球称"里拨"，用脚背外侧的拨球称"外拨"。

② 拉球：指用前脚掌触压球，并向某一方向拉动的动作方法。在拉球到位后，通常要连接一个推拨动作使球离开原地。

③ 扣球：指通过快速转体和脚踝的急转扣压，将球控制至反方向的一种动作方法。用

脚背内侧的扣球称"里扣"，用脚背外侧的扣球称"外扣"。

④ 挑球：指利用脚背或脚尖将球向上撩挑，使其从空中改变方向或超越防守的动作方法。

拨、拉、扣、跳、推球既是运球过人的基本动作方法，又是技术教学中用做熟悉球性的行之有效的练习方法。在比赛中，这些动作既可单独运用，也可有机地组合使用，但切忌僵化的套用概念模式，而应视比赛需要，以娴熟的球性为纽带，通过合理有效的技术组合，使技术发挥更大的效力。

二、踢球

踢球是指运动员有目的地用脚将球击向预定目标的动作方法。踢球是运动员进行比赛活动的主要技术手段，它在比赛中的主要用途是传球和射门。

踢球动作接触击球时脚的部位可分为脚内侧、脚背外侧、脚背内侧、脚背正面、脚尖和脚跟踢球几种方法。

1. 脚内侧踢球

脚内侧踢球的动作特点是触球面积大，可控性强，出球平衡准确，是短距离传球和射门常用的脚法。

动作方法：

踢定位球时，直线助跑，支撑脚踏在球侧约 15 cm 处，膝微屈，脚趾指向出球方向，踢球腿以髋关节为轴由后向前摆，膝踝外展，脚尖稍翘，以脚内侧部位对准来球，当膝关节接近球体上方时，小腿加速前摆，击球刹那，脚跟前顶，脚型固定，用脚内侧部位击球的后中部。

踢地滚球时，要根据来球速度，方向以及摆腿的时间，确定支撑脚的选位，保证踢球能充分地摆踢发力。

进行蹭踢球时，大腿要抬起，小腿应拖后，利用小腿的加速前摆击球，抬腿的高度要与来球高度相适应，摆腿的时间应与来球速度相对应，并根据出球的目标调整击球的部位。

2. 脚背正面踢球

脚背正面踢球的动作特点是踢摆幅度大，动作顺畅，便于发力。但出球路线及性能缺乏变化，适用于远距离的传球和大力射门。

动作方法：

踢定位球时，直线助跑，支撑脚踏在球侧约 15 cm 处，脚趾指向出球方向，膝微屈，眼睛注视球。在支撑脚前跨的同时，踢球腿大腿顺势后摆，小腿后屈。前摆时，大腿以髋关节为轴带动小腿前摆，当膝关节摆近球体上方时，小腿加速前摆，脚背绷直，脚趾扣紧，以脚背正面击球的后中部。击球后，踢球腿顺势前摆落地。

踢反弹球时，要准确判断球的落点、反弹时间和角度，选好支撑脚的位置，在球落地的刹那，踢球腿小腿加速前摆击球，在球反弹离地时击球的后中部。

踢地滚球时，支撑脚应正确选位，踢两侧地滚来球时，脚趾应对准出球方向，击球部位应准确，以保证击球能发上力。对速度较快的来球，要通过加大摆踢力量和调整出球方向，消除其初速度对出球方向的影响。

踢空中球时，支撑脚的选位要稍远，以踢球腿能顺利踢摆发力为原则，并可根据来球角度或击球目的选用抽击、弹击或摆击等方法。

3. 脚背内侧踢球

脚背内则踢球动作的特点是踢摆动作顺畅，幅度大，脚触球面积大，出球平衡有力，且性能和线路富于变化，是中远距离射门和传球的重要方法。

动作方法：

踢定位球时，斜线助跑，助跑方向与出球方向约成45°，支撑脚踏在球侧后方约25 cm处，膝微屈，脚趾指向出球方向，重心稍微倾向支撑脚一侧。在支撑脚踏地的同时，踢球脚以髋关节为轴，大腿带动小腿由外后向前内略呈现弧线摆动，膝踝关节稍外旋，当膝关节摆至接近球的内侧上方时，小腿加速前摆。击球时，膝向前顶送、脚背绷直，脚趾扣紧斜下指，以脚背内侧击球的后中下部，击球后踢球腿顺势前摆着地。

踢地滚球时，要注意调整身体与出球方向的角度关系，以便踢球摆踢发力。

搓踢过顶球时，踢球脚背略平，插入球的底部做切踢动作，击球后脚不随球前摆。

转身踢球时，助跑最后一步略带跨跳动作，支撑脚的脚趾和膝关节尽可能转向出球方向，击球点应在球的侧前部，并利用腰的扭转协助完成摆踢动作。

踢内弧线球时，击球点应在球的后外侧，击球刹那，踝关节内旋发力，脚趾勾翘，使球内旋并呈弧线运行。

4. 脚背外侧踢球

脚背外侧踢球动作的特点是预摆动作小，出脚快，能利用膝、踝关节的灵活变化改变出球的方向和性质，是实用性较强的技术手段。

动作方法：

脚背外侧踢球的动作方法类似脚背正面踢球，只是摆踢时，脚面绷直，脚趾向内扣紧斜下指，用脚背外侧击球的后中部，击球后，踢球腿顺势前摆着地。

踢地滚球时，踢球脚同侧的来球多用直线助跑，支撑脚在球侧后约25 cm处落位，异侧来球则多用斜线助跑，支撑脚一般距球10～15 cm。其他动作则类似踢定位球。

踢外弧线球时，支撑脚踏在球侧后15～20 cm处，踢球腿略显弧形摆踢，作用力方向与出球方向约成45°，脚型同踢定位球，击球点在球的内侧后部。击球后，踢球脚向支撑侧斜摆，以加大球的外旋力量。

三、接球

接球是指运动员运用身体的有效部位，将运行中的球有目的的接控在所需位置上的动作方法。它是运动员获得球的主要手段。良好的接控球能力能为球队创造更多的进攻机会，也是保证进攻顺畅的重要因素。

接球按触球部位可分为脚部、腿部、胸部、腹部和头部接球几类。

1. 腿部接球

脚部接球的动作方法最多，运用最广，是接球技术的最基本内容。

动作方法：

接地滚球时，身体正对来球，判断来球的速度和方向，选好支撑脚位置，膝关节微屈。接球脚根据球的状态相应提起，膝、踝关节旋外，脚趾稍翘，用脚内侧对准来球，触球刹那，接球部位做相应的引撤或变向接球动作，将球控制在所需要的位置上。

接反弹球时，接球腿小腿应与地面形成一定的夹角，向下做压推动作时，膝要领先，小腿滞留在后面。

接空中球时，接球腿要屈膝提起，可根据需要采用引撤或切挡动作，并在球落地时随即将球控制住。

2. 胸部接球

胸部接球技术的特点是触球点高，面积宽接球稳定，适用于接胸部以上的高空球。

动作方法：

挺胸式接球，适用于接有一定弧度的高球。接球时，身体正对来球，两腿自然开立，膝微屈，两臂在体侧自然抬起，上体稍后仰与来球形成一定的角度。触球刹那，胸部主动挺送，使球触胸后向前上方弹起落于体前。

缩胸式接球适用于接齐胸的平直球。缩胸接球与挺胸接球的动作差异在于触球刹那，靠迅速收腹、缩胸缓冲来球力量，使球直接落于体前。

胸部接球的触球点高，接球后球下落反弹。因此，做完胸部动作后，需及时跟进将球控制在脚下。如要将球接向两侧时，身体在触球的刹那要向出球方向转动，带动球的变化。

3. 大腿接球

大腿接球技术的特点是接触球部位面积大，且肌肉丰厚有弹性，动作简便易做，适用于接有一定弧度的落降高球。

动作方法：

身体正对来球，选好支撑脚位置并稳固支撑，接球腿屈膝上抬，以大腿中前部对准来球。触球刹那，接球积极引撤下放，接球部位的肌肉保持功能性紧张，以对抗来球冲力，使球触腿后落于体前。

接力量较小的来球，还可采用大腿垫接的方法。即接球腿屈膝上抬迎接，触球刹那，大腿相对稳定，接球部肌肉适度紧张，将球向上垫起，用这种方接球，可在球落地前处理球，也可待球落地后将球控在脚下。

四、头顶球

头顶球是指运动员用额部将球击向预定目标的动作方法。

现代足球比赛是一种立体的攻防战，攻守双方不仅在地面上寸土必争，在空中的对抗也互不相让。头顶球的击球位置高，是争取时间和空间主动的重要技术手段。尤其是在罚球区附近，头球的争夺对攻防双方都有举足轻重的意义，是一种快速简练，适用于进攻和防守的技术手段。

头顶球技术按顶球部位可分为前额正面和前额侧面顶球。

额正面顶球技术的特点是触球部位平坦；动作发力顺畅，容易控制出球方向，出球平稳有力。

动作方法：

原地顶球时，身体正对来球，两腿自然开立，腿微屈，两眼注视来球。随球临近上体稍后仰，展腹挺胸，两臂自然张开，下颌收紧，身体自下而上地蹬地、收腹、摆体、顶送发力，当头摆至身体垂直部位时，用前额正面顶击球的后中部。

转身顶球时，身体稍侧对来球，出球方向一侧支撑脚靠前站立，以便转体发力。击球刹那，后脚用力向出球方向蹬转带动身体转动，当身体转向出球方向时加速摆体，用前额部顶击球。

跳起顶球时，要选好起跳位置，掌握好起跳时机，起跳脚积极蹬跳发力，手臂协调向上提摆，以加强起跳力量。起跳后，展腹挺胸，形成背弓，两眼始终注视来球。跳至最高点时，快速收腹摆体，下颌收紧，前额积极迎球顶送发力，顶球后屈膝缓冲落地。

鱼跃顶球时，要准确判断来球，掌握好起跳时机和击球点，利用积极后蹬使身体向前水平跃出，两臂微屈前伸，眼睛注视来球。利用身体的水平冲力将球顶击。出球后，两臂屈肘伸手撑地，随后胸部、腹部、大腿、小腿依次缓冲着地。

五、抢、断球

抢、断球指防守队员有目的地运用身体的某一部位，将对手控制下或传递中的球夺过来，踢出去、破坏掉的技术动作方法。

抢、断球是运动员获得球的主要手段之一，是球队转守为攻的主要途径，是运动员个人防守能力的综合体现。

抢断球动作方法说明如下。

1. 断球

断球的动作方法，从比赛意义上讲是运动员根据防守和进攻的双重需要，合理地选用接球、踢球、顶球和铲球技术方法。如果需直接将球处理或破坏掉，就可选用踢球、顶球或铲球动作来实现，若是为了将球控在脚下，则可选用合理的接球动作来达到目的。动作的关键是判断准、起动快、连接紧。

2. 抢球

正面抢球：在逼近控球队员时，防守队员应控制好身体重心，两膝弯曲，上体略前倾，并注意观察对手的脚下动作，在对手触球的刹那，支撑脚前跨将球控住。如对方双脚触球，则应顺势向上做提拉动作，将球从对方脚背上带出。

第三节　足球战术

一、足球战术概念与分类

足球战术是指在足球比赛中，为了战胜对方，根据主客观情况所采取的个人行动和集体配合的方法。

战术是借用军事的术语。战可以理解为比赛，术可以理解为方法、方式、行动、动作。足球运动从游戏发展为比赛，就伴生了简单、朴素的战术，随着足球运动不断发展，新的战术层出不穷、变化莫测、永无止境。

战术的运用是以体能为前提，技术为基础，心理智能为保证。从战术能力特征上看，它既对这些素质有着相对独立的要求，同时又要求它们协调发展并融为一体。这种相对独立的要求，要求这些素质必须在相应的训练中获得高度发展，而这种融合，必须通过系统性的战术训练和在技术、身体训练中有目的地培养战术意识，并通过比赛的实践锤炼才能使它们相互作用、彼此交融，日臻完善、不断提高。

足球比赛是由攻与守这对矛盾组成的。根据攻守这对基本矛盾足球战术方法可分为进攻战术和防守战术两大类。攻守战术又分别包括个人战术、局部战术、整体战术和定位球战术。

二、足球基本战术

1. 比赛阵形

阵型是比赛战术的一个组成部分。场上队员必须在明确自己的基本位置并保证完成主要职责的前提下，充分发挥自己的智慧，根据场上具体情况创造性地参与进攻和防守。阵型既有模式的一面，又有灵活的一面，两者是有机的统一，不可偏废，不同水平的队应有所侧重。目前足球比赛中较多采用的阵形有以下几种：

①"四三三"阵形。

②"四四二"阵形。

③"五三二"阵形。

④"三五二"阵形。

2. 局部进攻战术

局部进攻战术是指进攻中两个或几个队员之间的配合方法。它是集体配合的基础。基本配合形式有：传切配合，交叉掩护配合和二过一配合。

（1）传切配合

传切配合是指控球队员将球传给切入的进攻队员的配合方法，是局部进攻战术中运用最多的方法。传切配合的形式有局部传切和转移长传切入。

（2）传切成功的要素

要素一是：运球队员要把握准传球的时机，并控制好传球的方向与力量。

要素二是：跑位队员要明示切入的方位、时间。起动突然、快速，并用身体掩护住球。

3. 整体进攻战术

整体进攻战术是指，为了完成进攻战术任务所采用的全局性的进攻配合方法。整体进攻战术涉及的人员比较多，是全队协调一致的行动，体现一个队的进攻实力和配合能力。

一次完整的整体进攻是由发动、发展和结束三个阶段组成的。发动阶段是获得球、控制球、传球的进攻阶段；发展阶段是整体的无球跑动和有球配合迅速展开的全面进攻阶段；结束阶段是传中、运球突破、传切配合等形式创造的射门和包抄、补射等攻击对方球门的进攻阶段。

依据进攻的方向可分为边路进攻、中路进攻和转移进攻。

（1）边路进攻

边路进攻是指在对方半场两侧地区发展的进攻。

边路进攻的特点是充分利用场地的宽度，拉开对方的防线。边路边区防守队员较少，防守的纵深保护较差，可利用的空当较大。较容易突破对方防线然后采用传中等手段，创造中路射门得分机会。但直接射门角度小很难射中球门。

（2）中路进攻

中路进攻是指在对方半场中部发展与结束的进攻。

中路进攻的特点是进攻投入的人数多，层次深、配合点多、面广，射门角度大，破门机会多。但防守人员较密集，纵深保护有力，突破难度较大。

中路进攻方式有运球突破、踢墙式二过一配合、运球交叉掩护配合、回撤反切突破、横扯插上突破、头球摆渡和定位球配合等。

（3）转移进攻

转移进攻是指中路进攻受阻转移到边路组织进攻，或者边路进攻受阻转移到中路，或另一侧边路组织进攻。

转移进攻的特点是，充分利用场地的空间和足球比赛进攻没有时间和传球次数限制的规则，及时转移攻击点，迫使对方防线横向扯动，出现空当，从而成功地突破防线。

（4）快速反击进攻

快速反击进攻是指在本方后场获得球后，由于对方防线压至中场，后场有较大空间，快速将球传给插向前场空当的攻击队员，或在攻守频繁转换时在中、前场争夺到球后快速突破或传球，创造出射门机会的进攻。

（5）层次进攻

层次进攻是指在对方已组织好防守队形的情况下，所采用的有组织、有步骤的进攻战术配合方法。

层次进攻的特点是，有较充裕的时间和随机选择的空间进行配合来寻找对方的防守漏洞，进行逐层突破，以获取进攻的成功率。

层次进攻打法有边路进攻、中路进攻和转移进攻。

（6）破密集防守的进攻

破密集防守的进攻是指针对对方为了不输球、少输球或保住自己取得战果，全队收缩在后场只守不攻的打法，采用的进攻战术配合方法。

4. 防守战术

防守战术是在比赛中为了阻止对方的进攻和重新控球所采取的个人防守行动和集体配合的方法。

足球比赛进攻与防守是对立的统一，相互制约，相互促进。这一对矛盾只有在激烈对抗中相互促进，才能形成利矛坚盾，攻守能力才能得到加强。忽视任何一方面，另一方面都不可能单独获得真正发展。在一场足球比赛中，双方要进行近300次攻守转换，约50%的进攻只有3次传球，说明激烈对抗的程度。积极防守孕育着进攻，丢球后立即就地抢截已成为现代足球运动最基本的特征。统计资料显示，前场夺球反击成功率为52.5%，中场为29.7%，后场为27.8%。稳固防守上的快速进攻已成为近代足球运动的战略指导思想。

防守原则有以下四点：

① 延缓对方的进攻；

② 保持平衡；

③ 收缩；

④ 控制。

第四节 足球竞赛规则

一、比赛场地

1. 尺寸

比赛场地必须是长方形，边线的长度必须长于球门线的长度。

长度：最短 90 m（100 码），最长 120 m（130 码）。宽度：最短 45 m（50 码），最长 90 m（100 码）。

国际比赛长度：最短 100 m（110 码），最长 110 m（120 码）。宽度：最短 64 m（70 码），最长 75 m（80 码）。

2. 场地标记

比赛场地是用线来标明的，这些线作为场内各个区域的边界线应包含在各个区域之内。两条较长的边界线叫边线，两条较短的线叫球门线。所有线的宽度不超过 12 cm（5 英寸）。比赛场地被中线划分为两个半场。在场地中线的中点处做一个中心标记，以距中心标记 9.15 m（10 码）为半径画一个圆圈。

3. 球门区

球门区在场地的两端，规定如下：从距每个球门柱内侧 5.5 m（6 码）处，画两条垂直于球门线的线。这些线伸向比赛场地内 5.5 m（6 码），与一条平行于球门线的线相连接。由这些线和球门线组成的区域范围是球门区。

4. 罚球区

罚球区在场地的两端，规定如下：从距每个球门柱内侧 16.5 m（18 码）处，画两条垂直于球门线的线。这些线伸向比赛场地内 16.5 m（18 码），与一条平行于球门线的线相连接。由这些线和球门线组成的区域范围是罚球区。在每个罚球区内距球门柱之间等距离的中点 11 m（12 码）处设置一个罚球点。在罚球区外，以距每个罚球点 9.15 m（10 码）为半径画一段弧。

5. 旗杆

在场地每个角上各竖一根不低于 1.5 m（5 英尺）的平顶旗杆，上系小旗一面。

在中线的两端、边线以外不少于 1 m（1 码）处，也可以放置旗杆。

6. 角球弧

在比赛场地内，以距每个角旗杆 1 m（1 码）为半径画一个四分之一圆。

7. 球门

球门必须放置在每条球门线的中央。它们由两根距角旗杆等距离的垂直的柱子和连接其顶部的水平的横梁组成。两根柱子之间的距离是 7.32 m（8 码），从横梁的下沿至地面的距离是 2.44 m（8 英尺）。两根球门柱和横梁具有不超过 12 cm（5 英寸）的相同的宽度与厚度。球门线与球门柱和横梁的宽度是相同的。球门网可以系在球门及球门后面的地上，并要适当地撑起以不影响守门员。球门柱和横梁必须是白色的。

8. 安全性

球门必须是牢固地固定在地上，如果符合这个要求才可使用移动球门。

二、球

圆形；用皮革或其他适当的材料制成；圆周不长于 70 cm（28 英寸）、不短于 68 cm（27 英寸）；重量在比赛开始时不多于 450 g（16 英两）、不少于 410 g（14 英两）；压力在海平面上等于 0.6~1.1 个大气压力（600~1 100 克/平方厘米、8.5~15.6 磅/平方英寸）。

三、队员人数

1. 队员

一场比赛应有两队参加，每队上场队员不得多于 11 名，其中必须有一名守门员。如果任何一队少于 7 人则比赛不能开始。

2. 正式比赛

在由国际足联、洲际联合会或国家协会主办的正式比赛中，每场比赛最多可以使用 3 名替补队员。

竞赛规程应说明可以有几名替补队员被提名，从 3 名到最多不超过 7 名。

3. 其他比赛

在其他比赛中，可依据下列规定使用替补队员：有关参赛队在最多替换人数上达成协议；在比赛前通知裁判员；如果比赛开始前未通知裁判员或各参赛队未达成任何协议，则可以使用的替补队员人数不得超过 3 名。

4. 所有的比赛

在所有的比赛中，替补队员名单必须在比赛开始前交给裁判员。未被提名的替补队员不得参加比赛。

5. 替补程序

替补队员时必须遵守以下规定：替补前应先通知裁判员；替补队员在被替补队员离场，并得到裁判员信号后方可进入比赛场地；替补队员只能在比赛停止时从中线处进场；当替补队员进入比赛场地，即完成了替补程序；从那时起，替补队员成为场上队员，而被替补队员终止为场上队员；被替补下场的队员不得再次参加该场比赛；所有替补队员无论上场与否，裁判员均有权对其行使职权。

6. 更换守门员

任何场上队员都可与守门员互换位置，并规定：互换位置前通知裁判员；在比赛停止时互换位置。

四、队员装备

1. 安全性

队员不得使用或佩戴可能危及自己及其他队员的装备或任何物件（包括各种珠宝饰物）。

2. 基本装备

队员必需的基本装备是：运动上衣；短裤——如穿紧身内裤，必须与短裤的主色同一颜色；护袜；护腿板；足球鞋。

3. 护腿板

必须由护袜全部包住；由适当的材料制成（橡胶、塑料或其他类似材料）；提供适当程度的保护。

4. 守门员

每名守门员的服装颜色必须有别于其他队员、裁判员和助理裁判员。

五、裁判员

1. 裁判员的权力

每场比赛由一名裁判员控制，他被任命具有全部权力去执行与比赛有关的竞赛规则。

2. 权限和职责

裁判员：执行竞赛规则；与助理裁判员及当有第四官员时，和他们一起控制比赛；确保任何比赛用球符合规则要求；确保队员装备符合规则要求；记录比赛时间和比赛成绩；因违反规则停止、推迟或终止比赛；因外界干扰停止、推迟或终止比赛；如果他认为队员受伤严重，则停止比赛，并确保将其移出比赛场地；如果他认为队员只受轻伤，则允许比赛继续进行直到成死球；确保队员因受伤流血时离开比赛场地，该队员经护理流血停止，在得到裁判员信号后方可重回场地；当一个队被犯规而根据"有利"条款能获利时，则允许比赛继续进行。如果预期的"有利"在那一时刻没有接着发生，则判罚最初的犯规；当队员同时出现一种以上的犯规时，则对较严重的犯规进行处罚；裁判员不必立即向可以被警告和罚令出场的队员进行处罚，但当比赛成死球时必须这样做；向对自己行为不负责任的球队官员进行处分，并可酌情将其驱逐出比赛场地及其周围地区；对于自己未看到的情况，可根据助理裁判员的意见进行判罚；确保未经批准的人员不得进入比赛场地；比赛停止后重新开始比赛；将在赛前、赛中或赛后向队员和球队官员进行的纪律处分，及其他事件的情况用比赛报告提交有关部门。

3. 裁判员的决定

裁判员根据与比赛相关的事实所作出的决定是最终的。只有在比赛未重新开始前，裁判员可以根据自己的判断或助理裁判员的意见而改变确实不正确的决定。

六、助理裁判员

1. 职责

每场比赛应委派两名助理裁判员，他们的职责（由裁判员决定）应为示意：当球的整体越出比赛场地时；应由哪一队踢角球、球门球或掷界外球时；可以判罚处于越位位置的队员时；当要求替换队员时；当发生裁判员视线外的不正当行为或任何其他事件时；无论何时，当犯规发生时助理裁判员比裁判员更接近于犯规地点（特别是这种犯规情况发生在罚球区内）；当踢点球时，在球被踢之前守门员是否向前移动，以及球踢出后是否进门。

2. 协助

助理裁判员还应依据竞赛规则协助裁判员控制比赛。在特殊情况下，助理裁判员可以进入场地协助裁判员控制好 9.15 m 的距离。助理裁判员如有过分干预或不合适的表现时，裁判员可解除其职责并将报告提交有关部门。

七、比赛时间

1. 比赛时间

比赛分为两个半场，每半场 45 min。特殊情况经裁判员和双方同意另定除外。任何改变比赛时间的协议（如因光线不足每半场减少到 40 min）必须在比赛开始之前制定，并要符合竞赛规程。

2. 中场休息

队员有中场休息的权利。中场休息不得超过 15 min。竞赛规程必须阐明中场休息的时间。只有经裁判员同意方可改变中场休息时间。

3. 扣除损失的时间

在每半场比赛中损失的所有时间应被扣除：替换队员；对队员伤势的估计；将受伤队员移出比赛场地进行治疗；拖延时间；任何其他原因。根据裁判员的判断扣除损失的时间。

4. 罚球点球

如果执行罚球点球或重新执行罚球点球，每半场结束时间可延长至罚球点球结束。

5. 决胜期

竞赛规程可以规定再进行两个半场相等时间的比赛。

6. 中止的比赛

除竞赛规程另有规定外，中止的比赛应重新进行。

八、比赛开始和重新开始

1. 预备

通过掷币，猜中的队决定上半场比赛的进攻方向。另一队开球开始比赛。猜中的队在下半场开球开始比赛。下半场比赛两队交换比赛场地。

2. 开球

开球是比赛开始和重新开始的一种方式：在比赛开始时；在进球得分后；在下半场比赛开始时；在决胜期两个半场开始时。开球可以直接射门得分。

3. 程序

所有队员在本方半场内，开球队的对方队员，应距球至少 9.15 m（10 码），直到比赛进行；球应放定在中心标记上；裁判员发出信号；当球被踢并向前移动时比赛即为进行；开球队员在球未经其他队员触及前不得再次触球。某队进球得分后，由另一队开球。

在开球程序上的其他犯规：重新开球。

4. 坠球

坠球是在比赛进行中因竞赛规则未提到的原因而需要暂停比赛之后，重新开始比赛的一种方法。

5. 程序

裁判员在比赛停止时球所在的地点坠球。当球触地比赛即为重新开始。

九、比赛进行及死球

1. 比赛成死球

下列情况比赛成死球：当球不论从地面或空中全部越过球门线或边线时；当比赛已被裁判员停止时。

2. 比赛进行

其他所有时间均为比赛进行中，包括：球从球门柱、横梁或角旗杆弹回场内；球从比赛场地上的裁判员或助理裁判员身上弹回场内。

十、计胜方法

1. 进球得分

当球的整体从球门柱间及横梁下越过球门线，而此前未违反竞赛规则，即为进球得分。

2. 获胜的队

在比赛中进球数较多的队为胜者。如两队进球数相等或均未进球，则比赛为平局。

3. 竞赛规程

竞赛规程应说明，若比赛结束为平局，是否采用决胜期或国际足球理事会同意的其他步骤以决定比赛的胜者。

十一、越位

1. 越位位置

队员处于越位位置本身并不是犯规。队员处于越位位置：队员较球和最后第二名对方队员更接近于对方球门线。队员不处于越位位置：他在本方半场内；他齐平于最后第二名对方队员；他齐平于最后两名对方队员。

2. 犯规

处于越位位置的队员，在同队队员踢或触及球的一瞬间，裁判员认为其就下列情况而言"卷入"了现实比赛中时才被判为越位犯规；干扰比赛；干扰对方队员；利用越位位置获得利益。

3. 没有犯规

如果队员直接从下列情况下接到球，则没有越位犯规：球门球；掷界外球；角球。

4. 违规判罚

对于任何越位犯规，裁判员应判给对方在犯规发生地点踢间接任意球。

十二、犯规与不正当行为

下列情况将被判罚犯规或不正当行为。

1. 直接任意球

裁判员认为，如果队员草率地、鲁莽地或使用过分的力量违反下列六种犯规中的任何一种，将判给对方踢直接任意球：踢或企图踢对方队员；绊摔或企图绊摔对方队员；跳向对方队员；冲撞对方队员；打或企图打对方队员；推对方队员。

如果队员违反下列四种犯规中的任何一种，也判给对方踢直接任意球：为了得到对球的控制而抢截对方队员时，于触球前触及对方队员；拉扯对方队员；向对方队员吐唾沫；故意手球（不包括守门员在本方罚球区内）。在犯规发生地点踢直接任意球。

2. 罚球点球

在比赛进行中无论球在什么位置，如果队员在本方罚球区内违反了上述十种犯规中的任何一种，应被判罚球点球。

3. 间接任意球

如果守门员在本方罚球区内违反下列四种犯规中的任何一种，将判给对方踢间接任意球：用手控制球后在发出球之前持球超过6秒；在发出球之后未经其他队员触及，再次用手触球；用手触及同队队员故意踢给他的球；用手触及同队队员直接掷入的界外球。裁判员认为，队员在出现下列情况时，也将判给对方踢间接任意球：动作具有危险性；阻挡对方队员；阻挡对方守门员从其手中发球；违反规则以前未提及的任何其他犯规，停止比赛被警告或罚令出场。在犯规发生地点踢间接任意球。

4. 纪律制裁

只有对场上人员、替补队员或是被替换下场的队员，才能出示红黄牌。

5. 可警告的犯规

如果队员违反下列七种犯规中的任何一种，将被警告并出示黄牌：犯有非体育道德行为；以语言或行动表示异议；持续违反规则；延误比赛重新开始；当以角球或任意球重新开始比赛时，不退出规定的距离；未得到裁判员许可进入或重新进入比赛场地；未得到裁判员许可故意离开比赛场地。

6. 罚令出场的犯规

如果队员违反下列七种犯规中的任何一种，将被罚令出场并出示红牌：严重犯规；暴力行为；向对方或其他任何人吐唾沫；用故意手球破坏对方的进球或明显的进球得分机会（不包括守门员在本方罚球区内）；用可判为任意球或球点球的犯规破坏对方向本方球门移动着的明显的进球得分机会；使用无礼的、侮辱的或辱骂性的语言及动作；在同一场比赛中得到第二次警告。被罚令出场的队员必须立即离开比赛场地附近和技术区域内。

十三、任意球

任意球分为直接任意球和间接任意球两种。无论是直接任意球还是间接任意球，踢球时必须将球放定，踢球队员在球未经其他队员触及前，不得再次触球。

（1）直接任意球

如果直接任意球直接踢入对方球门，判为得分。如果直接任意球直接踢入本方球门，判给对方踢角球。

（2）间接任意球

① 信号：当裁判员判间接任意球时，应单臂上举过头，并保持这种姿势直到球踢出后被其他队员触及或成死球为止。

② 球进门：只有当球进门前触及到另一名队员才可得分。如果间接任意球直接踢入对方球门，判为球门球；如果间接任意球直接踢入本方球门，判给对方踢角球。

十四、罚球点球

当比赛进行中，一个队在本方罚球区内由于违反了可判为直接任意球的十种犯规之一而被判罚的任意球，应执行罚球点球。罚球点球可以直接进球得分。在每半场比赛或决胜期上下半场结束时，应允许延长时间执行完罚球点球。

1. 球和队员的位置

球：放定在罚球点上。主罚球点球的队员：确认由其主罚。防守方守门员：留在本方球门柱间的球门线上，面对主罚队员，直至球被踢出。除主罚队员外的队员应处于：比赛场地内；罚球区外；罚球点球后；距罚球点至少9.15 m（10码）。

2. 裁判员

应在队员处于规则规定的位置上后发出执行罚球点球的信号；作出罚球点球完成后的决定。

3. 程序

主罚队员向前踢出球点球；在其他队员触球前主罚队员不得再次触球；当球被踢并向前移动时比赛即为进行；在比赛进行当中，以及在上半场或全部比赛结束而延长时间执行或重新执行罚球点球时，如果球在越过球门柱间和横梁下之前遇到下列情况，应判定得分：该球触及任何一个或连续触及两个球门柱、横梁、守门员。

十五、掷界外球

掷界外球是重新开始比赛的一种方法。掷界外球不能直接进球得分。判为掷界外球：当球的整体不论从地面或空中越过边线时；从球越出边线处掷界外球；判给最后触球队员的对方。

在掷出球的一瞬间，掷球者应：面向比赛场地；任何一只脚的部分站在边线上或站在边线外的地上；使用双手；将球从头后经头上掷出。掷球队员在其他队员触球前不得再次触球。球一进入比赛场地，比赛即为进行。

十六、球门球

球门球是重新开始比赛的一种方法。球门球可以直接射入对方球门而得分。

判为球门球：当球的整体不论从地面或空中越过球门线，而最后触球者为攻方队员，且根据规则不是进球得分时。

由防守方从球门区内的任何一点踢球；对方应在罚球区外直至比赛进行；踢球队员在其他队员触球前不得再次触球；当球被直接踢出罚球区，比赛即为进行。

十七、角球

角球是重新开始比赛的一种方法。角球可以直接射入对方球门而得分。判为角球：当球的整体不论在地面或空中越过球门线，而最后触球者为守方队员，且根据规则不是进球得分时。

第五节　足球考试测评方法细则及评分标准

一、运球绕杆

1. 场地设置

在平整的空地上画一条 2 m 长直线，作为起止线。

在距起止线中点 6 m，且与起止线垂直的点上置一标志杆，然后依次在距前一杆 3 m 处置标志杆共 8 根。标志杆固定直插地面，以球碰不倒为宜，标志杆高度约高于 1.5 m。

2. 测试方法

受试者从起止线开始运球，脚触球开表计时，运球逐个绕过标志杆，后再逐个绕回，人、球均过起止线停表（不允许过完最后一根杆后开大脚将球踢过终线，人再跑过终线）。

每人做两次，取成绩最好的一次。

运球漏杆或球未过起止线，只有人跑过则成绩无效。并算一次运球。

如遇外来因素干扰而影响成绩的，视情况可再进行一次。

运球方法不限。

3. 评分方法

分值	10	9.5	9.0	8.5	8.0	7.5	7.0	6.5	6.0
成绩	22″5	24″	25″	26″	27″	28″5	30″5	32″5	34″5
分值	5.5	5.0	4.5	4.0	3.5	3.0	2.5	2.0	
成绩	36″	37″	38″	38″5	39″	40″			

二、射门

1. 场地设置

在距球门线 5 m 处画一条与球门线平行的直线，长度不限。

2. 测试方法

受试者将球放在限制线上，用任一脚的任意一种方法将球踢进球门，球在空中飞行后落入球门内有效（反弹球、地滚球无效）。

每人连续做 10 次，每次均计成绩。

球击中横梁或立柱后反弹进球门有效，未进则无效。

3. 评分方法

分值	10	9	7	6	5	4	3	0	0
球数	9	8	6	5	4	3	2	1	0

三、脚内侧踢球、停球

器材：标志杆 2 根，足球若干。

测试方法：教师站在用石灰或颜料画成的 2 m 见方的场地左侧前方 4~5 m，向框内传球，应试学生站在方框外，面向球门（两标志杆作的，宽 1.5 m，男生距方框 10 m，女生 8 m）待教师传球后，学生入方框内用脚内侧停球，然后再用脚内侧踢球向球门，共 5 次。每次 2 分，球进门得分。共 10 分。技评 10 分。

四、运球绕杆射门

器材：8 根标志杆，足球若干。

测试场地：从罚球区外正中前方 2 m 开始，每隔 2 m 插一标志杆，共 8 根，最后一根距起点线 4 m，起点线长 2 m。

测试方法：由起点开始依次绕完 8 根杆后起脚射门，球动开表，球进门停表，每人两次机会。取成绩最好的一次。

评分方法：

分值	20	18	16	14	12	10	8	6
男生成绩	9″5	10″5	11″5	12″5	13″5	14″	15″	16″
女生成绩	12″5	13″5	14″5	15″5	16″5	17″	18″	18″5

五、踢远

踢远在跑道上进行（8 道），要求既要踢得远又要踢得准，踢球方法不限，每人测 3 次取最远一次为考核成绩。

分值	20	18	16	14	12	10	8	6
男生成绩（米）	40	36	32	28	24	20	18	16
女生成绩（米）	24	22	20	18	16	14	12	11

六、教学比赛

通过比赛中反映出的战术水平评定。优秀：18 分以上；良好 16 ~ 18 分；较好 14 ~ 16 分；一般：12 ~ 14 分；较差：8 ~ 12 分；差：8 分以下。

第八章
排球

第一节　排球运动概述

一、排球运动的起源

排球运动于 19 世纪末始于美国。1895 年，美国马萨诸塞州霍利奥克市基督教男子青年会体育干事威廉·摩根认为当时流行的篮球运动过于激烈，于是创造了一种比较温和的、老少皆宜的室内游戏。最初这种游戏是将网球球网挂在高处，用篮球胆从网上排来排去，不使其落地，很受人欢迎。1896 年春田市哈尔戴 H. T. 特博士将此项游戏定名为 Volleyball"即"空中截击"之意，并一直沿用至今。1896 年在斯普林费尔德体育专科学校举行了世界上最早的排球比赛。1897 年，摩根制定了排球比赛规则，它有力地推动了排球运动的发展。排球运动约在 1900 年传到印度，1905 年传入中国，1906 年一名美国军官约克把排球带到了古巴，1908 年传到日本，1910 年传入菲律宾。亚洲最早的排球比赛是 1913 年在菲律宾马尼拉举行的。1947 年，排球运动世界性组织——国际排球联合会成立。1964 年排球被列为奥运会正式比赛项目。

沙滩排球在本世纪 20 年代初在加利福尼亚州圣莫尼卡海滩兴起。在 1930 年，圣莫尼卡举行了第一场双人配合的沙滩排球赛，这种阵形成为现在最普及的打法。1996 年沙滩排球首次成为奥运会的比赛项目。

二、排球运动的特点

1. 具有广泛的群众性

排球运动不需要太多经费，对场地、器材要求不高，主要规则容易掌握，运动量可大可小。它既适宜于青少年，又适宜于中老年人。

2. 具有激烈的对抗性

排球比赛是攻防不断转化的过程。比赛有发球和接发球，有扣球和拦网，有进攻和防守反击，球只要不落地，双方始终在激烈对抗中进行。水平越高的比赛，其对抗性越强。

3. 具有技术的全面性和高度技巧性

比赛规则规定场上队员必须不断轮转，这就要求每个队员必须全面掌握攻防各种基本技术，做到能攻能守，以适应项目的特点和要求。

4. 体现紧密的群体合作精神

排球比赛是一项靠集体配合取胜的球类竞赛项目。除发球外，三次击球环环相扣，互相关联，任一环节出现差错都会影响全队的成绩。

三、排球在我国的发展概况及世界排球大赛简介

排球运动于 1905 年传入我国，开始是 16 人制，1919 年改为 12 人制，1927 年采用 9 人制，1950 年在全国逐渐开展了 6 人制排球。1963 年，中国排球学习日本女排训练模式，狠抓了身体训练和基本技术，提倡走自己发展的道路，并创造了一些独特的技术和战术，如"盖帽"拦网、"平拉开"快球等。20 世纪 70 年代后期，又创造了一些新的进攻战术，如"前飞""背飞""快抹"等。进入 20 世纪 80 年代，我国这些独特的打法引起世界排坛的注意，从 1981 年，我国女排以独特的技、战术风格和顽强的拼搏精神，获得"五连冠"。男排技、战术水平也有了很大的提高。

当今世界排球大赛较多，主要有：

1. 世界锦标赛

第一届世界男排锦标赛于 1949 年在布拉格举行。第一届世界女排锦标赛 1952 年在莫斯科举行。此项赛事每 4 年举办一次，与奥运会排球赛穿插进行。中国女排分别在 1982 年第 9 届世界锦标赛和 1986 年第 10 届世界锦标赛中夺冠。

2. 奥运会排球赛

1964 年第 18 届东京奥运会上，排球运动第一次被列为奥运会比赛项目。中国女排于 1984 年第 23 届奥运会上获得冠军。

3. 世界杯赛

该赛事的前身是"三大洲"（亚、欧、美）排球赛。1964 年国际排联决定，将"三大洲"排球赛更名为"世界杯"排球赛，并决定于 1965 年 9 月在波兰举行首届世界杯男子排球赛。1973 年在乌拉圭举行了第一届女子世界杯排球赛。并规定每 4 年举办一次。中国女排分别在 1981 年第 3 届世界杯和 1985 年第 4 届世界杯排球赛上获得冠军。

第二节　排球的基本技术

一、排球技术的概念与分类

排球技术是指运动员在比赛中采用的各种合理击球动作和为完成击球动作必不可少的其他配合动作的总称。

排球技术分类如图 8 - 1 所示。

排球技术

无球技术
准备姿势 → 技术准备姿势 / 比赛准备姿势
起动与移动 → 起动 / 移步 / 制动

有球技术
传球　正面传球，背传，侧传，跳传
垫球　正面双手垫球，体侧双手垫球，背向双手垫球，跨步垫球，单手垫球，侧倒垫球，滚翻垫球，前扑垫球，鱼跃垫球，单臂滑行鱼跃垫球，挡球，其他部位垫球
发球　正面上手发球，正面上手发飘球，侧面下手发飘球，跳发球，钩手发飘球，钩手大力发球，正面下手发球，发侧旋球
扣球　正面扣球，单脚起跳扣球，小轮臂扣球，钩手扣球
拦网　单人拦网，双人拦网，三人拦网

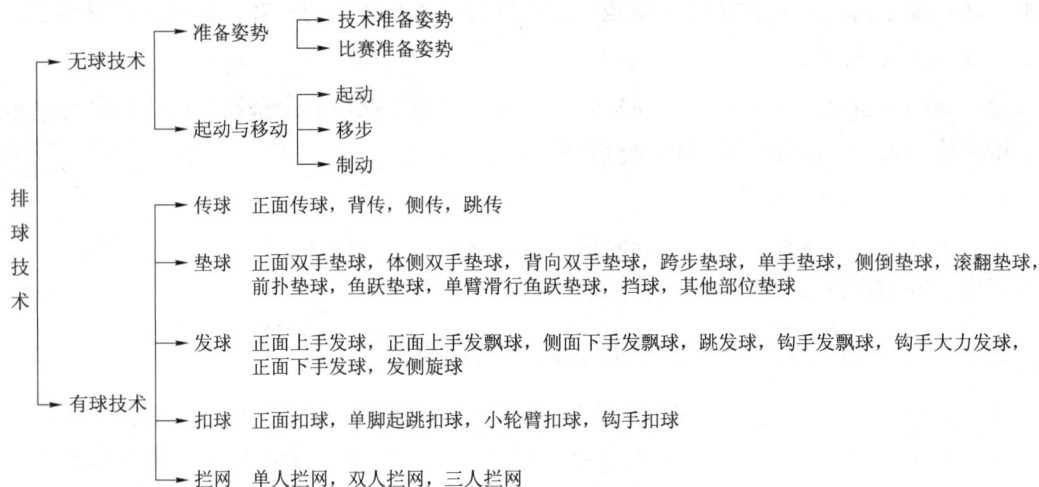

图 8 - 1　排球技术分类

二、准备姿势和移动技术与教学

准备姿势和移动是排球运动中各项技术的基础。准备姿势的好坏，直接影响到脚步移动，而脚步移动又直接影响其他技术动作的质量。

1. 准备姿势

两脚开立，略比肩宽，两脚稍内转，脚跟提起，两膝稍弯曲和内扣，上体前倾，重心靠前，两臂自然弯曲，置于腹前，眼视来球。

技术要领：重心低于稍蹲，膝部超过脚尖，思想高度集中，肌肉适当放松。

2. 移动

移动是指运动员从起动到制动之间的位置移动和动作。它是由起动、移步、制动三个环节所组成。移动的目的在于使身体尽快接近来球，将球最为合理击出。根据来球的速度和距离，可以采取不同的脚步移动方法。

① 跨步法。当来球较低，距离身体一到两步之间，可采取此法。移动时一脚蹬地，一脚向来球方向跨出一大步。上体前倾，使重心移至跨步腿上，另一腿适当伸直或随重心移动而跟着上步成击球的准备姿势。

② 并步法。一脚先迈出一步，同时另一脚用力蹬地。当前脚落地时，另一脚迅速跟上成击球前的准备姿势。连续并步即为"滑步"。

③ 交叉步。若向右移动，上体稍向右转，左脚从右脚前向右交叉迈出一步，然后右脚再向右跨出一步，同时身体转向来球方向，迅速成击球前的准备姿势。

④ 跑步法。球的落点距离身体较远时，采用跑步法。跑步时，应迅速起动，跑动的最后阶段要逐渐降低重心，做好击球前的准备姿势。

3. 制动

制动是移动的结束，也是击球动作的开始。

① 一步制动法。一步制动时，在移动最后跨出一大步，同时降低重心，膝部和脚尖适当内转，全脚掌横向蹬地，以抵住身体重心继续移动的惯性力。并以腰腹力量控制上体，使

身体重心的垂直线停落在脚的支撑面以内。

③ 两步制动法。即以最后第二步开始做第一次制动，紧接着跨出最后一步做第二次制动，同时身体后倾，两膝弯曲，降低重心，双脚用力蹬地，使身体处于有利于做下一个动作的状态。

技术要领：制动步应跨大，膝部脚尖要内转。两膝弯曲，重心降低，上体后倾。

三、传球技术与教学

传球是用全身协调力量通过手指手腕的弹力，将球传至一定目标的击球动作。它在组织进攻、串联进攻中起纽带作用。传球有正面传球、背传、侧传、跳传等。现只介绍一般双手正面上传球。

1. 技术方法

① 准备姿势：稍蹲姿势，但上体稍挺起，抬头看球，两手自然抬起，屈肘仰腕，放松置于额前上方。

② 迎球动作：当来球接近额前时，开始蹬地、伸膝、伸臂，手指微长从额前向前上方迎球，全身各部位动作应协调一致。

③ 击球点：在前额上方击球。

④ 手型：手触球时，十指应自然张开成半球状，手腕后仰，以拇指内侧，食指全部和中指的二、三指节处球的后下部，无名指和小指在球的两侧控制传球的方向，两拇指相对近似"八"字形，两手间要有一定距离。

⑤ 用力方法：传球动作是由蹬地、伸膝、伸髋使身体重心升高开始的；紧接着再屈肘、抬臀、伸肘、送肩，在身体重心上升的同时两手迎向来球；在手和球即将接触前，手腕和手指有前屈迎球的动作；手和球接触时，各大关节继续伸展，手指手腕最后用力将球传出。在上述用力顺序中，下肢蹬地和伸臂动作应贯穿整个传球动作的始终，最后通过手指手腕动作将全身协调力量作用于球体。

⑥ 传球后动作：身体重心随即下降，两手自然下收，准备做其他动作。

⑦ 技术要领：蹬地伸臂对正球，额前上方迎击球。触球手型呈半球，指腕缓冲反弹球。

2. 正面传球的教学提示

① 在传球的教学过程中，不同阶段其侧重点有所变化。教学开始时，应着重于正确手型和两臂向前上方伸肘动作。因为传球手形正确才能很好的运用手指手腕的弹力，加上两臂的伸肘传送动作是全身的协调用力的重要组成部分。而后适时指出传球点的位置及全身的协调配合用力的方法。再后是手指，手腕击求动作的技巧，并逐步要求学生能感知手指触球的感觉，进而提高控制球的能力，在教学中侧重点虽然有所不同，但不能分割，应该在全面要求的前提下有所侧重。

② 在传球教学中，要注意徒手练习和辅助练习的作用。特别在传球手形和移动传球的练习中，应多穿插徒手或辅助性的练习，使学生产生正确的动作概念，形成规范化的技术定型。

③ 开始教学时，可采用正误对比法，将带有普遍性易犯的错误动作，简明分析其因果关系，以便学生在练习中自觉的检查，起到防止出现错误的作用。

④ 在教学中要多采用结合球和触球次数多的练习。学生触球机会多，兴趣就大，手指

手腕对球的控制能力提高快。因此，开始时，可多传近距离、力量小、速度慢的球，而后再逐步加大距离和传球的难度，这样有利于学生形成正确的手形和击球动作。

四、垫球技术与教学

垫球是用手臂从球的下部利用来球的反弹力向上击球的技术动作。是接发球和接扣球的主要方法，适用于接较低的球。垫球方法有正面双手垫球、背向垫球、体侧垫球和挡球等。本节主要介绍正面双手垫球技术。

① 准备姿势：面对来球，成半蹲或稍蹲姿势站立。

② 垫球手型：两手掌根相靠，手指重叠，手掌互握，两拇指平行前伸，手腕下压。

③ 垫球动作：当球飞到腹前约一臂距离时，两臂夹紧前伸，插入球下，向前上方蹬地抬肩，以全身协调动作迎向来球，身体重心随击球动作稍向前移。

④ 击球点：腹前 30 cm。

⑤ 击球部位：利用前臂手腕关节上 10 cm 左右的两小臂桡骨内侧所构成的平面击球的后下部。

⑥ 击球后动作：在击球瞬间，两臂要保持稳定，身体重心继续向抬臂方向送球，使整个动作协调自然，动作结束后，立即做好下一个动作的准备。

⑦ 技术要领：插：移动取位，两臂前伸插到球下。夹：两臂夹紧，掌根相靠，手腕下压。提：用蹬地抬臂、提肩顶肘的动作去迎击球。

五、扣球技术

扣球是队员跳起在空中，用一只手臂作鞭甩式挥动，将本方场区上空高于球网上沿的球有力地击入对方场区的一种击球方法。它是排球技术中攻击性最强的一项技术。扣球技术可分为正面扣球、单脚起跳扣球、小轮臂扣球和勾手扣球。基本技术是正面扣球。初学者应从正面扣球学起，技术方法介绍如下。

① 起动姿势：起动时由稍蹲准备姿势开始，两臂下垂，站在离网 3 m 左右，身体稍转向来球方向，以便于观察球向各个方向助跑起跳。

② 助跑：两步助跑开始时，左脚先向前迈出一步，紧接着右脚再快速跨出一大步，左脚及时跟上，踏在右脚之前，两脚尖稍向右转准备起跳。

③ 起跳：在助跑跨出最后一步的同时，两臂绕体侧后引，左脚跟上踏地制动过程中，两臂由后积极向前摆动，随着双腿蹬地向上起跳，两臂配合起跳有力地向上摆动。起跳中，手臂向前上方即使快速摆动，对起跳的高度有帮助。两臂摆动应根据扣球技术的需要及个人的习惯，采用小划弧摆臂、大划弧摆臂或前后摆臂。在助跑制动后向上摆臂的同时，两腿从弯曲制动的最低点，猛力蹬地向上起跳，双脚弯曲度可依个人腿部、腰部力量和扣球技术的需要而有所差异。但整个动作要协调、连贯，具有爆发力。

④ 空中击球：空中击球是扣球的关键，其动作合理与否直接影响着扣球的质量。起跳后，挺胸展腹，上体随右臂向后上方抬起而稍向右转，身体成反弓形。这样可以加大上体和手臂的振幅，增加挥臂的距离及加快手臂挥动的速率。

挥臂时，以迅速转体、收腹的动作发力，依次带动肩、肘、腕各关节向前上方呈鞭甩式挥动。击球时，五指微张，以掌心为中心，全手掌包满球体，并保持紧张，在右肩前上方处球后中部，同时主动用力屈腕屈指向前推压，使扣出的球呈上旋。

⑤ 落地：因为击球时，空中有向左转体收腹的动作，右肩抬得较高，所以下落时往往是左脚先着地。为了避免左腿负担过重，应力争双脚同时落地，以前脚掌先着地再过渡到全脚掌着地，并顺势屈膝，缓冲下落的力量，做好下一动作的准备。

⑥ 技术要领：

助跑：步幅由小到大，先迈方向步；步速由慢到快，后跨起跳步。

起跳：看球落点决定起跳，后脚并上双脚猛力蹬地；看球高度决定起跳时间，向上摆臂用力协调。

挥臂击球：屈臂敞肩拉得开，腰腹发力要领先；向上挥臂如甩鞭，全掌包球打得满。

六、发球技术

发球是队员在端线后自行抛球，并用一只手将球直接击入对区的技术动作。它是比赛的开始，也是进攻的开始，是排球比赛中的一项重要的进攻性技术。发球技术有很多种，现只介绍正面上手发球。

① 准备姿势：面对球网，两脚自然开立左脚在前，左手托球于体前。

② 抛球与引臂：左手将球平稳的抛于右前上方，同时右臂抬起，屈肘后引，肘部与肩平，上体稍向右侧，抬头、挺胸、展腹、手掌自然张开。

③ 挥臂击球：击球时，利用蹬地，使上体向左转动，同时收腹，带动手臂向前上方快速挥动。在右肩前上方伸直臂的最大点，用全手掌击球的后中部。手触球时，手指和手掌击球的后中部。手触球时，手指和手掌要张开并与球相吻合，手腕要迅速做推压动作，使击出的球呈上旋飞行。击球后，随着身体中心前移，迅速入场。

④ 技术要领：平托抛球不拖腕，垂直上抛 1 m 高；转体收腹带挥臂，弧形鞭打加速快；全掌击球中下部，手腕推压球上旋。

七、拦网技术

拦网是靠近球网的队员，将手伸向高于球网处阻拦对方的来球，并触及球。它是排球技术中一项重要的防守技术。随着排球运动的发展，拦网已由被动的防御性技术转化为具有强烈攻击性的技术。现代拦网技术不仅是能与扣球相抗争的第一道防线，而且已成为得分的重要手段。拦网分为单人拦网和集体拦网。现介绍单人拦网技术。

① 准备姿势：队员面对球网，两脚左右开力，约与肩同宽，距网 30～40 cm。两膝微屈，两臂屈肘置于胸前，随时准备起跳或移动。

② 移动：为了对正对方的扣球点起跳，需要及时移动，常用的移动步法有一步、并步、交叉步和跑步等。移动结束后要做好制动动作，以避免触及冲撞同队队员。

③ 起跳：原地起跳时，两腿先屈膝下蹲，随即用力蹬地。两臂以肩发力，大臂为半径，在体侧近身处，作划弧或前后摆动，迅速向上跳起。

④ 空中动作：起跳时，两手从额前沿球网向上方伸起，两臂伸直并保持平行，两肩上提，两臂应伸过网去，既不能触网，又要尽量去接近球。两手自然张开，屈指屈腕呈半球状。当手触球时，两手突然紧张，手腕下压盖住球的前上方。

⑤ 落地：拦网后，要做含胸动作，以保持身体平衡。手臂不能放松和随球下拖。要先

使手臂后摆或两臂上提，然后再屈肘向下收臂，以免触网。与此同时，屈膝缓冲，双脚落地。

⑥ 技术要领：取位对准球，起跳要及时，看清动作拦路线；手臂伸过网，两手接近网，触球手掌压手腕。

第三节　排球的基本战术

一、阵容配备及形式

1. 阵容配备

阵容配备是合理地使用本队队员的一种组织形式。其目的在于把全队的力量有效地组织起来，扬长避短，最大限度地发挥每一个队员的作用和特长。

2. 阵容配备的形式

(1)"三三"配备

由三名进攻队员和三名二传队员组成，站位时，一名进攻队员间隔一名二传队员。目前采用这种配备形式的比较少，一般适于初学者和水平较低的队。

(2)"四二"配备

由四名进攻队员（两名主攻队员与两名副攻队员）和两名二传队员组成，他们分别站在对角的位置上（如图 8-2 所示）。这样每个轮次前后排都能保持有一名二传队员，两个进攻队员，便于组织和发挥本队的攻击力量。目前在水平一般的球队中，采用这种配备形式的较多。

(3)"五一"配备

由五名进攻队员和一名二传队员组成。队员位置的站位与"四二"配备基本相同，只是一名二传队员作为接应二传主要承担进攻任务（如图 8-3 所示）。这样可以加强拦网和进攻力量。接应二传可弥补主要二传队员有时来不及传球所出现的被动局面。目前在水平较高的队中普遍采用这种配备形式。

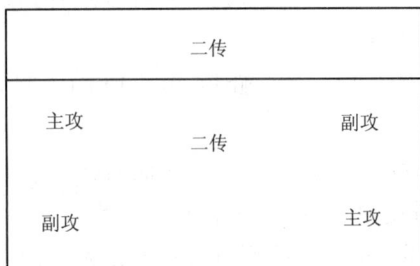

二传	
主攻	副攻
二传	
副攻	主攻

图 8-2 "四二"配备

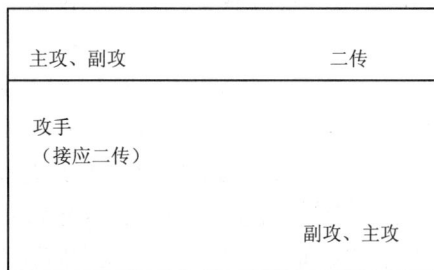

主攻、副攻	二传
攻手 （接应二传）	
	副攻、主攻

图 8-3 "五一"配备

二、进攻形式和进攻打法

进攻形式即进攻时所采取的组织形式。

1. "中一二"进攻形式

由前排中间的 3 号位队员担任二传，其他 5 名队员将来球垫给二传队员，再由二传队员将球传给 4 号位或 2 号位队员扣球的进攻形式，称为"中一二"进攻形式（如图 8 - 4 所示）。

这种形式是排球进攻最基本、最简单的形式。其特点是一传的目标明确，二传队员易于接应，加之战术配合简单，便于组织进攻。缺点是战术方法较少，进攻点不多，突然性不大，战术意图易被对方识破。这种形式适合于技术水平较低的队采用。但有时技术水平较高的队在来不及组织复杂战术进攻的情况下，也采用这种进攻形式。

2. "边一二"进攻形式

由前排边的 2 号位队员担任二传，将球传给 3 号位或 4 号位队员扣球的进攻形式，称为"边一二"进攻形式（如图 8 - 5 所示）。

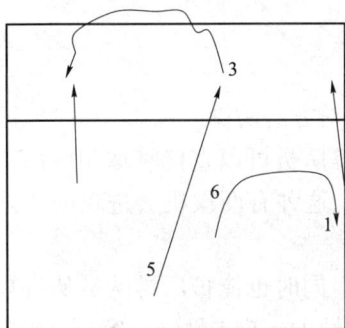

图 8 - 4　"中一二"进攻形式　　　　　图 8 - 5　"边一二"进攻形式

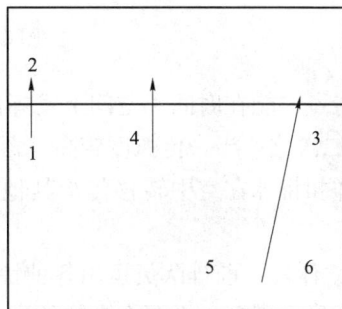

这种形式也比较简单，容易掌握。但由于对一传、二传的要求都较高，组织"边一二"进攻形式要比组织"中一二"进攻形式的难度大，其战术配合也比较复杂。"边一二"进攻形式，由于两边进攻队员的位置相邻，便于进行互相掩护的进攻配合，可以组织较多的快变战术。因此，"边一二"突然性和进攻性要比"中一二"进攻形式大。

3. "插上"进攻形式

由后排的队员插到前排担任二传，将球传给前排 3 名队员扣球的进攻形式。

"插上"进攻形式的特点是前排能保持三名队员参加进攻，可以充分利用球网的全长，有利于发挥进攻队员的多种掩护战术配合，突破对方的防线，因此，更具有突然性和攻击性。

"插上"进攻形式接发球战位有以下几种形式，如图 8 - 6 所示。

进攻打法是指排球比赛中，一传队员、二传队员和扣球队员之间所进行的各种进攻战术配合的方法，其目的是为了避开对方的拦网、突破对方的防线、争取主动、扩大战果。进攻打法可以分为强攻、快攻、二次攻、立体攻四大类。

① 强攻：是凭借队员个人的身高和弹跳力，利用扣球的力量和个人扣球战术，强行突破对方的防御。

② 快攻：是指各种平快扣球及以平快扣球掩护同伴进攻或自我掩护进攻所组成的各种快速多变进攻战术的总称。快攻是我国排球的传统特长打法。由于快攻具有速度快和掩护作

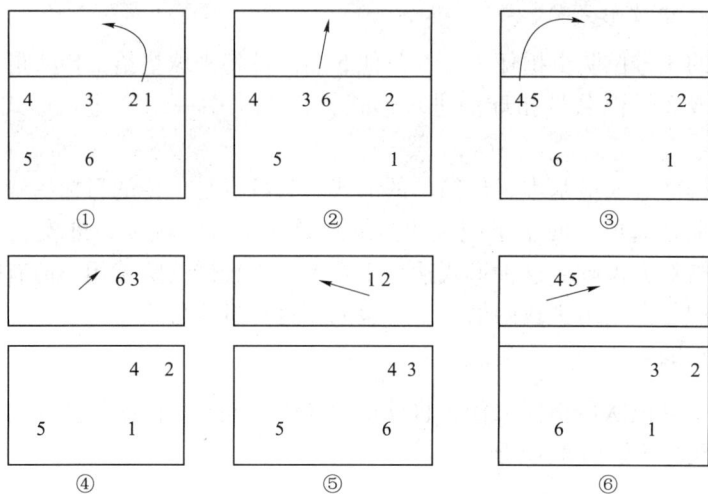

图 8-6 "插上"进攻形式

用强的特点，能在时间和空间上发挥优势，有效地突破对方的防御。

③ 二次攻：当一传弧度较高，落地又在网前，前排队员可以直接将球扣或吊入对方场区，或佯扣将球在空中转移传给其他前排队员的进攻，这种有两次机会进攻的方式称为二次攻。

④ 立体攻：前排队员运用各种快变战术组织进攻，同时也掩护后排队员从进攻线后跳起进攻，形成横向、纵深全方位的进攻。这种打法突然性大，攻击性强，容易突破对方的防线，是今后进攻战术的发展方向。

第四节　排球竞赛规则

一、比赛场地

比赛场地包括比赛场区和无障碍区，其形状为对称的长方形。

比赛场区为 18 m×9 m 的长方形。其四周至少有 3 m 宽的无障碍区。比赛场区上空的无障碍空间从地面量起至少高 7 m，其间不得有任何障碍物。国际排联世界性比赛场地边线外的无障碍区至少宽 5 m，端线外至少宽 8 m，比赛场地上空的无障碍空间至少高 12.5 m。

球网高度：球网架设在中线上空，高度为男子 2.43 m，女子 2.24 m，标志杆高出球网 80 cm。

二、球

球是圆形的，由柔软皮革或合成革制成外壳，内装橡皮或类似质料制成的球胆。颜色：应是一色的浅色或彩色。国际排联世界性比赛中使用合成革球或彩色球需经国际排联同意并符合其标准。圆周：65～67 cm。重量：260～280 g。气压：0.30～0.325 kg/cm² （294.3～318.82 mPa）。

国际排联世界性比赛应采用三球制。

三、比赛队及队员装备

一个队最多有十二名队员，一名教练员，一名助理教练员和一名医生。

全队队员包括上衣、短裤和袜子必须统一、整洁和颜色一致（后排自由防守队员除外）。

运动鞋必须是没有后跟的柔软轻便的胶底或皮底鞋。

队员上衣必须有号码，序号为 1 ~ 18 号。号码必须在身前和身后的中间位置，并与上衣的颜色明显不同。

禁止佩戴可能造成伤害及有利于人为加力的物品。

四、比赛方法

1. 胜一球的结果

一球是指从发球击球起至该球成死球止。

如果发球队获胜，则得一分，继续发球；如果接发球队获胜，则获得发球权，同时得一分。

2. 胜一局

每局先得 25 分并同时超出对方 2 分的队胜一局。当比分为 24:24 时，比赛继续进行至某队领先 2 分（26:24、27:25）。

3. 胜一场

胜三局队胜一场。

如果 2:2 平局时，决胜局（第五局）打至 15 分并领先对方 2 分获胜。

4. 队员场上位置

2、3、4 号位为前排，5、6、1 号位为后排。

5. 发球轮转

接发球队获得发球权后，该队发球队员必须按顺时针方向转一个位置，即 2 号位队员转到 1 号位发球，1 号位队员转到 6 号位，依次循环。

五、比赛行为

1. 比赛开始

裁判员鸣哨后允许发球，发球队员击球时比赛开始。

2. 比赛的中断

裁判员鸣哨中止比赛。但如果裁判员是由于比赛中出现犯规而鸣哨的，则比赛的中断实际上是由犯规的一刻开始的。

3. 界内球

球触及比赛场区的地面包括界线为界内球。

4. 界外球

① 球接触地面的部分完全在界线以外。

② 球触及场外物体、天花板或非场上比赛的成员等。

③ 球触及标志杆、网绳、网柱或球网标志带以外部分。

④ 球的整体或部分从过网区以外过网。

⑤ 球的整体从网下穿过。

5. 球队的击球

每队最多击球三次（拦网除外）将球从球网上击回对方，超过规定次数的击球，判为"四次击球犯规"。无论是主动击球或被动触及，均作为该队击球一次。

6. 连续击球

一名队员不得连续击球两次（除拦网外等）。

7. 同时触球

两名或三名队员可以同时触球。

① 同队的两名（三名）队员同时触到球时，被记为两次（三次）击球（拦网除外）。如果只有其中一名队员触球，则只记为一次击球。队员之间发生碰撞不算犯规。

② 两名不同队的队员在网上同时触球，比赛继续进行，获得球的一方可击球三次。如果球落在某方场区外，则判为对方击球出界。

③ 如果双方队员同时触球造成"持球"，则判为"双方犯规"，该球重新进行。

8. 击球的犯规

① "四次击球"：一个队连续触球四次。

② "借助击球"：队员在比赛场地以内借助同伴或任何物体的支持进行击球。

③ "持球"：没有将球击出，造成接住或抛出。

④ "连击"：一名队员连续击球两次或球连续触及其身体的不同部位。

9. 发球犯规

发球队发球次序错误没有遵守以下规定发球的为发球犯规。

① 球被抛起或持球手撒离后，必须在球落地前，用一只手或手臂的任何部分将球出击。

② 球只能被抛起或撒离一次，但拍球或在手中移动球是被允许的。

③ 发球队员在击球时或击球起跳时，不得踏及场区（包括端线）和发球区以外地面。击球后可以踏及或落在场区内或发球区以外。

④ 发球队员必须在第一裁判员鸣哨后 8 s 内将球击出。

⑤ 裁判员鸣哨前的发球无效，重新发球。

10. 拦网的犯规

① 在对方进攻性击球前或击球的同时，在对方场区空间拦网触球。

② 后排队员或后排自由防守队员完成拦网或参加了完成拦网的集体。

③ 拦对方发球。

④ 拦网出界。

⑤ 从标志杆以外伸入对方空间拦网。

⑥ 后排自由防守队员试图进行个人拦网，或参加集体拦网。

六、裁判员及其职责

1. 第一裁判员

比赛前：检查场地、器材和比赛用球。主持抽签。掌握两队的准备活动。

比赛中：有权向球队提出警告。对不良行为和延误比赛进行判罚。

判定：① 发球犯规和发球队位置错误，包括发球掩护。

② 比赛击球的犯规。

③ 高于球网和球网上部的犯规。

④ 后排队员和后派自由防守队员进攻性击球犯规。

⑤ 后排自由防守队员在前场区进行上手传球后，同伴的进攻性击球犯规。

⑥ 球从网下穿越。

比赛后：在记分表上签字。

2. 第二裁判员

比赛前：在每局开始、决胜局交换场地，以及任何必要的时候，检查场上队员的实际位置是否与位置表相符。

比赛中：第二裁判员对以下犯规作出判断，同时鸣哨并做出手势。

① 网下穿越进入对方场区和空间。

② 接发球队位置错误。

③ 触及球网下部和第二裁判员一侧的标志杆的犯规。

④ 后排队员完成拦网或后排自由防守队员试图拦网犯规。

⑤ 第一裁判员处于难以观察的情况时的球触及场外物体或触及地面。

比赛后，在记分表上签字。

3. 记录员

比赛前：

① 按照规定程序登记有关比赛和两队的情况，并取得双方队长和教练员的签字。

② 根据位置表登记各队上场阵容；如果没有接到位置表，应立即通知第二裁判员。

③ 登记后排自由防守队员姓名号码。

比赛中：

① 记录得分，核对记分牌上的比分是否正确。

② 掌握各队的发球次序。发现发球次序错误，应在发球击球后立即通知裁判员。

③ 掌握并记录暂停和换人次数，并通知第二裁判员。

④ 对不符合规定的间断请求，要通知裁判员。

⑤ 每局结束、技术暂停的开始和结束及决胜局8分时，向裁判员宣布。

⑥ 记录各种判罚。

⑦ 登记其他事件。

比赛后：

① 登记最终结果。

② 如果有提出抗议的情况，记录或允许队长将有关抗议的问题写在记录表上。

③ 自己在记录表上签字后，取得双方队长的签字，然后是裁判员的签字。

4. 司线员

比赛中：司线员用旗（40 cm×40 cm）按照规定的旗示执行其职责。

① 当球落在他所负责的线附近时，示以"界内"或"界外"。

② 对触及身体后出界的球，示以"触手出界"。

③ 示意球触及标志杆，发球后球从过网区外过网。

④ 发球时，如有队员脚踏出场外（发球队员除外），示其犯规。

⑤ 发球队员脚的犯规。

⑥ 在比赛中队员触及了一侧的标志杆并干扰了比赛。

⑦ 球从过网区外通过球网垂直面进入对方场区。在第一裁判员询问时，司线员必须重复其旗示。

第五节　排球考试方法及评分标准

一、考试形式

1. 技评、达标

2. 技术、技评 70%；达标 30%。

二、考试方法

1. 发球

发 10 个上手飘球，落点为对方场区范围分左右两区，必须按顺序每区先后各落 5 个。

技评：飘球程度，球的攻击力等。

2. 传调整球

自抛自传 10 个球，9 m 间隔距离，落点为高 1 m×2.5 m×2.5 m 框架。

技评：传球时的全身用力、手型、球的飞行弧度等。

分值	10	9	8	7	6	5	4	3	2	1
成绩（″）男生	10	11	12	12.5	13	13.5	14	14.5		
女生	11	11.5	12	13.5	14	14.5	15	16		

3. 垫球

间隔 6 m（女生 5 m）抛垫 10 个球，落点为高 1 m×2.5 m×2.5 m 框架。

技评：为垫球时的用力、缓冲和击球动作，垫、击球的部位，球的飞行弧度等。

4. 扣球

扣四号位强攻球 10 个，要求：男子网高不低于 2.1 m，女子网高不低于 1.8 m。

技评：助跑起跳步伐、时机，挥臂发力，击球点、击球时机等。

有效球为落入对方场区内。

分值	10	9	8	7	6	5	4	3	2	1
成绩（米）男生	2.55	2.5	2.4	2.3	2.2	2.1	2.0	1.9	1.8	1.7
女生	2.0	1.9	1.8	1.7	1.6	1.5	1.4	1.3	1.2	1.1

评分时采用十分制，然后换算成百分制。

第九章

羽毛球

第一节 羽毛球运动概述

现代羽毛球运动诞生于英国，大约在 1800 年左右，由网球派生而来。

我们可以注意到现今的羽毛球场地和网球场地仍非常相似。1870 年，出现了用羽毛、软木做的球和穿弦的球拍。1873 年，英国公爵鲍弗特在格拉斯哥郡伯明顿镇的庄园里进行了一次羽毛球游戏表演。从此，羽毛球运动便逐渐开展起来，"伯明顿"即成了羽毛球的名字，英文的写法是"Badminton"。那时的活动场地是葫芦形，两头宽中间窄，窄处挂网，至 1901 年才改作长方形，现在的羽毛球场地是一个长 13.40 m，双打宽 6.10 m，单打宽 5.18 m，场地中央被球网（两边柱子高 1.55 m，中间网高 1.524 m）平均分开的长方形场地。

1875 年，世界上第一部羽毛球比赛规则出现于印度的普那。三年后，英国又指定了更趋完善和统一的规则，当时规则的不少内容至今仍无太大的改变。1893 年，世界上最早的羽毛球协会——英国羽毛球协会成立，并于 1899 年举办了全英羽毛球锦标赛。1934 年，由加拿大、丹麦、英国、法国、爱尔兰、荷兰、新西兰、苏格兰和威尔士等国发起了国际羽毛球联合会，总部设在伦敦。从此，羽毛球国际比赛日渐增多。1978 年 2 月，世界羽毛球联合会于香港成立。1981 年 5 月，国际羽毛球联合会和世界羽毛球联合会正式合并。

目前，国际羽联已拥有一百多个会员国。国际羽联管辖的世界性比赛有：汤姆斯杯赛（世界男子团体锦标赛），从 1948 年开始，每 3 年举办一次（1984 年起改为每两年举办一次）；尤伯杯赛（世界女子团体锦标赛），从 1956 年开始，每 3 年举办一次（1984 年起改为每两年举办一次）；世界锦标赛（单项比赛），从 1977 年开始；全英锦标赛（非正式传统单项比赛），从 1899 年开始，每年举办一次。

羽毛球运动场地、器材简便易行，动作方法较易掌握，运动量可大可小，不同性别、年龄和身体情况的人都可以从事这项活动，因此，深受广大群众的喜爱，开展得十分普遍。经常参加羽毛球活动，可以增强体质，发展人的灵敏和协调能力，提高动作速度和上、下肢活动能力，促进内脏器官的功能，使身体得到全面发展。

羽毛球的比赛紧张激烈，运动强度大且历时较长。因此，从事羽毛球运动，不仅对人体速度、灵敏、力量、耐力等素质有很高要求，而且，还有助于培养人勇敢顽强、机智灵活、沉着果断等优良品质的形成。

第二节　羽毛球的基本技术

羽毛球运动的基本技术系统如图9－1所示。

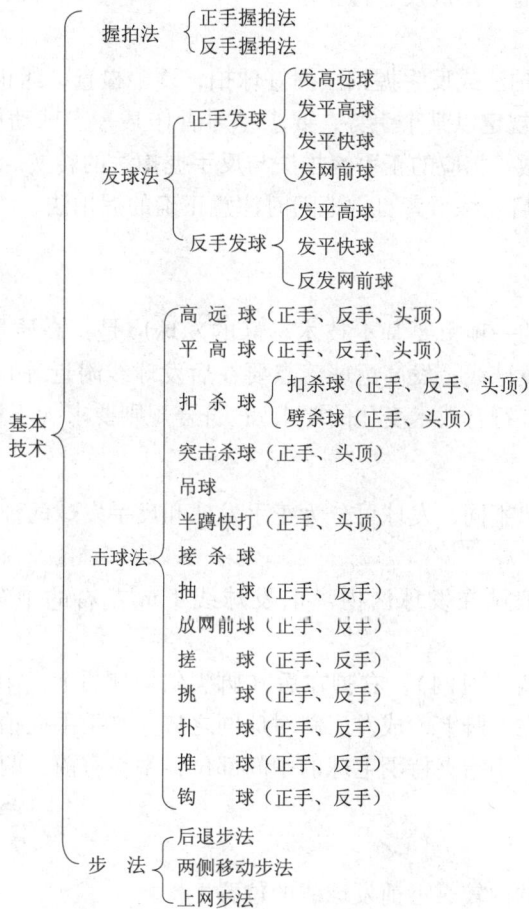

图9－1　羽毛球运动的基本技术系统

一、握拍法

握拍法可分正手握拍法和反手握拍法两种。

1. 正手握拍法

动作方法：握拍时，拍面与地面垂直，右手虎口对准拍柄侧面内沿，以握手式握住拍柄，小指、无名指中指并握。食指稍分开，大拇指与中指相近，拍柄端与小鱼际肌齐。

2. 反手握拍法

动作方法：在正手握拍法的基本上，拍柄稍向外转，食指收回，拇指第一指关节内侧顶贴在拍柄的内侧的宽面上，其余四指并拢握住拍柄，手心留有空隙。

3. 握拍法常见的错误

① 五指并拢死劲一把抓"拳握法"，这种握法使手臂的肌肉僵硬，影响手腕的灵活性。

② 虎口对准拍面的"苍蝇拍握法"，这种握法使屈腕发生困难，妨碍对拍面角度的自由控制。

③ 反手击球时，没有转换成反手握拍法。

纠正的方法：

① 练习者按正手握拍法或反手握拍法握好球拍，逐个检查，纠正错误。

② 按手势的指令（规定以某个手势，要求练习者作某一击球动作）作正手击球或反手击球的挥拍动作，要求做好相应的正手握拍法与反手握拍法的转换。

③ 在击球练习中，启发练习者自觉地随时注意正确的握拍法，纠正错误的握拍。

二、发球

发球是羽毛球运动的一项重要基本技术。好的发球应是：高质量到位（如发网前球要贴网而过，落点靠近前发球线；发高远球落点要在后发球线附近等）；变幻莫测（做到各种发球前期动作的一致性，符合战术变化的要求）；符合规则要求（不违例）。

1. 发球的基本姿势

按发球时的基本姿势不同，发球可分为正手发球和反手发球两种。

（1）正手发球

站位：单打时，一般站在发球区内离前发球线 1 m 左右的中线附近。双打时可站前一些。

姿势：左脚在前（脚尖对网），右脚在后（脚尖斜向侧方），两脚距离与肩同宽，上身自然伸直，身体重心放在右脚上，成左肩斜对球网之势。右手手握拍向右后侧举起，肘部稍屈。左手用拇指、食指、中指夹持羽毛球的中间部位，举在身前，两眼注视对方准备接球的动向。

（2）反手发球

站位：站在发球区的内较靠近前发球线的位置上。

姿势：右脚在前，左脚在后，上身自然伸直，重心放在右脚上，面对球网。左手以拇指食指和中指捏住羽毛置于腹前腰下。右手反手握拍，肘部略抬起使拍框下垂于左腰侧。两眼注视对方准备接球的动向，主要靠挥动前臂和伸腕闪动发力，动作小，力量也较小，但速度较快，动作一致性好。

2. 发各种飞行弧线的球

发球按发出的球在空中飞行的弧线不同，可分为发高远球、发平高球、发平快球和发网前球。

（1）发高远球

把球发得既高又远，使球近乎垂直落在对方后发生线附近的发球区内，称为发高远球。

它可以迫使对方退到端线接发球而减小进攻力，是单打的主要发球手段。

方法：左手松开使球下落，右手沿向下而上的弧线朝前上方加速挥摆，折面后仰，手腕外展，触球时，前臂带动手腕向前上方"闪"动，使击球时产生爆发力。击球点在右侧前下方。击球后，随势向前上方挥摆，重心移至左脚。

（2）发平高球

发出球的弧线以比高远球低，但对方又不能拦截的高度飞向后发球线附近的发球区内下落，称为发平高球。

① 正手发平高球的方法：其方法与正手发高远球的方法基本一致。由于平高球飞行弧线比高远球低，所以，挥拍击球时多运用前臂带动手腕发力。球与球拍接触时，球拍后仰的程度比发高远球时小（球拍与地面形成的仰角一般在120°～130°之间），拍面略微向前推送击球。

② 反手发平高球的方法：发球时，主要以前臂带动手腕从左下方向右上方快速挥拍，拍将要击到球之前，左手自然撒手放球，在拍面与地面形成的仰角在120°～130°时，用反拍面正击球托。

（3）发平快球

发出的球又平又快，径直飞向对方后发球线附近的发球区的，称为发平快球。由于它弧线平直，飞行急速，向对方接球能力最薄弱的部位或空档发去，往往能使其措手不及，收到出其不意的战术效果，是发球抢攻的主要发球技术。

① 正手发平快球的方法：其挥拍的前一段动作与发高远球相似。区别在于：在击球前的瞬间，应在前臂的快速带动下，靠手腕和手指突然向前发力将球击出。击球时，拍面稍微后仰（球拍面与地面形成的仰角一般在110°左右），在不"过腰""过手"的限度内尽量提高击球点。

② 反手发平快球的方法：其方法与反手发平高球的方法基本一致。区别在于：击球时，拍面与地面形成的仰角一般应在110°左右，击球力的方向应更平直一些。

（4）发网前球

发出的球贴网而过，落在对方前发球线附近的发球区内，称为发网前球。发网前球技术要求较高，如果球飞行弧线太低，会不过网，若球飞行弧线过高，易遭扑击。它是双打发球的主要手段。

① 正手发网前球的方法：击球时，挥拍幅度较小，力量较轻，拍面稍后仰，触球时利用手腕和手指的力量从右向左横切推送，使球贴网而过正好落在前发球线附近的发球区内。

② 反手发网前球的方法：发球时，前臂带动手腕使球拍从左下方向右前上方作画半弧形挥动。在球拍将要击到球之前，左手自然撒手放球，用球拍对球作横切推送动作，使球贴网而过，正好落在前发球线附近的发球区内。

三、击球法

羽毛球运动的各种挥拍击球技术，统称为击球法（也称手法）。根据这些技术动作的特点，大致可分为高手击球、低手击球和网前击球三大类。

（一）高手击球

一般将点高于头部的击球，称为高手击球。高手击球按其技术特点和球飞行弧线的不同，可分为：高远球、平高球、扣杀球和吊球等。它一般在后场用来主动进攻或调动、控制对方，所以，也称后场主动进攻技术。

1. 高远球

击出高弧线飞行的，几乎垂直落到对方端线附近场区内的球，称为高远球。一般在自己处于被动情况下，为了争取时间，调整上场位置，争取变被动为主动时就打出高远球，以使对方远离中心位置而退到端线附近去回击球。

（1）正手高远球

动作方法：身体侧面对球网，左脚在前，重心在后脚前脚掌上，屈肘将拍举到肩上，拍面对网，当球下落时，引拍至头后，在右腿蹬地和腰腹协调用力下，大臂带动前臂向上。肘关节上升，前臂向前"甩"出，触球时手臂伸直，"闪"动手腕，将球击出。击球后，随势向前下挥拍，重心移左脚。

（2）头顶高远球

① 原地头顶高远球的方法：准备击球时，应右脚在后，上体向左后仰，击球点选择在头顶前上方（或左前上方）。挥拍的路线是右臂的肘关节高举过肩，稍靠近头部，使球拍绕过头后再向前挥摆。在挥拍过程中，前臂稍微内旋带动手腕由后伸经内旋向前屈腕，同时，肘关节急速制动，以鞭打状产生爆发力，将球击出（击球托的后下底部，则成直线球；击球托的左后下底部出成对角线球）。击完球之后，球拍顺势经体前收至右胸前。

② 起跳头顶击高远球的方法：其方法与原地头顶击高远球的方法基本一致，不同的是：后退的最后一步，右脚应向左后方撤，右脚着地后应向上方起跳，起跳时一定要掌握好时间和选准击球点，在空中完成击球动作的同时，应收腹使上体前压，左脚后摆，右脚前跨，两脚作前后交换。击球后，以左脚的内侧沿在左后方先着地，紧接着右脚在右前方着地屈膝缓冲，并用左脚后蹬向中心位置回动。

（3）反手高远球

动作方法：准备击球时，改成反手握拍，右脚前交叉跨到左侧，背向网，重心在右脚，球拍举起，拍面向上。击球时利用腿和腰腹的协调用力，以上臂带动前臂挥拍，在肘部上抬至与肩平行时，转为前臂带动腕部的"闪"动，在右侧上方伸直手臂向后击球，并有蹬地力量配合。击球后，迅速转体面对网，向中心位置回动。

2. 平高球

击出飞行弧线比高远球低，但对方举拍又拦截不到，落点在对方端线附近场区内的球，称为平高球。平高球是属于后场快速进攻的主要技术之一。

动作方法：击平高球的方法与击高远球的方法是基本一致的，但是在击球点上的拍面仰角小于击高远球时的拍面仰角，击出去的平高球要根据对方的身材高矮与弹跳能力，准确控制高度（应不让对方在中场位置上起跳拦截为准）。同时还要考虑到球的轻重、快慢、风速、风向等因素的影响，准确控制力量，才能使落点准确。

3. 扣杀球

把高球在尽量高的击球点上，用大力挥击下压到对方场区内，称为扣杀球（也称扣球或杀球）。由于扣杀球力量大，击球点高，因而球速快，球飞行的弧线短直，是后场进攻和争取得分的主要手段。

扣杀球有正手扣杀球，头顶扣杀球，反手扣杀球及劈杀球、突击杀球之分。

（1）正手扣杀球

它们的准备姿势和击球动作大体同正手高远球，只是击球一刹那需用全力，前臂带动手腕下压，触球时拍面前倾，向前下用力，并配合腿、腰腹的协调用力。

（2）头顶扣杀球

头顶扣杀球的方法与头顶击高远球的方法相似，不同点是：① 击球的力量比击高远球大，发力方向是向前下方的。② 击球点稍前些，拍面角度要小些（一般控制在 75°~85°为宜，拍面保持前倾）。

（3）反手扣杀球

反手扣杀球的方法与反手击高远球的方法基本一致，其不同点是：击球时，拍面角度一般控制在 75°~85°为宜（则反拍面保持前倾），发力方向是前下方。

（4）劈杀球

其方法与正手扣杀球基本相同，区别在于：劈杀球主要以前臂和手腕的外旋（或内旋）以及手指控制拍面作劈切的动作，使球拍同时击中羽毛和球托的右（左）后部位，把球击向对方场两侧区域。劈杀球的力量虽比杀球小，但很突然，落点较准，是一种很有威力的进攻技术。

（5）起跳突击杀球

当对方击来弧度较低的平高球时，则向侧方（或侧后方）起跳，突然挥拍扣杀球，称为起跳空击球（也称"突击"）。

4. 吊球

在中、后场的高球，运用劈切或拦截的技术动作，使球轻轻地落在对方网前区，称为吊球。是调动对方的较好手段。

动作方法：吊球的前期动作与打高远球类似，在击球一刹那，前臂减速，利用手腕的快速"闪"动，向前下切削，这种吊球叫劈吊。

（二）低手击球

击球点低于头部高度的击球，称为低手击球。低手击球技术主要有：半蹲快打（这是介于高手击球与低手击球之间的一种特殊打法，我们暂且归到低手击球一类）、接杀球和抽球。

1. 半蹲快打

半蹲快打技术表现出快速、凶狠、紧逼对方，主动进攻的特色，它多用于双打比赛中。

动作方法：在中场区，两脚平行站或右脚稍前站均可，两膝弯曲成半蹲，屈肘（正手握拍法）举拍于肩上。击球时，以前臂带动手腕快速挥后，争取在身前较高部位上平击过去。要求反应敏捷、果断，控制好拍面角度，挥拍幅度小，快而有力。

2. 接杀球

接杀球一般较多采用挡球、抽球等几种回击技术。

（1）挡球的方法

两脚平等站立比肩稍宽。接杀球时，靠手腕和手指控制球拍。预摆动作小，接借来球的速度和力量反弹回击。

（2）抽后场球的方法

当对方杀球力量较轻时，可用抽后场还击。准备姿势与挡球相似，只在触球刹那要握紧拍子，以后腕为主要发力向前稍上方甩腕。

3. 抽球

将低于肩部的球用抽击的方法还击，称为抽球。抽球是反控制的主要技术之一。抽球分正手抽球和反手抽球两种。

（1）正手抽球的方法

右脚跨步，侧身对网，重心在右脚上，球拍后引，拍面稍后仰，击球时前臂带动手腕向前上方用力，将球抽向对方。抽球后，即以右脚蹬地，向中心位置回动。

（2）反手抽球的方法

右脚向左跨步，背对网，举拍于左肩上方。击球时，以躯干为竖轴，上臂带动前臂沿水平方向手腕挥拍，手腕用力向后方"闪"动。球击出后，即以右脚蹬地，转身向中心位置回动。

（三）网前击球

网前击球技术包括：放网前球、搓球、挑球、扑球、推球和勾球等。

一般讲，后场击球技术动作大，所需力量也大，主要靠力量、速度和控制球的落点取胜。而前场击球技术动作小，所需力量也较小，特别要讲究细腻的技巧，以巧取胜。

1. 放网前球

在网前击球点低的时采用。

动作方法：上步要快，右脚跨步向前，重心在前，手臂向前伸，手腕放松。击球时，主要靠手腕控制球拍向前上方轻轻一托，使球越网而过。

2. 搓球

动作方法：击球前动作与放网前球相同，击球时拍面与网成斜面向前，手腕控制好拍面，向前切削球托的后底部（或侧底部）使球呈下旋翻滚过网。

3. 挑球

这是一种处于较被动情况下的回击方法。

动作方法：击球前动作基本同搓球。击球时以肩为轴，自下而上用小臂带动手腕发力，手指快速向前上方挥拍。

4. 推球

在网前较高的击球点上，用推击的方法往对方底线击出弧度较平，速度较快的球，称为推球。

动作方法：推球的方法与搓球相仿，在击球一刹那拍面竖得较直，正手推球时，由前臂内旋，用腕部的转动和手指（主要是食指）的力量向前快速推击。反手推球时（用反手握拍法），由前臂外旋，用腕部的转动和手指（主要是拇指）的力量向前快速推击。

5. 勾球

在网前，用屈腕（或伸腕）的动作调整球拍角度，轻巧地将球回击到对方斜对角的网前区内，称为勾球。

动作方法：勾球的方法与搓球相仿，在击球一刹那，拍面要斜向出球方向。正手勾球时，前臂内旋带动屈腕动作，使拍面斜向左边击球。反手勾球时（用反手握拍法），前臂外旋带动伸腔动作，使反拍面斜向右边，击在球托的左后部，将球勾向对方的左网前区。

6. 扑球

对方击来的网前球刚过网，高度仍在网沿上面时，即迅速上网挥击下压过去，称为扑球。

动作方法：蹬步上网，身体前扑、举拍向前，拍面前倾，击球时运用前臂和手腕的力量向前下方用力。触球后即回收，以免触网犯规。

四、步法

快速、灵活、正确的步法是技术的基础。羽毛球的步法包括起动、移动、到位击球和回动四个环节。

（一）起动

对来球一有反应判断，即从中心位置上的准备接球姿势转为向击球的位置上出发，称为起动。准备姿势可分为两种类别：一种是接发球姿势按规则要求原地站位。应该左脚在前，右脚在后，侧身对网，重心在前脚上，右脚跟离地，双膝微屈，收腹含胸，放松握拍屈肘举在胸前，两眼注视对方发球动作。另一种情况是在双方对打过程中的站位姿势。它应该右脚在前，左脚在后，脚前掌着地，脚跟提起，膝关节微屈，上体稍前倾，重心落在两脚之间，持拍于腹前。动姿态。在对方出球的一刹那，两脚向上轻轻一跳，调整好身体重心，即刻起动。在每次击完球之后，又要恢复成上述姿势，直到"死球"。

（二）移动

移动主要是指从中心位置起动后到击球位置的移动方法。影响移动速度的因素有步数的多少、步频的快慢和步幅的大小。移动的方法通常采用垫步、交叉步、小碎步、并步、蹬转步、蹬跨步、腾跳步等。运用这些步法，构成从中心位置到场区不同方位击球的组合步法：上网步法，两侧移动步法和后退步法。

1. 上网步法

无论正手和反手，根据来球的远近，均可采用一步、两步、三步上网。

① 一步上网：来球距离较近时，右脚跨出一大步即可，正反手相同。

② 两步上网：来球距离稍远时，以左脚先向来球方向迈一小步，然后右脚跨出一大步。

③ 三步上网：来球距离稍远时，以右脚向前一小步，左脚向右脚迈一步，右脚再跨一大步。

2. 两侧移动步法

① 向右移动：左脚蹬地，右脚向右跨一大步。来球较远时，可用左脚先向右垫一小步，右脚再向右跨一大步。

② 向左移动：右脚蹬地，左脚向左跨一大步。来球稍远时，左脚先向左移半步，右脚再向左跨一大步。

3. 后退步法

（1）正手后退

有侧身并步后退和交叉步后退两种。

① 侧身并步后退：右脚向右手撤一小步，转身侧对网，左脚并步靠近右脚，右脚再向后移至来球位置。

② 交叉步后退：右脚撤后一小步，左脚从体后交叉后退一步，右脚再后移至来球位置。

（2）反手后退

右脚先后撤一步（或垫一步），身体左转，左脚向左后退一步，右脚再跨出一步。如站位较后，可采用左脚向左后撤一步，上体左后转，右脚再向左后跨一大步。

（三）到位配合击球

移动本身不是目的，它是为击球服务的。所谓"步法到位"，就是指根据不同的击球方式，运动员应站到最适合这种击球的最有利的位置上。

（四）回动（回中心位置）

击球后，应尽力保持（或尽快恢复）身体平衡，并即刻向中心位置移动，以便在中心位置上做好迎击下一个来球的准备，称为回动。所谓"中心位置"一般是指场区的中心略靠后的位置（单打）。因为这个位置最有利于平衡兼顾向场区各个方向去迎击球。

第三节 羽毛球主要打法和基本战术

一、主要打法

1. 压后场底线

是初学者必须掌握的基本打法。它的特点是通过平高球压对方于后场底线，待对方回球较弱时大力扣杀或吊网前空挡。

2. 攻四方球控制落点

它的特点是以快速而又准确的落点，攻击对方场区的四个角落，调动对方前后左右奔跑，当其回球较弱时，攻其空挡。

3. 快拉快吊控制网前

以平高球快压对方后场两底角，而后快吊网前两角，引对方上网。当对方回网前球时，迅速上网控制网前，以网前搓球，勾球结合推球至后场底线，使对方被动回球，出现机会后，大力扣杀或扑球得分。

4. 后场下压，上网搓、推

在后场通过扣杀、劈杀或吊球技术，迫使对方放网前球。这时主动上网，利用搓、推等技术控制网前，待对方回球较弱时，大力扣杀。

5. 空中反攻

利用拉、吊、打四方球及防守中的球路变化调动对方，伺机反攻。

二、基本战术

战术就是指运动员在比赛中根据双方的情况合理运用技术，有针对性地组织自己的球路以争取胜利的策略。在双方技术水平相当的情况下，正确运用战术就成了胜败的关键。

1. 发球战术

① 保持发球技术动作的一致性。做到各种发球技术的前期动作一致，就能使对方无法预先把握发球的时机和意图，迫使接发球队员多方防备而造成回球质量差，没有机会发起主动进攻。

② 要掌握发球的时间差。每次发球，从准备发球发出去（球从拍面弹出）的时间长短可有差异，这样，往往会造成对方判断错误而被动接球或接球失误（但应注意不要发生发球违例现象）。

③ 要机动地变换发球点和发球的弧线。将球发向对方接球能力最薄弱的部位。

④ 要善于发现和把握对方接发球的习惯球路，重点防备，抓住战机，争取一拍结束战斗。

2. 接发球战术

要全面掌握接发球技术，充满信心迎击各种发球。在接球时能一拍结束战斗是最理想的，但也不要在条件不许可的情况下强行事。接发球要力争不让对方有直接进攻的机会，把球回击到远离对方所站位置的落点上，或者回击到对方移动的方向相反的位置上，或者回击到对方技术薄弱的环节上，迫使对方被动回球。为此，要求在接发球时做到思想高度集中，见机行事。

① 发球抢攻战术：一般以发网前球结合发平快球、平高球开始，如果对方接发球质量较差时第三拍就主动进攻。

② 压后场技术：对后场还击能力较差的对手，可以攻对方后场底线两角（尤其是反手场区），待回球质量差时发起进攻，或乘对方注意力只顾及后场时突然吊网前球。

③ 攻前场战术：对网前技术较差的对手，可多以吊球和放网前球使其在网前的对击中失误，或对方勉强回击成高球时进攻其后场。

④ 四方球结合突击战术：若对手步法较慢，体力较差，技术又欠全面，可以平高球压对方后场底线两角和吊对方网前两角调动对方，当对方回球质量差或站位不当时发动进攻。

⑤ 杀吊上网战术：以杀球配合吊球下压，若对方还击网前球时，迅速上网搓、勾、推创造机会大力扣杀。

第四节 羽毛球竞赛规则

一、球场

① 球场应是一个长方形，用宽 20 mm 的线画出。

② 场地线的颜色最好是白色、黄色或其他容易辨别的颜色。

③ 测试正常球速区域的 4 个 40 mm × 40 mm 的标记，应画在单打发球区边线内沿，距端线 530 mm 和 990 mm 处。这些标记的宽度均包括在所画的尺寸内，即距端线外沿

530 mm ~ 570 mm 和 950 mm ~ 990 mm。

④ 所有场地线都是它所确定区域的组成部分。

⑤ 如果面积不够画出双打球场，可画一单打球场，端线亦为后发球线，网柱或代表网柱的条状物应放置在边线上。

二、网柱

① 从球场地面起，网柱高 1.55 m。网柱必须稳固地同地面垂直，并使球网保持紧拉状态，网柱应放置在双打的边线上。

② 如不能设置网柱，必须采用其他办法标出边线通过网下的位置。例如，使用细柱或 40 mm 宽的条状物固定在边线上，垂直向上到网顶绳索处。

③ 在双打球场上，不论进行的是双打还是单打比赛，网柱或代表网柱的条状物，均应置于双打边线上。

三、球网

① 球网应是深色、优质的细绳织成。网孔方形，各边长均在 15 ~ 20 mm 之间。

② 网上下宽 760 mm。

③ 网的顶端用 75 mm 的白布对折而成，用绳索或钢丝从夹层穿过。白布边的上沿必须紧贴绳索或钢丝。

④ 绳索或钢丝须有足够的长度和强度，能牢固地拉紧并与网柱顶部取平。

⑤ 球场中央网高 1.524 m，双打边线处网高 1.55 m。

⑥ 球网的两端必须与网柱系紧，它们之间不应有空隙。

四、羽毛球

羽毛球可由天然材料、人造材料或用它们混合制成。只要球的飞翔性能与用天然羽毛和包裹羊皮的软木球托制成的球的性能相似即可。

1. 一般式样

① 羽毛球应有 16 根羽毛固定在球托部。

② 羽毛长 64 mm ~ 70 mm，但每一个球的羽毛从托面到羽毛尖的长度应一致。

③ 羽毛顶端围成圆形，直径为 58 mm ~ 68 mm。

④ 羽毛应用线或其他适宜材料扎牢。

⑤ 球托直径 25 mm ~ 28 mm，底部为圆形。

2. 重量

羽毛球重 4.74 ~ 5.50g。

3. 非羽毛制成的球

① 用合成材料制成裙状或羽毛。

② 球托如前所述。

③ 尺寸和重量如前所述；但由于合成材料与天然羽毛在比重、性能上的差异，可允许不超过 10% 的误差。

4. 球的检验

① 验球时，站在端线外，用低手向前上方全力击球，球的飞行方向须与边线平行。

② 一个具有正常速度的球，应落在离对方端线 530～990 mm 之间的区域内。

5. 非标准球

只要球的一般式样、速度和飞翔性能不变，经有关国家组织批准，可以变通以上条款。

① 由于海拔或气候等条件不宜使用标准球时。

② 如情况特殊，必须更改才有利于开展比赛时。

五、球拍

一把球拍的各部分组成和规格要求如下。

① 球拍由拍柄、排弦面、拍头、拍杆、连接喉组成整个框架。

② 拍柄是击球者握住球拍的部分。

③ 拍弦面是击球者用于击球的部分。

④ 拍头界定了拍弦面的范围。

⑤ 拍杆通过连接喉部件连接拍柄与拍头。

⑥ 连接喉（如果是这样的结构）连接拍杆与拍头。

⑦ 拍头、连接喉、拍杆和拍柄总称拍框。

⑧ 拍框总长度不超过 680 mm，宽不超过 230 mm。

⑨ 拍弦面应是平的，用拍弦串过拍头十字交叉或其他形式编织而成。变质的式样应保持一致，尤其是拍面中央的编织密度不得小于其他部分。

⑩ 拍弦面长不超过 280 mm，宽不超过 220 mm。

⑪ 不论拍弦用什么方式拉紧，规定拍弦伸进连接喉的区域不超过 35 mm，连同这个区域在内的整个拍弦面长不超过 330 mm。

⑫ 球拍不允许有附加物和突出部，除非是为了防止磨损、断裂、振动，或调整重心的附加物，或预防球拍脱手而将拍柄系在手上的绳索；但尺寸和位置应合理。

⑬ 不允许改变球拍的规定式样。

六、设备的批准

有关球拍、球、设备以及试制品能否用于比赛的问题，由国际羽联作出裁决。这种裁决可由国际羽联主动作出，或根据对其有切身利益的个人、团体（包括运动员、设备厂商、国家组织及其成员）的请求作出。

七、运动员

① "运动员" 系指所有参加比赛的人。

② 双打比赛以两名运动员为一方，单打比赛以一名运动员为一方。

③ 有发球权的一方叫发球方，对方叫接发球方。

八、掷挑边器

① 比赛前，双方应掷挑边器。赢的一方将可选择先发球或先接发球；一个场区或另一个场区。

② 输方在余下的一项中作出选择。

九、计分

① 除非另有商定，一场比赛以三局两胜定胜负。

② 21 分制，直接得分。

十、交换场区

以下情况运动员应交换场区：第一局结束；第三局开始前；决胜局一方获得 11 分后。

十一、发球

① 发球时任何一方都不允许非法延误发球。

② 发球员和接发球员都必须站在斜对角发球区内发球和接发球，脚不能触及发球区的界线；两脚必须都有一部分与地面接触，不得移动，直至将球发出。

③ 发球员的球拍必须先击中球托，与此同时整个球要低于发球员的腰部。

④ 击球瞬间，球拍杆应指向下方，从而使整个排头明显低于发球员的整个握拍手部。

⑤ 发球开始后，发球员的球拍必须连续向前挥动，直至将球发出。

⑥ 发出的球必须向上飞行过网，如果不受拦截，应落入接发球员的发球区内。

⑦ 一旦双方运动员站好位置，发球员的球拍头第一次向前挥动即为发球开始。

⑧ 发球员须在接发球员准备好后才能发球，如果接发球员已试图接发球则被认为已做好准备。

⑨ 一旦发球开始，球被发球员的球拍触及或落地即为发球结束。

⑩ 双打比赛，发球员或接发球员的同伴站位不限，但不得阻挡对方发球员或接发球员的视线。

十二、单打

① 发球员的分数为 0 或双数时，双方运动员均应在各自的右发球区发球或接发球。

② 发球员的分数为单数时，双方运动员均应在各自的左发球区发球或接发球。

③ 如"再赛"，发球员应以该局的总得分，按上述规定站位。

④ 球发出后，由发球员和接发球员交替对击直至"违例"或"死球"。

⑤ 接发球员违例或因球触及接发球员场区内的地面而成死球，发球员就得一分。随后，发球员再从另一发球区发球。

十三、双打

参照单打发球顺序，每球得失分，取消第二发球。

十四、发球

1. 以下情况为发球错误

① 发球顺序错误；

② 从错误的发球区发球；

③ 在错误的发球区准备接发球，且球已发出。

2. 发球区错误的处理

① 如果因发球区错误而"重发球"，则该回合无效，纠正错误重发球。

② 如果发球区错误未被纠正，比赛也应继续进行，并且不改变运动员的新发球区和新发球顺序。

十五、违例

① 发球不合法。

② 球员发球时未击中球。

③ 发球时，球过网后挂在网上或停在网顶。

④ 比赛时：球落在球场界线外；球从网孔或网下穿过；球不过网；球碰屋顶、天花板或四周墙壁；球触及运动员的身体或衣服；球触及场外其他人或物体（由于建筑物的结构问题，必要时地方羽毛球组织可以指定羽毛球触及建筑物的临时规定，但其国家组织有否决权）。

⑤ 比赛时，球拍与球的最初接触点不在击球者网的这一方（击球者击球后，球拍可以随球过网）。

⑥ 比赛进行中：运动员球拍、身体或衣服触及网或网的支撑物；运动员的球拍或身体从网下侵入对方场区，妨碍对方或使对方分散注意力；妨碍对方，如阻挡对方紧靠球网的合法击球。

⑦ 比赛时，运动员故意分散对方注意力的任何举动，如喊叫、故作姿态等。

⑧ 比赛时：击球时，球夹在和停滞在拍上紧接着又被拖带；同一运动员两次挥拍连续击中球两次；同方两名运动员连续各击中球一次；球触及运动员球拍后继续向其后场飞行。

⑨ 运动员严重违反或一再违反规则 18 的规定。

十六、重发球

有裁判员宣判"重发球"，用于中断比赛。

① 遇不能预见或意外的情况，应重发球。

② 除发球外，球过网后挂在网上或停在网顶，应重发球。

③ 发球时，发球员和接发球员同时违例，应重发球。

④ 发球员在接发球员未做好准备时发球，应重发球。

⑤ 比赛进行中，球托与球的其他部分完全分离，应重发球。

⑥ 司线员未看清，裁判员也不能作出决定时，应重发球。

⑦ "重发球"时，最后一次发球无效，原发球员重新发球（发球错误的除外）。

十七、死球

下列情况为死球：

① 球撞网并挂在网上，或停在网顶。

② 球撞网或网柱后开始在击球者这一方落向地面。

③ 球触及地面。

④ "违例"或"重发球"已被宣报。

十八、比赛连续性、行为不端及处罚

① 比赛从第一次发球起至比赛结束应是连续的（规则 2 和 3 规定除外）。

② 下列比赛中，每场比赛的第二局第三局之间应允许有不超过 5 分钟的间歇：国际比赛项目；国际羽联批准的比赛；在所有其他的比赛中（除非该国家组织预先公布不允许这一间歇）。

③ 遇有不是运动员所能控制的情况，裁判员可根据需要暂停比赛。如果比赛暂停，已得分数有效，续赛时由该分数算起。

④ 不允许运动员为恢复体力或喘息，或接受场外指导而中断比赛。

⑤ 比赛时不允许运动员接受指导。

⑥ 只有裁判员能暂停比赛。

⑦ 运动员不得有下列行为：故意引起比赛中断；故意改变球的速度；举止无礼；规则未述的其他不端行为。

⑧ 对违反本条规则中④、⑤ 或⑦ 项的运动员，裁判员应执行：警告；对已被警告过的一方判违例；对严重违反或屡犯者判违例并立即向裁判长报告，裁判长有权取消其比赛资格。

⑨ 未设裁判长时，竞赛负责人有权取消违反者的比赛资格。

十九、裁判职责和申述

① 裁判长对竞赛全面负责。

② 临场裁判员主持一场比赛并管理该场地及其周围。裁判员向裁判长负责；未设裁判长时，向竞赛负责人负责。

③ 发球裁判员负责宣判发球违例。

④ 司线员负责宣判界内球或界外球。

⑤ 裁判员应维护和执行《羽毛球比赛规则》，及时地宣判"违例"或"重发球"等。

⑥ 裁判员对申述应在下一次发球前作出裁决。

⑦ 裁判员应使运动员和观众能了解比赛的进程。

⑧ 裁判员可与裁判长磋商、安排、撤换司线员或发球裁判员。

⑨ 裁判员不能推翻司线员和发球裁判员对事实的裁决。

⑩ 有临场裁判人员不能作出判断时，由裁判员执行他的职责或"重发球"。

⑪ 裁判员有权暂停比赛。

⑫ 裁判员应记录规则有关的情况并向裁判长报告。

⑬ 裁判员应将所有仅与规则问题有关的申述提交裁判长（这类申述，运动员必须在下一次发球击出前提出；如在一局结尾，则应在离开场地前提出）。

第五节　羽毛球考试项目和评分标准

考试项目分为：正反手向上挑高球、羽毛球教学比赛、正手发高远球、扣球、吊球。

评分标准

正反手向上挑高球评分标准

分值	20	19	18	17	16	15	14	13	12	11	10
男	40	36	32	30	28	26	24	22	20	18	16
女	36	32	28	26	24	22	20	18	16	14	12

羽毛球教学比赛评分标准

分值	19	18	17	16	15	14
名次	1	2 - 3	4 - 6	7 - 8	9 - 10	11 - 30

正手发高远球评分标准

分值	20	18	16	14	12	10	8	6	4	2
个数	10	9	8	7	6	5	4	3	2	1

扣球评分标准（20分，其中技评10分）

分值	10	9	8	7	6	5	4	3	2	1
个数	10	9	8	7	6	5	4	3	2	1

吊球评分标准（20分，其中技评10分）

分值	10	9	8	7	6	5	4	3	2	1
个数	10	9	8	7	6	5	4	3	2	1

第十章
乒乓球 HT]

第一节　乒乓球运动概述

关于乒乓球运动的起源，有各种各样的说法，按多数人的看法，乒乓球运动始于英国，并由网球运动派生而来的说法比较可靠。

大约在 19 世纪后半叶，由于受到网球运动的启示，在一些英国大学生中，流行着一种类似现在乒乓球的室内游戏，叫做"戈西马"（Goossime）。没有统一的规则，有 10 分、20 分为一局的，也有 50 分或 100 分为一局的。发球时，可将球直接发到对方台面，亦可先将球发到本方台面再跳至对方台面，球拍是空心的，用羊皮纸贴成，形状为长柄椭圆形。有时，在饭桌上支起网来打，有时索性就在地板上用两个椅子当做支柱，中间挂起网来打。

大约在 1890 年，有位名叫詹姆斯·吉布（James Gibb）的英格兰人到美国旅行时，偶然发现了一种用赛璐珞制成的空心玩具球，弹跳力很强。于是，他就将这种球稍加改进后，逐步在英国和世界各地推广起来。也许因为此球在桌上打来打去发出了"乒乓乓乓"声音的缘故，英国一家体育用品公司，首先用"乒乓"（Ping-Pong）一词作了广告上的名称，就这样，乒乓球才开始得此绘声之名。

1926 年，国际乒联正式成立，负责每两年一届的世界乒乓球锦标赛和世界杯赛，比赛分为男、女团体，男、女单打，男、女双打和混合双打。1988 年汉城奥运会把乒乓球列为正式比赛项目。

乒乓球运动的特点是球小、速度快和变化多，不同身体条件、年龄和性别的人都可参加，场地设备比较简单，运动量可大可小，健身价值较高。虽然乒乓球是英国人发明的，但真正把乒乓球运动推向登峰造极水平的是中国人，我国乒乓球运动在国民中普及程度较广，运动员在世界赛场上为祖国争得了荣誉，为我国外交政策和推动世界乒乓球运动的发展作出了巨大贡献。

第二节　乒乓球基本技术

一、基本站位与准备姿势

1. 基本站位

乒乓球运动的基本站位应与不同类型打法及个人的打法特点相适应，不同类型打法则基本站位的范围大小也不相同。站位正确，有利于保持稳定的击球姿势和向任何一个方向迅速移动。

站位动作要点：站位的范围指运动员离球台端线的远近距离和左右距离。根据不同的打法选择不同的基本站位。

左推右攻打法：基本站位在中间偏左；

两面攻打法：基本站位在近台中间；

弧圈球为主打法：基本站位在中台偏左；

横拍攻削结合打：基本站位在中台附近；

削球打法：基本站位在中远台附近。

2. 准备姿势

准备姿势是指击球员准备击球或还击球时的身体各部位姿势。合理的姿势，有利于脚、腿蹬地用力和腰、躯干各部位的协调配合与迅速起动，保持正确的击球姿球，提高击球的命中率，制造出最大的击球力。

准备姿势动作要点说明如下。

① 下肢：两脚左右开立，约与肩同宽，身体稍向右侧，面向球台，两膝自然弯曲，提踵，重心置身于两脚之间。

② 躯干：含胸收腹，上体略前倾，下额微收，两眼注视来球。

③ 上肢：持拍手和非持拍手均应自然弯曲置身体前侧方，保持相对的平衡状态。

④ 易犯错误及纠正方法：全脚掌着地，上体过直，重心偏高。纠正方法：提踵屈膝略内靠，上体前倾。

二、握拍法

握拍有直拍握法和横拍握法两种。选择何种握法，应因人而异、左右兼顾、有利于技术运用。

握拍法动作要点说明如下。

1. 直拍握法

拇指、食指自然弯曲，以拇指第一关节和食指握住拍柄两肩。中指、无名指、小指自然弯曲斜行重叠，以中指第一关节偏左侧部托于球拍背面上1/3处；中指、无名指微曲，同时压拍面。

2. 横拍握法

虎口压住球拍右上肩，拇指和食指自然弯曲分别握在拍身前、后两面。中指、无名指、小指弯曲握住把柄。横拍握法每个人的习惯、特点不同，分深握和浅握两种。

3. 易犯错误及纠正方法

易犯错误：握拍过大、过小、过紧、过深、手腕僵硬。

纠正方法：讲清动作要领，正确握拍，手指手腕放松。

三、基本步法

1. 步法的特点

步法指击球时选择合适的位置所采用的脚步移动方法。步法是乒乓球运动的生命。没有灵活的步法，就不可能有效地回击来球、无法使用有效的手法。

2. 步法的使用与方法

（1）单步

在来球距离身体一步以内的较小范围、角度不大的情况下、台内或在还击追身球时采用此种步法。

动作要点：以一脚前脚掌内侧为轴稍转动、蹬地用力，另一脚向来球方向做前、后、左、右移动一步。

（2）并步（亦称滑步或换步）

两面攻打法的从基本站位向左右移动时多采用"换步"。

动作要点：一脚向来球方向移动，另一脚随即跟着移动一步。

（3）交叉步

在来球较远的情况下多采用"交叉步"。

动作要点：以来球反方向左脚向来球方向交叉，并超过另一脚，然后另一脚随即向来球方向移动。

（4）侧身步

当来球逼近身体或者来球至反手位时，多采用"侧身步"。

动作要点：左脚先向左跨一步，然后右脚即向左后方移动，另一种可以用左脚先向前插上，右脚向左后移动。

四、发球与接球技术

乒乓球比赛是从发球和接发球开始的，两者的好坏都能直接得分或失分，因此要重视发球和接发球技术的练习。

发球的特点：发球在比赛中对于扬己之长、攻彼之短均有着技术和战术上的意义。它是连接整个乒乓球技、战术重要环节。发球、接发球、发球抢攻称为前三板技术。是我国的乒乓球强项技术。

下面介绍几种基本的发球技术和接发球的方法。

1. 发球技术的动作要点（以右手为例）

（1）反手平击发球

站位左半台离台 30 cm，右脚稍前身体略向左转，左手掌心托球，右手持拍于身体左侧。持球手轻轻向上抛球，同时持拍手向后引拍，上臂自然靠近身体右侧，待球下落低于球网时，持拍手以肘关节发力，由左后向右前挥拍击球中部，拍面稍前倾，第一落点在本台中区。

（2）正手平击发球

站位中近台偏右左脚稍前，身体稍右转，球向上抛起，持拍手由右后向前挥动。其余同反手平击发球。

（3）反手发急球

准备姿势同反手平击发球。抛球同时持拍手向左后方引拍，待球下落到网高时，持拍手由左后向右前加速挥拍，拍面稍前倾，以前臂和手腕发力为主击球中上部，第一落点靠近本方端线，第二落点在对方端线附近。

（4）反手发右侧上（下）旋球

站位及准备姿势同反手平击发球。抛球同时持拍手向左后引拍，用前臂带动手腕向右前上方挥动，拍面逐渐向左稍前倾，拇指压拍手腕内转从球的中部向右侧上摩擦，第一落点本方端线，第二落点对方左角。若发落点短的球时，前臂向前力量减小而增强手腕摩擦力量，第一落点本方中区；若发下旋球，击球时拇指加力压拍，使拍面略后仰从球的中部向侧下摩擦。

（5）正手发左侧上（下）旋球

站位左半台，抛球同时持拍手迅速向右上方引拍，身体随即向右转，手臂自右上方向左下方挥摆，球拍从球的右侧中下部向左侧面摩擦，若发左侧下旋球时，手臂自右上方向左前下方挥摆，拍从球的右侧中部向左侧下部摩擦，第一落点本方端线附近。

（6）正手发奔球

站位近台左脚稍前，身体略向右转，两膝微屈上体稍前倾，持拍手自然放于身前。抛球同时拍手向右后上方引拍，手腕放松拍面较垂直，待球下落至与网同高时，上臂带动前臂由右后方向左前方挥摆，腰同时向左扭转。击球刹那拇指压拍的左侧，手腕同时从后向前使劲抖动，球拍沿球的右侧中部向侧上摩擦，第一落点本方端线，第二落点对方右角。

（7）正手发短球

同发奔球，其区别是触球刹那突然减力并向左下切球，第一落点本方中区，第二落点对方近网处。

接发球特点：在比赛中，接发球具有被动转主动、技术难度大、判断反应快、心理素质要稳定的特点。第一板回接球是由被动转入主动进攻的第一步。回接球的质量，直接影响自己技、战术的发挥和是否能将对手控制在被动状态。同时也直接影响到自己的心理状态。接发球好，可直接得分或为抢攻创造有利条件。

按发球的基本手法是：由点、拨、带、拉、攻、推、搓、削、摆短、撇侧旋等多种综合技术组成的。所以，接发球技术是各项基本技术的综合运用。

2. 回接各种发球和方法

采用哪一种方法接发球，应根据对方发球的旋转、落点及双方打法特点等因素而定。首先是站位的选择：站在球台左半台，在离球台端线的远近距离视来球的落点而定，便于前后移动接长、短球，离台30～40 cm。其次是对来球的判断；判断是接好发球的前提。如何才能准确无误地判断出对方发球的旋转性质、旋转程度或缓、急、落点变化，主要应依据对方球拍在接触球的瞬间的挥动方向和掌握击球的部位与用力方向来判断球的旋转性能。

（1）回接对方左侧下旋球

球触拍后从自己的右侧下方弹出。接这种球一般采用推挤、搓、削为易。搓球回接时拍面稍后仰，并略向左偏斜以抵消来球的左侧旋；若采用攻球方法回接，宜用拉抽（拉攻），拍触球时向上向前摩擦球。

（2）回接对方左侧上旋球

球触拍后向自己右侧上方弹出。接这种球一般采用推、攻回接为宜。回接时，拍面触球的中上部，适当下压，拍面所朝方向向左偏斜以抵消来球的左侧旋，要调节好拍面方向和用力方向。采用攻、拉球方法回接时，同样道理，应向对方挥拍方向相反的方向回接，以抵消来球的侧旋性能；同时，也应调节拍形适当下压，防止球飞出界外。

（3）接对方右侧下旋球

球触拍后向自己的左侧下方弹出。回接时拍面略向右偏斜。可采用搓、拉、点、削等方法。

（4）回接对方右侧上旋球

球触拍后向自己的左侧上方弹出。拍面也应根据来球旋转程度适当向右偏斜，用推、拨、攻、拉、削等手段回接。触球时，调节拍面，使拍形前倾击球中上部。如上述两种发球为近网短球，上步移动步法采用推、拨、点、搓、攻、摆等手段回接。

（5）回接对方低（高）抛发的急下旋球

采用推、搓、拉方法回接。若用推接，拍面应略后仰，触球瞬间前臂旋外压球；用下旋推挡直接切球中下部，用前臂和手腕力量向前上方力摩擦球。若用搓球、向后移动步法，击来球下降期，引拍比接一般下旋球稍高些，加长球在拍面上的摩擦时间。用攻球回球，应注意适当向上用力提拉，又要调节拍形前倾角度。

五、挡球与推挡球

挡球是初学者首先应学习的一项基本技术。推挡球是我国近台快攻传统打法的独特技术，是教师最重要的教学技能。

动作要点（以右手为例）说明如下。

① 挡球：近台中偏左站位左脚稍前，屈膝提踵含胸收腹，重心在前脚掌上，持拍手置于腹前，上臂靠近身体右侧齐高，球和手腕顺来球路线向前伸出主动迎球，上升期击球中部，拍面与台面几乎垂直，拍触球后立即停止，迅速还原成准备姿势。

② 推挡球：近台中偏左站位左脚稍前，击球时提起前臂上臂后收肘部贴近身体，在上升时期或高点期击球中上部。转腰动作加手腕发力，并用中指顶住拍背向前用力。

挡球与推挡球的重点难点是正确的拍面，身体的协调配合和准确的线路落点。

六、攻球

攻球从大的动作结构来讲，可分为正手和反手攻球两大类。攻球是快速进攻最重要的一项技术，杀伤力强，是快速结束战斗的有效方法。

动作要点（以右手为例）说明如下。

① 正手攻球：近台中偏右站位左脚稍前，身体斜对球台，持拍手自然放松置于腹前，拍半横状。顺来球路线略向右侧齐高，拍面与台面约成80°，前臂与台面基本平行。当球从台上弹起，持拍手由右侧向左前上方挥动，以前臂快速内转沿球体做弧线挥动，在上升期击球的中上部，击球位置在身体右前方一前臂距离处。

② 反手攻球：站位近台右脚稍前，持拍手自然弯曲置于腹前偏左，重心偏于左脚。顺来球线路向后引拍。当球从台左后向右前上加速挥拍，前臂发力为主，手腕外转，拍面前倾，重心移至右脚，左右胸前击球上升时期的中上部。

攻球的重点难点是挥拍发力和正确恰当的击球点。

③ 拍面前倾不够：纠正方法是作平击发球练习，体会击球时手腕外旋动作的方法。

七、搓球

搓球是近台还击下旋球的一种基本技术，特点是站位近动作小，回球多在台内进行，也是初学削球必须掌握的入门技术。

动作要点（以右手为例）说明如下。

① 慢搓：近台站位右脚稍前，持拍手臂自然弯曲。击球时用前臂和手腕向前下方用力，拍面后仰，在下降期击球中下部。

② 快搓：站位及击球方法与慢搓相同，击球时拍面稍横立避免出界或回球过高。

③ 搓球的重点难点是前臂和手腕的挥拍路线和用力方法。

八、削球

削球是我国乒乓球传统手法之一，也是乒乓球防守技术之一，削球技术正在向转、稳、低、攻方向发展。

动作要点（以右手为例）说明如下。

① 正手远削：站位中台左脚稍前，上体稍向右转重心落于右脚，持拍手臂自然弯曲于腹前。顺来球方向向右上方引拍与肩同高，拍面后仰。当球从台上弹起时，持拍手上臂带动前臂由右上向左前下方加速切削，手腕向下转动用力，在右侧离身体40 cm处击准下降期球的中下部，并顺势前送。

② 反手远削：中台站位右脚稍前，上体左转重心落于左脚，持拍手自然弯曲放松置于胸前。顺来球路线向左上方引拍约与肩高，拍柄向下。当球弹起时持拍手从左上方向右前下方挥动，拍面后仰，用前臂和手腕加速用力切削，球拍在胸前偏左30 cm处击准下降期球的中下部，并顺势挥至右侧下。

③ 削球的重点难点是手臂、腰、腹和腿的协调用力。

九、弧圈球技术

1. 正手前冲弧圈球

（1）特点与运用

飞行弧线低、速度快、前冲力强，落点后弹起不高，但急前冲并向下滑落，能起到与扣杀同样的作用。常用于对付发球、推挡球、搓以及中等力量的攻球，远台相持时，也可以利用它进行反攻。在实际运用，步法移动的速度快、范围广。

（2）要点

① 引拍的幅度大，尽可能增大挥拍的动作，半径。

② 加快挥拍速度，在球拍达到最大速度时触球。

③ 单纯用上肢发力，前冲力不强，因此腿、髋、腰的配合不可缺少。

④ 摩擦力大于撞击力。

⑤ 球拍与球的吻合面要合适，防止打滑。

2. 正手加转弧圈球

（1）特点与运用

飞行弧线高、上旋很强、速度较慢，但着台后向下滑落较快，对方回击容易出高球，甚至出界，可以直接得分或为扣杀争取机会。它是对付削球、搓球和接出台发球的重要技术。另外，由于球出手弧线的弯曲度较大，落到对方台面后迅速下滑，还可起到变化击球节奏的作用。

（2）要点

① 引拍时，球拍必须低于来球，但不要下沉太多。

② 拉球时，持拍手臂由下向上发力，前臂快速收缩，触球瞬间，尽量加长摩擦球体的时间。

③ 身体重心随右脚蹬地，转腰，挥臂提高。

3. 反手拉弧圈球

（1）特点与运用

反手拉弧圈球是横拍握法的优势之一。拉球的速度比正手稍快，但力量和旋转略逊于正手。它可用于发球抢冲，接发球，搓中转拉以及一般的对攻和中台对拉，运用得当，可以直接得分，而且能为正手的冲杀创造机会。

（2）要点

① 击球点不宜离身体太近；

② 充分利用肘关节的杠杆作用，先支肘，再收肘，借以增加前臂的挥摆幅度和力量；

③ 近台快拉的击球时间为上升后期或高点期，中远台发力拉的击球时间为下降期，但不可过分低于台面。

第三节　乒乓球比赛规则

一、球台

① 球台的上层表面叫做比赛台面，应为与水平面平行的长方形，长 2.74 m，宽 1.525 m，离地面高 76 cm。

② 比赛台面不包括与球台台面垂直的侧面。

③ 比赛台面可用任何材料制成，应具有一致的弹性，即当标准球从离台面 30 cm 高处落至台面时，弹起高度应约为 23 cm。

④ 比赛台面应呈均匀的暗色，无光泽，沿每个 2.74 m 的比赛台面边缘各有一条 2 cm

宽的白色边线，沿每个 1.525 m 的比赛台面边缘各有一条 2 cm 宽的白色端线。

⑤ 比赛台面由一个与端线平行的垂直的球网划分为两个相等的台区，各台区的整个面积应是一个整体。

⑥ 双打时，各台区应由一条 3 mm 宽的白色中线，划分为两个相等的"半区"。中线与边线平行，并应视为右半区的一部分。

二、球网装置

① 球网装置包括球网、悬网绳、网柱及将它们固定在球台上的夹钳部分。

② 球网应悬挂在一根绳子上，绳子两端系在高 15.25 cm 的直立网柱上，网柱外缘离开边线外缘的距离为 15.25 cm。

③ 整个球网的顶端距离比赛台面 15.25 cm。

④ 整个球网的底边应尽量贴近比赛台面，其两端应尽量贴近网柱。

三、球

① 球应为圆球体，直径为 40 mm。

② 球重 2.7 g。

③ 球应用赛璐珞或类似的材料制成，呈白色或橙色，且无光泽。

四、球拍

① 球拍的大小，形状和重量不限。但底板应平整、坚硬。

② 底板厚度至少应有 85% 的天然木料。加强底板的黏合层可用诸如碳纤维，玻璃纤维或压缩纸等纤维材料，每层黏合层不超过底板总厚度的 7.5% 或 0.35 mm。

③ 用来击球的拍面应用一层颗粒向外的普通颗粒胶覆盖，连同黏合剂，厚度不超过 2 mm；或用颗粒向内或向外的海绵胶覆盖，连同黏合剂，厚度不超过 4 mm。"普通颗粒胶"是一层无泡沫的天然橡胶或合成橡胶，其颗粒必须以每平方厘米不少于 10 颗、不多于 50 颗的平均密度分布整个表面。"海绵胶"即在一层泡沫橡胶上覆盖一层普通颗粒胶，普通颗粒胶的厚度不超过 2 mm。

④ 覆盖物应覆盖整个拍面，但不得超过其边缘。靠近拍柄部分以及手指执握部分可不予以覆盖，也可用任何材料覆盖。

⑤ 底板、底板中的任何夹层以及用来击球一面的任何覆盖物及黏合层均应为厚度均匀的一个整体。

⑥ 球拍两面不论是否有覆盖物，必须无光泽，且一面为鲜红色，另一面为黑色。

⑦ 由于意外的损坏、磨损或褪色，造成拍面的整体性和颜色上的一致性出现轻微的差异。只要未明显改变拍面的性能，均可允许使用。

⑧ 比赛开始时及比赛过程中运动员需要更换球拍时，必须向对方和裁判员展示他将要使用的球拍，并允许他们检查。

五、定义

① "回合"：球处于比赛状态的一段时间。

②"球处比赛状态"：从有意识发球前，球静止在不执拍手掌中的最后瞬间，到该回合被判得分或重发球。

③"重发球"：不予判分的回合。

④"一分"：判分的回合。

⑤"执拍手"：正握着球拍的手。

⑥"不执拍手"：未握着球拍的手。

⑦"击球"：用握在手中的球拍或执拍手手腕以下部分触球。

⑧"阻挡"：自对方最后一次击球触及本方台区后，如果在台面上方或正向比赛台面方向运动的球，在没有触及本方台区、也未越过端线之前，即触及本方运动员或其穿戴的任何物品。

⑨"发球员"：在一个回合中，首先击球的运动员。

⑩"接发球员"：在一个回合中，第二个击球的运动员。

⑪"裁判员"：被指定管理一场比赛的人。

⑫"副裁判员"：被指定在某些方面协助裁判员工作的人。

⑬"穿或戴"的物品：指运动员在一个回合开始时穿或戴的任何物品，但不包括比赛用球。

⑭"越过或绕过球网装置"：除从球网和比赛台面之间通过以及从球网和网架之间通过的情况外，球均应视作已"越过或绕过"球网装置。

⑮球台的"端线"：包括球台端线以及端线两端的无限延长线。

六、合法发球

① 发球时，球应放在不执拍手的手掌上，手掌张开和伸平。球应是静止的，在发球方的端线之后，比赛台面的水平面之上。

② 发球员须用手把球几乎垂直地向上抛起，不得使球旋转，并使球在离开不执拍手的手掌之后上升不少于 16 cm，球下降到被击出前不能碰到任何物体。

③ 当球从抛起的最高点下降时，发球员方可击球，使球首先触及本方台区，然后越过或绕过球网装置，再触及接发球员的台区。在双打中，球应先后触及发球员和接发球员的右半区。

④ 从抛球前球静止的最后一瞬间到击球时，球和球拍应在比赛台面的水平面之上。

⑤ 击球时，球应在发球方的端线之后，但不能超过发球员身体（手臂、头或腿除外）离端线最远的部分。

⑥ 运动员发球时，应让裁判员或副裁判员看清他是否按照合法发球的规定发球。

A. 如果裁判员怀疑发球员某个发球动作的正确性，并且他或者副裁判员都不能确信该发球动作不合法，一场比赛中此现象第一次出现时，裁判员可以警告发球员而不予判分。

B. 在同一场比赛中，如果发球员或其双打同伴发球动作的正确性再次受到怀疑时，不管是否出于同样的原因，均判接发球方得一分。

C. 无论是否第一次或任何时候，只要发球员明显没有按照合法发球的规定发球，他将被判失一分，无须警告。

⑦ 运动员因身体伤病而不能严格遵守合法发球的某些规定时，可由裁判员作出免予执

行的决定，但须在赛前向裁判员说明。

七、合法还击

对方发球或还击后，本方运动员必须击球，使球直接越过或绕过球网装置，或触及球网装置后，再触及对方台区。

八、比赛次序

① 在单打中，首先由发球员合法发球，再由接发球员合法还击，然后两者交替合法还击。

② 在双打中，首先由发球员合法发球，再由接发球员合法还击，然后由发球员的同伴合法还击，再由接发球员的同伴合法还击，此后，运动员按此次序轮流合法还击。

九、重发球

回合出现下列情况应判重发球：

① 如果发球员发出的球，在越过或绕过球网装置时，触及球网装置，此后成为合法发球或被接发球员或其同伴阻挡。

② 如果接发球员或接发球方未准备好时，球已发出，而且接发球员或接发球方没有企图击球。

③ 由于发生了运动员无法控制的干扰，而使运动员未能合法发球、合法还击或遵守规则。

④ 裁判员或副裁判员暂停比赛。

十、一分

除被判重发球的回合，下列情况运动员得一分：

① 对方运动员未能合法发球。

② 对方运动员未能合法还击。

③ 运动员在发球或还击后，对方运动员在击球前，球触及了除球网装置以外的任何东西。

④ 对方击球后，该球没有触及本方台区而越过本方端线。

⑤ 对方阻挡。

⑥ 对方连击。

⑦ 对方用不符合（四）中第3、4、5条款的拍面击球。

⑧ 对方运动员或其穿戴的任何东西使球台移动。

⑨ 对方运动员或其穿戴的任何东西触及球网装置。

⑩ 对方运动员不执拍手触及比赛台面。

⑪ 双打时，对方运动员击球次序错误。

⑫ 执行轮换发球法时，出现（十五）第2条款情况。

十一、一局比赛

在一局比赛中，先得11分的一方为胜方。10平后，先多得2分的一方为胜方。

十二、一场比赛

① 一场比赛由单数局组成。

② 一场比赛应连续进行，除非是经许可的间歇。

十三、发球、接发球和方位的选择

① 选择发球、接发球和这一方、那一方的权力应由抽签来决定。中签者可以选择先发球或先接发球，或选择先在某一方。

② 当一方运动员选择了先发球或先接发球，或选择先在某一方位后，另一方运动员必须有另一个选择。

③ 在获得每两分之后，接发球方即成为发球方，依此类推，直至该局比赛结束，或者直至双方比分都达到10分或实行轮换发球法，这时，发球和接发次序仍然不变，但每人只轮发一分球。

④ 在双打的第一局比赛中，先发球方确定第一发球员，再由先接发球方确定第一接发球员。在以后的各局比赛中，第一发球员确定后，第一接发球员应是前一局发球给他的运动员。

⑤ 在双打中，每次换发球时，前面的接发球员应成为发球员，前面的发球员的同伴应成为接发球员。

⑥ 一局中首先发球的一方，在该场下一局应首先接发球。在双打决胜局中，当一方先得5分时，接发球方应交换接发球次序。

⑦ 一局中，在某一方位比赛的一方，在该场下一局应换到另一方位。在决胜局中，一方先得5分时，双方应交换方位。

十四、发球、接发球次序和方位的错误

① 裁判员一旦发现发球、接发球次序错误，应立即暂停比赛，并按该场比赛开始时确立的次序，按场上比分由应该发球或接发球的运动员发球或接发；在双打中，则按发现错误时那一局中首先有发球权的一方所确立的次序进行纠正，继续比赛。

② 裁判员一旦发现运动员应交换方位而未交换时，应立即暂停比赛，并按该场比赛开始时确立的次序，按场上比分运动员应站的正确方位进行纠正，再继续比赛。

③ 在任何情况下，发现错误之前的所有得分均有效。

十五、轮换发球法

① 如果一局比赛进行到10分钟仍未结束（双方都已获得至少9分时除外），或者在此之前任何时间应双方运动员要求，应实行轮换发球法。当时限到时，球仍处于比赛状态，裁判员应立即暂停比赛，由被暂停回合的发球员发球，继续比赛；当时限到时，球未处于比赛状态，应由前一回合的接发球员发球，继续比赛。

② 此后，每个运动员都轮发一分球，直至该局结束。如果接发球方进行了13次合法还击，则判发球方失一分。

③ 轮换发球法一经实行，或一局比赛进行了10分钟，该场比赛的剩余的各局必须实行轮换发球法。

第四节　乒乓球考试内容及评分标准

一、考试内容

① 正手攻球。
② 反手推挡。
③ 左推右攻。
④ 推挡侧身攻。

二、评分方法

① 每项考试各占40分，分技术评定和击球命中率等四项进行评分。
② 技术评定中包含有：准备姿势，击球动作，步伐各占10%，命中率占10%。

三、评分标准

① 准备姿势：握拍正确，并含胸，收腹，屈膝，重心在脚尖，8～10分。
握拍欠准确，且收腹，含胸，屈膝欠标准，6～8分。
握拍不正确，收腹，含胸，屈膝不标准，3～5分。
② 击球动作：以腰带动收放前臂，击球动作协调，8～10分。
以收放前臂击球，欠转腰（或转腰且收放前臂不够），6～8分。
以大臂击球，且转腰不够，3～5分。
③ 步伐：重心转换，移动迅速，手法步伐配合协调，8～10分。
重心转移，移动不够迅速，手法步伐尚不协调，6～8分。
重心转移，移动不迅速，手法步伐不协调，3～5分。
④ 命中率：每个同学击球20个（从发球机发出的）每击中2个上台得一分，总分10分。

第十一章
网球运动

第一节 网球运动概述

网球与高尔夫球、保龄球、桌球并称为世界四大绅士运动。它的起源可以追溯到12—13世纪的法国，当时在传教士中流行着一种用手掌击球的游戏，方法是在空地上两人隔一条绳子，用手掌将布包着头发制成的球打来打去。14世纪中叶，这种供贵族消遣的室内运动从法国传入英国，16—17世纪是英法宫廷从事网球活动的兴盛时期，平民无缘涉足，网球被称为"贵族运动"。

1873年，英国人M·温菲尔德把早期的网球打法改进，1874年又进一步确定了场地大小和网的高低。1875年，英国板球俱乐部制定了网球比赛规则。1877年7月由全英板球俱乐部在温布尔顿举办了第一届草地网球赛，后来这个组织把网球场地改为长方形（23.77 m×8.23 m），每局采用15、30、40等记分法，球网的高度为99 cm。1884年，由英国伦敦玛丽勒本板球俱乐部把球网高度改为91.40 cm。从此网球运动冲出宫廷，走向了社会。1912年3月1日，澳大利亚、英国、法国等12国的网协代表，在巴黎召开会议，成立了国际网球联合会，总部设在伦敦。1980年，中国网球协会被接纳为该会正式成员。目前世界上最有影响的赛事有四大网球公开赛：英国温布尔顿网球赛、美国公开赛、法国公开赛、澳大利亚公开赛，还有戴维斯杯男子团体赛、联合会杯女子团体赛，以及年终大满贯网球赛。

网球运动是目前世界上最流行的运动项目之一。独特的网球文化使得网球运动成为现代社会中人们崇尚的生活方式之一。网球运动的作用主要表现在以下几个方面。

一、增强体质，促进健康

网球运动是一项男女老少皆宜的运动，运动量可大可小，可以自行调节。练习网球，可以使人们的动作敏捷，判断准确，反应迅速，提高速度、力量、柔韧、灵敏等身体素质，对改善人体运动系统、循环系统、呼吸系统、神经系统以及抵抗各种疾病、适应外界的能力都有重要的作用，从而有效地增强人们的体质和健康。

二、培养良好的意志和作风

在网球运动中，特别是在比赛中，人们通过进攻与防守，控制与反控制，既斗智，又斗勇，锤炼了个人的意志品质和心理素质，有利于培养拼搏进取的作风和胜不骄、败不馁的道德风尚，有利于提高克服各种困难的勇气。

三、团结协作，增进友谊

练习网球需要一个对手或球友。通过网球运动可以交流球艺，增进友谊。特别是参加双打比赛，可以培养人们相互信赖、团结协作、密切配合的合作意识。它还是一项新的社交活动，可以促进彼此的沟通和理解。

四、愉悦身心，陶冶情操

网球比赛具有较强的观赏性。网球比赛中，场上热烈的气氛，激烈的争夺，使广大观众如醉如痴，豪情满怀。运动员所表现的顽强斗志、潇洒的作风、精湛的技艺，都令人赏心悦目，久久难以忘怀，从中得到一种精神享受。

第二节 网球运动基本知识

一、球场及球网

网球球场及球网如图 11－1 所示。

二、比赛方法

网球比赛有单打和双打两种形式，正式比赛项目分为 7 项：男子团体、女子团体、男子单打、女子单打、男子双打、女子双打和男女混合双打。每场比赛男子一般采用五盘三胜制，女子采用三盘二胜制。

网球比赛采用的是一种特殊的记分方法记录每场比赛的胜负。记录的最小单位是分，然后是局，最后是盘。每一局采用 0、15、30、40、平分和 Game 的记分方法。比赛时先得一分呼报 15，再得一分呼报 30，得第三分呼报 40，第四分呼报 Game，既本局结束。如果比分为40：40 时，叫平分，一方必须再连得 2 分才算胜此局。比赛双方谁先胜 6 局者为胜一盘。如果各胜 5 局，一方必须再连胜 2 局才能结束这一盘，这就是长盘制。为了控制比赛时间，近十年来普遍采用平局决胜制，即当局数为 6：6 时，只再打一局来决定胜负。在这一局中，谁先赢得7 分者为胜这一盘，如果在此局打成 5：5 平分，一方仍须连得 2 分才算胜此局，即胜此盘。

网球比赛时，运动员各占半个场地，发球一方先在底线中点的右区发球，球发到对方另一侧的发球区方为有效。每一方有两次发球机会。第一次发球出界或下网叫一次失误，第二次发球再失误叫双误，失 1 分。第 2 分换在左区发球，第三分再回到右区，如此轮换，直到本局结束。下一局改由对方发球。每 1、3、5、7、9 等单数局交换场地。

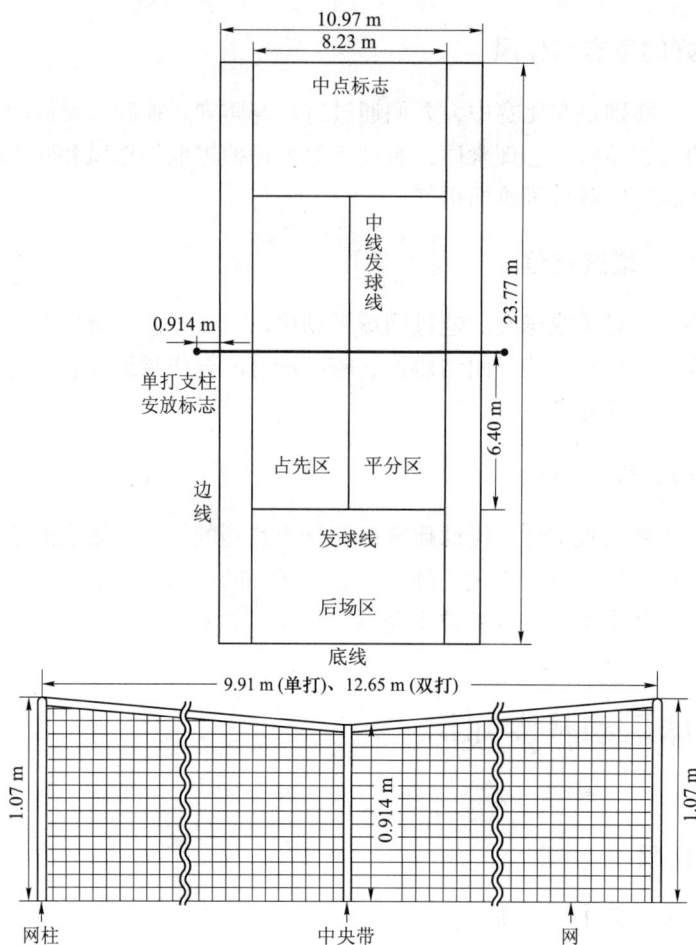

图 11 - 1 球场及球网

三、比赛的基本规则

1. 发球

发球员必须站在底线后，中点和边线的假定延长线之间的区域里，用手将球向空中抛起，在球接触地面前用球拍击球，球拍与球接触时，就算完成球的发送。在整个发球动作过程中不得通过走或跑改变原来站立位置；两脚只准站在规定的区域内，不得触及其他的区域。每局开始，先从底线中点右区线后发球，得或失一分后，应换到左区发球。发出的球应从网上越过，落到对角的对方发球区内，或其周围的线上。

ACE 球就是指对局双方中一方发球，球落在有效区内，但另一方却没有触及到球而使发球方直接得分的发球，又可分为内角 ACE 球和外角 ACE 球。

2. 发球失误

未击中球；发出的球在落地前触及固定物（球网除外）；违反发球站位规定。第一次发球失误后，应在原发球位置进行第二次发球。

3. 发球无效

发球触网后仍然落在对方发球区内；接球员未做好接球的准备。发球无效均应重发球。

4. 交换发球与交换场地

第一局比赛结束，接球员换为发球员，发球员换为接球员。以后每局终了，均依此交换，直至比赛结束；双方应在每盘的第一、三、五、七等单数局结束后，以及每盘结束后双方局数之和为单数时或决胜局比分相加为 6 和 6 的倍数时，交换场地。

5. 失分

发生下列任何一种情况，均判失分：

① 在球第二次着地前，未能还击过网。

② 还击的球触及对方场区界线以外的地面、固定物或其他物件。

③ 还击空中球失败。

④ 故意用球拍触球超过一次。连续两次触及球。

⑤ 运动员的身体、球拍，在发球期间触及球网。

⑥ 过网击球。

⑦ 抛拍击球。

6. 界内球

所有在线内以及落在线上的球都算界内球。

7. 双打发球次序

每盘第一局开始时，由发球方决定由何人首先发球，第三局由第一局发球方的另一球员发球。对方在第二局开始时决定由何人首先发球，第四局由第二局发球的另一球员发球。以后各局按此顺序发球。

8. 双打接球顺序

先接球的一方，应在第一局开始时，决定何人先接发球，并在这盘双数局继续先接发球。他的同伴应在每局轮流接发球。

9. 双打还击

接发球后，双方应轮流由其中任何一名队员还击。如运动员在其同伴击球后，再接触球，则判对方得分。

第三节　网球的基本技术

一、基本握拍法

握拍法是所有网球技术中最基本的技术，它能直接影响球拍面接触球的角度。目前世界上最流行的握拍法有三种：即东方式、西方式和大陆式。不同的握拍法产生了各种不同的击球效应和打法。

1. 握拍的重要性

握拍的方法与击球动作有着密切的关系。作为初学者，必须按正确的方式握拍，使拍面以正确的部位和角度与球接触。起初可能会有不习惯、不舒服的感觉，但坚持一段时间后就会领会到正确握拍法的好处了。

2. 各种握拍法图解（如图 11 - 2 所示）

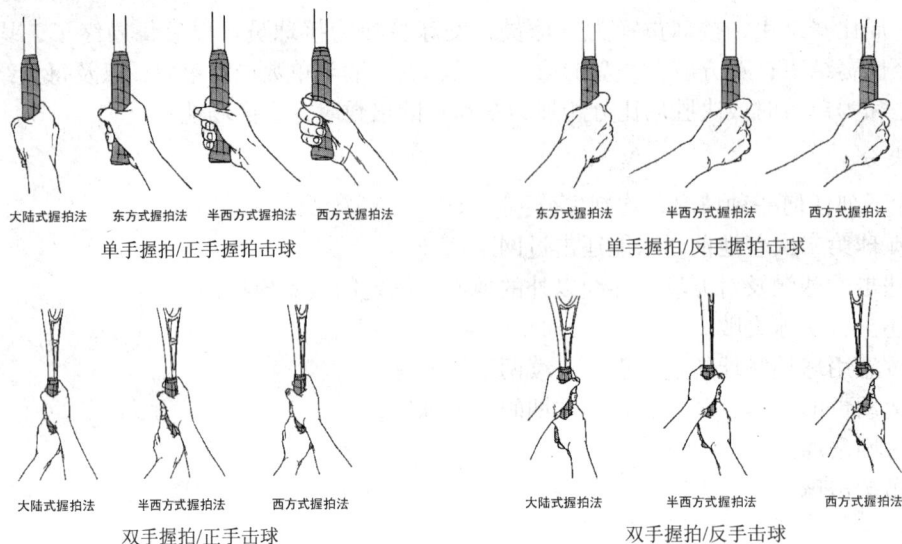

| 大陆式握拍法 | 东方式握拍法 | 半西方式握拍法 | 西方式握拍法 | | 东方式握拍法 | 半西方式握拍法 | 西方式握拍法 |

单手握拍/正手握拍击球　　　　　　　单手握拍/反手握拍击球

| 大陆式握拍法 | 半西方式握拍法 | 西方式握拍法 | | 大陆式握拍法 | 半西方式握拍法 | 西方式握拍法 |

双手握拍/正手击球　　　　　　　　　双手握拍/反手击球

图 11 - 2　各种握拍法图解

二、移动与节奏

网球运动有句俗话："手法是基础，步法是关键。"移动是为了在正确的击球点上击球，只有移动到位，才能正确地把球击出，为此，身体重心移动的时机必须合适。

移动可采用垫步、交叉步、跑步、滑步等步法。

移动要在节奏中进行。对方的击球声音、球打在地上的声音以及自己的击球声音构成了节奏，打球时要注意来球并有节奏地运动，是保证你移动轻快的关键。

三、网球的基本技术

（一）发球

1. 动作要领

（1）握拍法

大陆式或东方式反拍握拍法。

（2）准备姿势

全身放松，侧身站立在端线外，左肩对着左边网柱，面向右边网柱，两脚开立约与肩宽，左脚与端线约成45°，右脚约与端线平行，重心在左脚上，呼吸均匀，精神集中。

（3）抛球与后摆

抛球与后摆拉拍动作是同步开始的，持球手拇指、食指和中指轻轻托住球，掌心向上。当球拍向下向后引拍时，持球手同时下降到右腿处，紧接着当球拍从身后向头上方做大弧度摆动，身体做转动、屈膝、展肩时，持球手柔和地在身前左脚前上举，直至伸高及头顶。抛球动作要协调、平稳，球送至最高点再离开手指抛向空中。此时右肘向后外展约同肩高，拍头指向空中，左侧腰、胯成弓形状，身体重心随着抛球动作开始先移向右脚，然后平稳地开始前移。此刻，肩与球网成直角。

（4）击球动作

当左手抛出球时，球拍继续向上摆动，这时握拍手的肘关节放松，可使向前转动的身体和右肩自动地使手臂产生一个完美的绕圈。当球下降到击球点时，迅速向上挥拍击球，左脚上蹬，使手臂和身体充分伸展，双肩与球网平行。挥拍击球时，持拍手腕带动小臂有一个旋内的"鞭打"动作，这就是发球发力的关键动作。

（5）随挥动作

球发出后，身体向场内倾斜，保持连续的完美的向前上方伸展的随挥动作。球拍挥至身体的左侧，重心移向前方，做到完全自然地跟进并保持身体平衡。

图 11-3 为完整的发球动作连续图。

2. 发球的分类和方法

发球基本上分三种：平击发球、切削发球和上旋发球。每一种发球都有自己的特点和用途。

（1）平击发球

平击发球在发球中是球速最快的发球法，也叫炮弹式发球。该发球球速快、反弹低，但命中率比较低。

发平击球时的击球点应在身体的右眼前上方，以拍面中心平直对准球，击球的后中上部。因此手腕的向前挥甩和前臂的"旋内鞭打"非常重要，身体充分向上向前伸展，以获得最高击球点，以提高发球命中率，如图 11-4 所示。

图 11-3 发球

图 11-4 平击发球

（2）切削发球

这是一种以后侧旋转为主的发球法。就是由球的右上往左下切削击球。该发球球速快、威胁大，而且容易提高命中率。

发球时把球抛到右侧斜上方，球拍快速从右侧中上方向左下方挥动。击球的中部偏右侧，使球产生右侧旋转，如图 11-5 所示。

（3）上旋发球

这是一种以上旋为主，侧旋为辅的发球法。由于球的上旋，使球产生一个明显的从上向下的弧形飞行轨迹，旋转成分越多，弧形就越大，命中率也越高，落地后高反弹到对方的左侧，给对方造成一定的压力。

发上旋球时把球抛到头后偏左的位置，击球时身体尽量后仰成弓形，球拍快速从左向右上方挥动，从下向上擦击球的背面，并向右带出，使球产生右侧上旋。

图 11-5　切削发球

（二）接发球

1. 接发球的重要性及要求

网球比赛首先是从发球和接发球开始的。比赛中，如果接发球不好，不仅会给对方较多的进攻机会，而且更严重的是常会引起自己心理上的紧张和畏惧，并造成失误。反之，如果接发球技术好，不仅有时可以直接得分，而且还可以破坏对方的抢攻，为自己的进攻创造有利的条件。

2. 动作要点

（1）正确的握拍法

应根据运动员习惯的握拍法来决定。大陆式握拍，正、反拍无需换握拍；东方式或西方式，混合式握拍的正、反拍击球需换握拍，当球一离开对方的球拍，就应该决定是否要转变握拍。向后拉拍时改换握拍要做到迅速及时，才能还击好来球。

（2）准备姿势及站位

接发球的准备姿势只要能以最快的速度还击球就行。当对方发球前，可以两膝弯曲，两腿叉开；当对方抛球准备击球时，可以重心升起两脚快速交替跳动，并判断来球准备回击。接第一发球时站位稍靠后些，接第二发球时站位稍靠前些。

（3）击球动作

接发球的关键在于：快速灵敏的判断、反应和充分的准备。当击球点在身体前面时，在判明来球的方向后，即向后转动双肩，马上向前迎击来球。迎上去顶击球时，要握紧球拍，手腕保持固定，使拍面正对着来球。

（三）正手击球

正手击球技术包括平击、上旋和下旋等各种击球法，每种击球法的特点不同，所起的作用也不一样。

1. 正手击球动作要点

（1）握拍法

东方式正手握拍法或东西方混合握拍法。

（2）准备姿势

准备时，面对球网，两脚分开与肩同宽，身体前倾，双膝微屈，重心落在前脚掌上，右手握拍，左手轻拖拍颈，拍面垂直地面并指向前方，注意力集中准备迎击来球。

（3）后摆动作

当发现对方击球朝正手拍来时，就开始向后拉拍，转髋的同时转动双肩，带动拍子向后引，成弧形或直接向后拉拍，肘关节弯曲并稍抬起，同时，左手向前伸出，以保持身体平衡。

（4）击球时的步法

击球的步法分为"关闭式"和"开放式"两种。"关闭式"是在球拍做后摆动作的同时右脚向右转，约与底线平行，左脚向右斜前方45°迈出。"开放式"是在球拍向后引做后摆动作的同时，双脚基本与底线平行，只是需要较多的转体动作配合。这两种击球的步法，击球前的身体重心都在右脚上，随着击球动作重心移向左脚。

（5）击球动作

向前挥动击球时，一定要向前迎击球，借助快速转髋和腰的动作，利用离心力大力摆动身体并立即挥出球拍。此时要紧握球拍固定手腕，肘关节微屈，击球点在轴心脚的侧前方。

（6）随挥动作

击球后随挥动作的去向意味着球的去向。击球后球拍沿着球飞行的方向继续向上挥动，肘关节向前上方跟进前伸，转体动作由后摆时的侧身对网转向正面对网，球拍随挥至左肩上方结束，动作放松，同时马上还原到准备回击下一次来球的状态。

2. 正手击球的种类和要点

（1）止手平击球

特点：飞行路线平直，落地弹跳低，冲力大，进攻性强。但由于飞行路线平直，所以命中率和准确性比较差。

动作要点：东方式或东西方混合式握拍法，以腰的扭转带动拉拍，动作放松，手腕控制好拍面；充分利用转腰和腿部力量，整个手臂的挥动要快，用力要集中，球拍击球的中部；进攻击斜线时应击球的中右部、进攻击直线时，应击球的中部为主；挥拍动作不应过于向上，应几乎平行地向前挥动击球，如图11-6所示。

（2）正手上旋球

特点：飞行弧线高，下降速度快，落地弹跳后如冲跳，是对付上网型打法、把对方压在底线打或打超身球的有效技术。

动作要点：握拍应是东西方混合式；

图11-6　正手平击球

击球时，用腰的扭转做到左肩和右肩的交互交换，使身体成为开放姿势再出拍，手腕稳定，球拍由下向上方挥动；击球后，手腕放松，最后把球拍挥至内侧，靠近身体；击球部位在球的中部或中部偏上的位置，如图 11 - 7 所示。

（3）正手下旋球

特点：回球速度快，可以变化场上节奏，缩短对方连续回击球的准备时间。

动作要点：判断来球，及早做出准备，击球的上升期；后摆动作要小，拍面略开，在击球瞬间，拍面几乎是垂直地面的；击球点在身体的侧前方，击球时身体重心随挥拍动作一起向前，同时步法要跟上；若来球是上旋球，应击球的中部，向前向下推动用力，若来球是下旋球，应击球的中下部，向前并略向上推动，如图 11 - 8 所示。

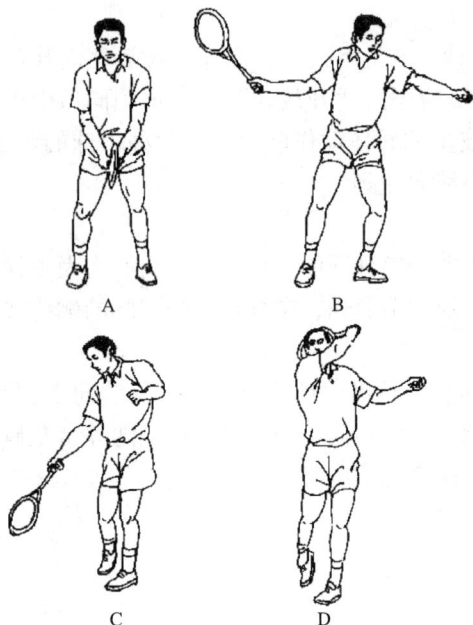

图 11 - 7　正手上旋球

图 11 - 8　正手下旋球

（四）反手击球

由于反手击球力量比正手要小，因此，在比赛中都被对方当作弱点来对付，如果反手击球技术掌握得好，就能在比赛中争取主动，提高自信心。

1. 反手击球动作要点

（1）握拍与准备姿势

东方式反手握拍法，准备动作与正拍准备动作相同。当判断来球是反手时，握拍转换成东方式反手握拍法。

（2）后摆动作

左手轻拖球拍颈部，转动双肩。右肩侧身球网，几乎是背对球网，同时右脚向左侧前方跨出，全身自然放松，注意力集中，握拍手肘关节弯曲并贴近身体。

（3）击球动作

要把球打得既狠又准，就必须向前迎击来球，击球点在右脚的侧前方，力争打上升球。

当向前挥拍时，朝着球网一鼓作气地回身转腰，拍面垂直于地面，肘关节稍屈并外展，手腕锁紧，并由下向上方用力挥出，在将要击球时刻，身体重心由右脚移向前脚，使身体重心顺畅地移到击球中去。

（4）随挥动作

为了控制球，跟进动作时球拍应向上挥到肩或头部的高度，同时保持身体平衡并准备下一拍的击球。

2. 反手击球的种类和要点

（1）反手上旋球

特点：该球在空中的运行特点和落地后的弹跳特点与正手上旋球相似。

动作要点：向后拉拍要早，借助转体，右肩侧对左侧网柱，右脚向前方跨出，向后引足拉拍；当球落地弹起，借助腰的回转，球拍由后下向前上方挥出，击球点在身体侧前方，击球时球拍垂直于地面，击球的中部偏下；击球后动作要向正前上方挥出，重心由左脚移至右脚，面对球网，如图11-9所示。

图11-9　反手上旋球

（2）反手下旋球

特点：该击球法也称防守性反拍击球，俗称"削球"。它可以变化比赛节奏，打出反弹低且落点多变的球，使对手不易还击。

动作要点：击球前的后摆动作与上旋球的后摆动作有所区别，不同点在于削球动作的后摆是持拍手借助转肩侧身向后上方摆拍，拍头约与头部同高。持拍手肘关节微屈并靠近身体，右脚向前上方跨出，重心在左脚；击球点在身体侧前方，要打斜线球，击球点要提前一些。要打直线球，击球点要稍后一些。向前挥拍击球时，朝着球网回身转腰，肘关节外展，手臂伸直，手腕锁紧，身体重心由左脚移到右脚，膝关节微屈；击球时拍面要微后仰，球拍由后上方向前下方挥动做切削动作，击球点在球的中部或中部偏下。击球后球拍的随挥动作应由下稍微向上成弧形挥动到肩或头部的高度并面向球网，如图11-10所示。

图11-10　反手下旋球

（五）截击球

当球落地之前在空中飞行时被凌空打掉，为截击球，也叫拦网。截击球技术是一项非常重要的得分手段。

截击球技术包括：高球截击、低球截击、中场截击和近网截击。由于截击球的距离短、球速快，正、反拍截击球要转换握拍是很困难和不切实际的，所以截击球通常采用东方式反拍握法或大陆式握拍法。

1. 近网截击技术

（1）特点

近网截击站位位于发球线前 1～1.5 m 的地方，好的近网截击，其判断、落点的准确，击球的果断，能给对方致命一击。

（2）近网正拍截击动作要点

图 11 - 11　近网截击球

判断来球，迅速调整位置、控制拍面。若来球快且平，拍面应稍开，击球中下部，手腕锁紧，以短促的动作向前向下顶撞来球。若来球快且高并略带上旋，拍面应垂直，击球中部，以短促的动作向下向前顶撞来球；后摆动作要小，身体重心向前，靠转体带动完成后摆动作，击球点在身体侧前方；击球时左脚向左前方跨出，同时身体重心落在左脚上，肘关节离身体不要太远；动作短促、随球动作小，并迅速准备下一拍击球。

（3）近网反拍截击动作要点

准备动作与近网正拍截击动作相同，要求重心要低，后摆动作要小；以肩和肘关节为轴，由上向下或由后向前顶撞击球，手腕锁紧，以前臂发力控制落点；击球时右脚跨出，重心在后脚上，随挥动作短小有力，如图 11 - 11 所示。

2. 中场截击球技术

（1）特点

中场截击球在上网的途中在发球线附近有一短暂的停顿和重心转换，中场截击一般站位于发球线附近。

（2）正拍中场截击动作要点

面对球网，两脚分开与肩同宽，膝关节微屈，重心在前脚掌上，来球时脚跟提起，转胯转肩，左脚向侧前方跨步，以转肩来带动球拍后摆，后摆幅度不超过肩，肘关节微屈，拍面略开；截击时手腕锁紧，击球点在左脚尖延长线上，以短促有力的动作向前迎击来球，击球的中下部位；击球后的跟进动作随着球的行进路线要稍长一些。

（3）反拍中场截击球动作要点

准备动作也正拍相同，判断来球后，向左侧转肩转胯，同时左手托拍颈向后引拍，拍面略开，后引动作不超过左肩；击球时右脚向侧前方跨出，重心前移同时向前向下截击来球，击球点位于右脚尖前面，手腕锁紧，肘关节微屈，利用前臂和手腕向前下方击球；击球后的跟进动作稍长一些，随时准备截击下一拍球，如图11-12所示。

（六）高压球

1. 特点

高压球是对付对方挑高球的一项进攻技术。良好的高压球技术，能为上网截击增加信心和增强威力，根据对方挑高球落点的深浅，采取猛力的扣杀和落点准的打法，能使高压球更具威胁。

2. 动作要点

高压球动作与发球的动作相似，握拍也和发球握拍相同；准备击球时，非持拍手上举指向来球的方向，击球和发球时击球一样，击球点在右眼前上方，近网高压球的击球点可偏前，便于下扣动作的完成，远网后场的击球点可稍后些，击球动作向前下方挥击以防下网，击球后跟进动作尽量像发球动作那样完整，起跳高压时要保持身体的平衡，如图11-13所示。

图11-12　中场截击球

图11-13　高压球基本技术

（七）挑高球

挑高球指一方上网截击，占据有利位置，另一方打出弧度很高的球，将球挑过上网方的头顶，并落在界内。挑高球不仅是被迫使用的一项防御技术，而且它可以破坏对方的进攻节奏，改变对方回球的速度，能减弱对方的网前优势，使自己从被动转变为主动。

挑高球可分为进攻性挑高球和防守性挑高球两种。

1. 进攻性挑高球

（1）特点

进攻性挑高球又叫上旋高球，它能打乱对手的网前战术；这种球能强劲飞越网前对手，迅速落在后场，给破网得分创造机会。

（2）动作要点

挑高球动作尽可能和底线正、反手上旋球动作一样。完成拉拍动作时手腕要保持后屈；

在挥拍击球时，拍面垂直，拍头低于手腕的位置，采用手腕与前臂的翻滚动作，由后向下向前挥拍，做弧线型鞭击球动作，使球拍在击球瞬间进行擦击，以产生强力上旋，击球点在身体侧前方，中心落在后脚；击球后，球拍必须朝着自己设想的出球方向充分跟进，随挥动作要放松并在身体的左侧结束，如图 11－14 所示。

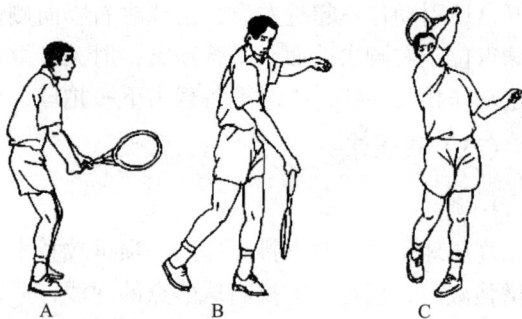

图 11－14　进攻性挑高球

2. 防守性挑高球

（1）特点

防守性挑高球也叫下旋高球，它飞行弧线高，比较上旋高球更容易控制，具有失误少的优点。挑下旋高球能赢得回到有利位置的时间。

（2）动作要点

挑下旋高球的握拍、侧身转肩、向后引与底线正、反拍击下旋球的动作是大致一样的；击球时拍面朝上，触球的中下部，由后向下方向前上方平缓挥拍击球，尽量使球在球拍上停留的时间长一些，动作要柔和；随挥动作和底线正、反拍击下旋球一样，动作结束，面对球网，重心稍后。

（八）放小球

放小球和挑高球一样，是为了战略的需要，掌握放小球这样细腻的球感，需要长时间的练习和经验。

1. 特点

放小球的目的是，当对手前后移动慢，网前技术差时，我们把对手从后场引到前场，创造得分的机会；再有当对手站在后场或大角度跑出场外时，突然放小球，使对手来不及到位而得分。

2. 动作要点

放小球击球前的准备动作与正、反拍击球动作相同，球拍后引，侧身对网，拍头高于设想的击球点；击球时拍面稍开，动作柔和，触球点在球的下部，使球产生下旋，并以适当的前推或上拖动作把球击出，使球以适当的弧线落在对方球场近网处；击球后身体重心向击球方向跟进，自然的完成随挥动作。

（九）反弹球

1. 特点

反弹球主要是用来回击对着脚下打来的球，或者是在上网途中，来不及到位打截击球而被迫还击刚从地面弹起的低球。它的击球特点是固定球拍角度，借助球弹起一瞬间的力量进行还击。

2. 动作要点

正、反拍握拍采用东方式反拍握法或大陆式握拍法；当判断来球需要打反弹球时，迅速降低重心，身体前倾，保持平衡，后摆动作视球速和准备时间的快慢而定，一般是转体时已经完成了后摆动作；击球时眼睛必须看球，手腕与手臂紧固，拍面略开，随身体重心前移，拍子由上向下作反弹击球，使球略带上旋；随挥动作不宜太长，能达到引导出球方向就够了，如图 11 – 15 所示。

图 11 – 15　反弹球技术

第四节　网球的基本战术

战术是指在比赛中经常运用的手段，是对战略指导思想的具体实施办法。战略是指运动员在整场比赛中的指导思想，是针对不同对手选择、制定的比赛方案。

一、战术的指导思想

1. "稳"字当头

比赛中，要有耐心，击球要稳，不要滥用自己还不熟悉的打法或想一下把对方置于死地的冒险球。一般击球落点在距边线 60 cm 以内的区域。

2. 把球打深

无论进攻或防守型的选手，都遵循这个原则。球的落点在离端线 60～90 cm 处，以使自己有充裕的时间对回击做出反应，并能阻止对方上网，以及缩减对方回球的角度。

3. 争取上网截击

上网截击可以使自己的击球范围大，让对方疲于应付或失误，同时，提高了回球速度，使对方来不及调整位置接球。

二、单打战术和打法

1. 发球上网

发球时发出质量较高的球，使对方的回球不至于力量太凶猛或落点刁钻。自己应果断的上网，移动到发球线与网之间，利于发球速度和角度造成对方失误。

2. 底线打法

底线打法首先要将球打深，球落在端线前面不是发球线附近。同时利用落点调动对方，或者抓住对方的弱点作为突破。在有机会的情况下也可上网截击。

3. 综合打法

根据对手的情况，采用不同的打法。如对方频频上网，可采用挑高球迫使他退回去；如对方底线技术很好，可适当放一些小球诱使他上前，再用力将球打深来调动他。综合打法就是将底线和上网两种打法结合起来，根据场上情况，随机应变。

三、双打战术

1. 协作配合战术

双打要求两个队员配合得像一个人，能做到瞬间的默契配合是双打战术成功与取胜的关键。双打中两个人相互间的距离不能拉开3.5米以上，可以想象为两个人被一根松弛的绳子相连接，这根绳子使两人一块向前、向后、向左和向右移动。

2. 协同防守

当自己的同伴回到端线去救高球时，自己不应当继续留在网前，这样会在两人之间出现漏洞，让对方打出落点很好的"破网"球来。所以，当同伴退回去时，自己也要跟着退，使自己一方处于最佳的防守位置。退回端线后虽然被动了，但一旦出现浅球时，两人还可立即一块向前，回到网前。

3. 抢网战术

（1）在发球前作出抢网决定

抢网是网前人横向移动，拦截对方接球员打过来的斜线球。很重要的是两人要在事先商定，如果对方打斜线球时，网前人则要去抢网。一旦做出决定，便必须坚决执行。

（2）防住空出的场地

当网前人扑出去拦截接发球时，他那半个球场便无人防守，所以发球员发球之后，应向同伴留下的那半场跑去，并继续向网前移动。抢网的人在拦截之后，应当继续进入发球员的场区。两人交叉移动，可以防住对方可能回击的直线球以及抢网人第一次截击没能得分后的回击。

（3）起动要早

抢网时，需要在对方接球员击球的一瞬间起动，而不要在接球员击球之前移动，把自己的行动意识暴露给对方。

（4）退在后场对付抢网的队员

当对方网前队员抢网时，接球员和同伴要掌握好站位。如果退在后场，就有时间移动到位，或者挑出高球，使球不死。

（5）打直线球

如果接发球老是打斜线球，对方就会判断出来并积极抢网。所以，一旦对方抢网开始，就要打斜线球使对方网前人不敢随意抢网，也可以试用攻击性挑高球过头顶的方法。

（6）抢网时向下击球

要抢网成功，必须在球比网高时击球，就是说要向前移动，靠近球和网，才能往下打球。越近网，球就越高，也就越易于截击。

4. 发球的配合

双打球经常比单打球更具有强烈的攻击性。由于发球员的同伴首先占据了网前制高点的位置，随时准备截击接发球员的第一还击球，因此给对方的压力很大，迫使接发球员势必向发球员甲还击大角度的球，而且要求有一定的球速，否则，有可能被乙抢截，所以难度很大。如果用随发球上网形成双上网，那么威胁性就更大了，一旦对方打直线球就会造成一举得分。然而，乙必须百分之百地控制好还击给他的反手直线球。否则，那将会为对方创造出一个成功的"破网"球。

在双打的每盘比赛中，通常发球技术最好的球员应该是第一发球员。而在每次发球时，发好第一次发球更为重要，因为，可使网前的同伴能够较有效地进行偷袭。

第五节　网球考试的内容及评分方法

一、正拍底线击球

方法：应试者于底线外击打老师的击球至对方单打有效区域内。

成绩评定：以 30 分计。技术达标：20 分，技术评定：10 分。

二、反拍底线击球

方法：应试者于底线外击打老师的手抛球至对方单打有效区域内。

成绩评定：以 30 分计。技术达标：20 分，技术评定：10 分。

详见表 11 - 1 及表 11 - 2。

表 11 - 1　技术达标评分表

击球次数	有效击球	获得分数
10	10	20
	9	18
	8	16
	7	14
	6	12
	5	10
	4	8
	3	6
	2	4
	1	2

表 11 −2　技术评定评分表

分值	技术评定标准
10	完成动作准确、舒展、流畅，击球有力、球速快、落点好
9	完成动作准确、舒展、流畅，击球有力、球速快、落点较好
8	能正确完成动作，击球有力，球速快、落点好
7	能正确完成动作，击球有力，球速和落点较好
6	能正确完成动作，但击球无力，球速慢、落点较差

三、上手发球

方法：应试者于底线外发球至对方发球有效区内，底线中点的右区发 5 个球，左区发 5 个球。

成绩评定：以 30 分计。技术达标 20 分，技术评定 10 分。

详见表 11 −3 及表 11 −4。

表 11 −3　技术达标评分表

击球次数	有效击球	获得分数
10	10	20
	9	20
	8	18
	7	16
	6	14
	5	12
	4	10
	3	8
	2	6
	1	4

表 11 −4　技术评定评分表

分值	技术评定标准
10	技术动作正确、完整、流畅，有明显的背弓、鞭打动作、发球成功率高，落点稳定，球速快
9	技术动作正确、流畅，发球成功率高，落点稳定，球速较快
8	技术动作正确、流畅，发球成功率较高，落点较稳定
7	技术动作基本正确、流畅，发球成功率较高
6	动作基本正确、完整、连贯

四、对打

1. 方法

① 应试者可自选陪考对象，或两人同时参加考试，并在上场前告诉老师考试人数为 1 或 2 人。

② 应试者上场前应准备好 5 个球。

③ 由任何一方发球后，开始计算次数。次数为两人连续击球次数之和。

④ 双跳、出界、连击等违反规则的情况出现时应重新开始记数。

⑤ 以 5 个球中最高次数计算达标成绩。

2. 成绩评定（以 30 分计）

① 连续击球 10 次及以上，分值 30 分，击球动作正确、完整、流畅、连贯、协调，能做到主动击球，球的落点稳定，落点较深，随挥充分，回位快，步法好，击球成功率高，节奏感好，球速快。

② 连续击球 7～9 次，分值 24～29 分，击球动作正确、完整、流畅、连贯、协调，球的落点稳定，步法运用合理。

③ 连续击球 4～6 次，分值 18～23 分，击球动作基本正确、完整、比较流畅、连贯，步法尚可，能基本上完成击球动作，动作质量尚可，但落点不稳定，回位不够及时。

④ 连续击球 3 次及以下，分值 18 分以下，不能正确、完整地完成击球动作，动作不够协调，步法运用不合理，回位不及时。

第十二章
太极拳运动

第一节 太极拳运动概述

一、太极拳的发展

太极拳运动是中华民族的宝贵遗产，是五千年传统文化的结晶，也是精神文明宝库中的瑰宝。太极拳运动在我国源远流长，早在南北朝时期称作"长拳"，用于训练士兵。汉唐时期传有十五式，因其运动连绵不断称为"锦拳""柔拳"。随历史的发展，社会的变迁，太极拳的技术防御和祛病强身作用得到了不断地发展，在民间得以广泛流传，发展成为寓攻防技击和强身健体为一体的一种拳术。在太极拳发展史上最有影响和作出卓越贡献的是清乾隆年间山西民间武术家王宗岳，他在山西、河南授拳，播下了太极拳的种子，并著《太极拳论》《太极拳解》《行功心解》《搭手歌》，对后人学习、理解、研究太极拳有极大的参考作用，将太极拳运动的发展推向了一个顶峰。另外，值得一提的是河北永年人杨禄禅三下陈家沟数十余载向陈长兴学习太极拳，朝夕苦练，寒暑无间，尊师重道，终得太极拳精髓，于1851年将太极拳带入经济、文化的中心北京，才使太极拳得到广泛的发展，称杨式太极拳。随其学艺者甚多，在其影响下，吴、孙、武式太极拳相继问世，流传至今已有一百多年，成为以姓氏命名的杨、吴、孙、武和陈氏太极拳等。

二、太极拳运动的特点

1. 轻松柔和

太极拳的架势比较平稳舒展，动作轻松柔和，轻而不浮，松而不懈。轻，指动作进退旋转要轻灵、沉稳、圆活。松，首先是思想放松，即心静，排除杂念一心练拳。身体各关节肌肉全都放松达到全身放松。柔和就是用力要轻，动作要慢，快与慢是相对的，在缓慢的动作中保持轻灵，体现内外相合。

2. 连贯均匀

连贯指各个姿势动作前后衔接要一气呵成，好像行云流水一样。太极拳的均匀不仅指动作还指用力，每个动作做完应微微一沉，似停非停，立刻接做下一个动作。这种完整如一、连贯一气、"如行云流水"的均匀是太极拳特殊的速度、节奏。

3. 圆活自然

太极拳运动不同于其他运动，上肢动作处处呈弧形，这种弧形的生理曲线不仅符合人体各关节自然的生理结构，同时特别能体现动作的柔和，克服直来直往的僵硬。便于太极拳导引内气的动作效果。

4. 完整协调

太极拳的动作都是以腰为轴，躯干的活动带动手脚的，所以不管是单个动作还是全套动作的演练都是上下相随、内外相合、一动无不动、周身一家的。

三、太极拳运动的风格

中正安定，舒展自然（姿势）　　　轻灵沉稳，园活连贯（动作）
其于腰腿，周身相合（协调）　　　虚实刚柔，松整合顺（劲力）
动中寓静，意领神随（意念）　　　心静体松，呼吸平顺（节奏）

四、各式太极拳的风格特点

杨式：舒展中正，柔中有刚，圆活饱满，沉稳浑厚。
陈式：缠绕折叠，松活弹抖，快慢相间，蓄发互变。
吴式：轻松柔活，紧凑舒展，川字步型，斜中寓正。
孙式：开合相间，转换灵活，进跟退撤，身到意合。
武式：兼收各式，融为一体，中正安静，转换合顺。

五、太极拳运动的健身作用

经常参加太极拳运动对神经系统有良好的影响，能使人精神饱满，思路敏捷，对调节全身各部的正确姿势也是非常重要的。另外，还能使人克服不良的身体姿势，提高肌肉的力量，特别是提高各肌群的协调能力，对提高肌肉的代谢能力有积极的作用。太极拳运动对预防、治疗癌症有一定的作用，是预防高血压、降低血脂和防治心血管疾病的最好锻炼方法；通过打太极拳，能有效地调节体内的阴阳平衡，使内气开合、升降、聚散有度，这种特殊的生理状态是祛病疗症、增强体质、提高健康水平的传统锻炼方法。

第二节　二十四式简化太极拳

预备姿势：身体自然直立，两臂自然下垂，下颏微回收，口微闭，上齿轻叩下齿，舌抵上腭，精神集中，全身放松，如图 12-1 所示。

1. 起势

两脚开立：左脚向左迈出一步，两脚与肩同宽，如图 12-2 所示。

两臂前举：两臂慢慢向前平举至两手高与肩平，两肘微下垂，两肩松沉，两手手心向下，如图 12 – 3 和图 12 – 4 所示。

屈膝按掌：两腿慢慢屈膝成半蹲，随屈膝下蹲，两臂慢慢下落，两掌轻轻下按至与腹部同高，如图 12 – 5 所示。

图 12 – 1　　　　图 12 – 2　　　　图 12 – 3　　　　图 12 – 4　　　　图 12 – 5

2. 左右野马分鬃

（1）左野马分鬃

抱球收脚：上体微向右转至面向南偏西，身体重心置于右腿上。同时右手略上提收在胸前，右臂在右胸前平屈，右手手心向下，左手手心逐渐翻转向上，右臂屈肘向右下方划弧至与腹同高，两手手心上下相对，在胸前右侧成抱球状，如图 12 – 6 所示。左脚收到右脚内侧，脚尖点地，眼看右手，如图 12 – 7 所示。

转体迈步：上体向左转至面向南偏东，随之左脚向左前侧方迈出一步，脚跟着地；右腿保持原屈膝程度承担体重，两脚跟之间的横向距离约 12 cm。随转体和左脚迈出，两手开始分别向右上、右下斜线分开，视线随左手移动，如图 12 – 8 和图 12 – 9 所示。

弓步分手：上体继续向左转至面向东方；随转体左脚全脚掌逐渐踏实，左脚尖正向东方，左腿屈膝慢慢向前弓出，身体重心逐渐前移至偏于左腿，左膝与左脚尖上下相对在一条垂直线上；右腿自然伸直，右脚跟后蹬稍外展，成左弓步；随转体两手继续分别向左上、右下斜线分开，视线随左手移动，直至左手向左上移至体前，高与眼平；手心斜向上，展掌、舒指；右手向右下方落按于右胯旁，手心向下，指头朝前，最后眼看左手，如图 12 – 10 所示。

图 12 – 6　　　　图 12 – 7　　　　图 12 – 8　　　　图 12 – 9　　　　图 12 – 10

（2）右野马分鬃

后坐跷脚：右腿屈膝，上体慢慢后坐，身体重心移至右腿；左脚尖翘起，同时上体微向左转，两手开始边翻掌边划弧，准备"抱球"。眼看左手，如图 12 – 11 所示。

抱球跟脚：上体继续左转。同时两手继续划弧，左手在上，右手在下，在胸前左侧成抱球状。身体重心慢慢移至左腿；随即右脚跟进至左脚内侧，脚尖点地，眼看左手，如图 12 - 12 和图 12 - 13 所示。

转体迈步：动作与左野马分鬃相同，只是左右式相反，且转体幅度稍小些，如图 12 - 14 所示。

弓步分手：与左野马分鬃相同，只是左右式相反，如图 12 - 15 所示。

图 12 - 11　　　　图 12 - 12　　　　图 12 - 13　　　　图 12 - 14　　　　图 12 - 15

（3）左野马分鬃

后坐跷脚、抱球跟脚：与右野马分鬃相同，只是左右相反，如图 12 - 16、图 12 - 17 和图 12 - 18 所示。

转体迈步、弓步分手：与左野马分鬃相同，如图 12 - 19 和图 12 - 20 所示。

图 12 - 16　　　　图 12 - 17　　　　图 12 - 18　　　　图 12 - 19　　　　图 12 - 20

3. 白鹤亮翅

跟步抱球：上体微向左转。右脚脚跟先离地，随即向前跟进半步，前脚掌着地，身体重心仍在左腿。同时左手翻掌向下，平屈于胸前；右手翻掌向上，向左方划弧至左腹前，两手手心上下相对，在胸前左侧成抱球状。眼看左手，如图 12 - 21 和图 12 - 22 所示。

后坐转体：上体微向右转，右脚全脚掌踏实，身体后坐，身体重心移至右腿。同时两手随转体开始向右上、左下分开。视线随右手移动，如图 12 - 23 所示。

虚步分手：身体微向左转至面向前方。同时两手继续向右上、左下分开，右手上提停于额前右侧，手心斜向左后方，虎口朝上，展掌、舒指；左手下按至左胯前，手心向下，指尖朝前，坐腕、展掌、舒指。同时左脚稍向前移，脚前掌着地，膝部微屈成左虚步，眼看前方，如图 12 - 24 所示。

4. 左右搂膝拗步

（1）左搂膝拗步

转体落手：上体微向左转。同时右手微向右、向下翻掌，由额前下落至面前；左手开始外旋向上翻掌。眼看前方，如图 12 - 25 所示。

图 12 - 21　　　　图 12 - 22　　　　图 12 - 23　　　　图 12 - 24　　　　图 12 - 25

转体收脚：上体向右转。随转体右手继续下落，经胯侧再向右后上方划弧至与耳同高，手心斜向上；左手由左胯侧向上经面前再向右下划弧至右肩前，肘部略低于腕部，手心斜向下。同时左脚收至右脚内侧，脚尖点地，身体重心在右腿。眼看右手，如图 12 - 26、图 12 - 27 和图 12 - 28 所示。

迈步屈肘：上体微向左转。右腿保持原屈膝程度，身体重心仍在右腿；随转体，左脚向左前侧方迈出一步，脚跟着地，两脚跟的横向距离约 30 cm。同时右臂屈肘将右手收至右耳侧，虎口对耳，掌心斜向左下方；左手下落至右腹前，手心向下。眼转看前方，如图 12 - 29 和图 12 - 30 所示。

图 12 - 26　　　　图 12 - 27　　　　图 12 - 28　　　　图 12 - 29　　　　图 12 - 30

弓步推搂：上体继续左转至面向前方。左脚掌踏实，左腿弓屈，右腿自然伸直成左弓步；身体重心主要移至左腿，上体正直，松腰松胯。同时右手从耳侧向前推出，手指高与鼻平，推掌时沉肩垂肘，推到顶点时要坐腕、展掌、舒指；左手继续向前、向下、向左划弧由膝前搂过，按在左胯侧稍偏前，手心向下，指尖朝前，坐腕、展掌、舒指。眼看右手，如图 12 - 31 所示。

（2）右搂膝拗步

后坐跷脚：右腿屈膝，上体后坐，身体重心移至右腿；左腿自然伸直，左脚尖跷起，略向外撇；同时上体微向左转。同时两手放松，开始翻掌划弧。眼看右手，如图 12 - 32 所示。

转体跟脚：上体继续左转。同时左脚掌逐渐踏实，左腿屈膝前弓，重心移至左腿；右脚跟至左脚内侧，脚尖点地。同时两手继续划弧，左手由胯侧边向上翻掌、边向左后上方划弧至手与耳同高，手心斜向上；右手由右侧向上经面前向左下划弧至左肩前，肘部略低于腕部，手心斜向下。眼看左手，如图 12 - 33 和图 12 - 34 所示。

图 12 - 31　　　　图 12 - 32　　　　图 12 - 33　　　　图 12 - 34

迈步屈肘、弓步推搂：与左搂膝拗步相同，只是左右式相反，如图 12 - 35、图 12 - 36 和图 12 - 37 所示。

 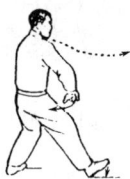 

图 12 - 35　　　　　　图 12 - 36　　　　　　图 12 - 37

（3）左搂膝拗步

后坐跷脚、转体跟脚：与右搂膝拗步相同，只是左右式相反，如图 12 - 38、图 12 - 39 和图 12 - 40 所示。

图 12 - 38　　　　　　图 12 - 39　　　　　　图 12 - 40

迈步屈肘、弓步推搂：同前左搂膝拗步，如图 12 - 41、图 12 - 42 和图 12 - 43 所示。

图 12 - 41　　　　　　图 12 - 42　　　　　　图 12 - 43

5. 手挥琵琶

跟步松手：身体重心移至左腿，右脚向前跟进半步，前脚掌着地，如图 12 - 44 所示。

后坐挑掌：身体后坐，重心移至右腿，随右脚踏实上体稍向右转，左脚跟离地。随转体左掌由下向左、向上划弧挑至体前，掌心斜向前下方，高与鼻平；右臂屈肘回带，右手收至胸前，掌心斜向前下方。视线随右手移动，如图 12 - 45 所示。

虚步合臂：上体微向左回转，但仍保持稍向右侧身状。同时，左脚稍向前移，脚跟着地，膝部微屈，成左虚步；两臂向里相合，左手心向右，高与鼻平；右手合在左前臂里侧，手心向左；两臂肘部均微屈。眼看左手，如图 12 - 46 所示。

图 12 - 44　　　　图 12 - 45　　　　图 12 - 46

6. 左右倒卷肱

（1）左倒卷肱

转体撒手：上体微向右转。同时随转体右手边向上翻掌，边由下经右胯侧向右后上方划弧，平举至与耳同高，手心斜向上，肘部微屈；左手随之在体前翻掌向上。眼随转体先略向右肩再转向前看左手，如图 12 - 47 和图 12 - 48 所示。

提膝屈肘：上体微向左回转。同时左腿屈膝轻轻提起，脚尖自然下垂，准备向后退步。同时右臂屈肘将右手收向耳侧，手心斜向前下方。眼看前方，如图 12 - 49 所示。

退步错手：上体继续微向左转至朝前。同时左腿向后略偏左侧退步落下，前脚掌着地，身体重心仍在右腿。同时右手经耳侧开始向前推出，手心向前下方。左手开始向后收回，手心向上。右手在上、左手在下，两手在体前交错，眼看右手，如图 12 - 50 所示。

虚步推掌：身体重心后移至左腿，右脚以前脚掌为轴将脚扭正（成脚尖朝前），右膝微屈成右虚步。右臂沉肩垂肘，右掌继续前推，推到顶点时，手指高与鼻平。左掌继续向下、向后划弧收回至左胯侧，掌心向上。眼看右手，如图 12 - 51 所示。

图 12 - 47　　　图 12 - 48　　　图 12 - 49　　　图 12 - 50　　　图 12 - 51

（2）右倒卷肱

转体撒手：同时左手由左胯侧向左后上方划弧举至与耳同高，手心斜向上，肘部微屈。右手随之翻掌向上，如图 12 - 52 所示。

提膝屈肘、退步错手、虚步推掌：与左倒卷肱中的动作相同，只是左右式相反，如图 12 - 53、图 12 - 54 和图 12 - 55 所示。

图 12 - 52　　　　图 12 - 53　　　　图 12 - 54　　　　图 12 - 55

（3）左倒卷肱

转体撤手：同右倒卷肱中的动作，只是左右式相反，如图 12 – 56 所示。

提膝屈肘、退步错手、虚步推掌：与左倒卷肱中相同，如图 12 – 57、图 12 – 58 和图 12 – 59 所示。

图 12 – 56　　　　　　图 12 – 57　　　　　　图 12 – 58　　　　　　图 12 – 59

（4）右倒卷肱

转体撤手、提膝屈肘、退步错手、虚步推掌：与前式右倒卷肱和左倒卷肱相同，方向相反，如图 12 – 60 ~ 图 12 – 63 所示。

图 12 – 60　　　　　　图 12 – 61　　　　　　图 12 – 62　　　　　　图 12 – 63

7. 左揽雀尾

转体撤手：上体微向右转。同时右手由胯侧向右后上方划弧举至与肩同高，手心向右上方，肘部微屈；左手在体前放松成手心向下，两臂约成侧平举状。视线随转体向右方移动，如图 12 – 64 所示。

抱球收脚：上体继续右转。同时右臂向胸前平屈，手心翻转向下；左前臂外旋，左手由体前划弧下落至右腹前，手心向上，两手上下相对成抱球状。同时左脚收至右脚内侧，脚尖点地；身体重心仍在右腿上。眼看右手，如图 12 – 65 和图 12 – 66 所示。

迈步分手：上体微向左转。同时左脚向左前方迈出，脚跟着地，两脚脚跟横向距离不超过 10 cm，如图 12 – 67 所示。

图 12 – 64　　　　　　图 12 – 65　　　　　　图 12 – 66　　　　　　图 12 – 67

弓腿臂：左脚掌逐渐踏实，左腿屈膝前弓，右腿自然伸直，身体重心前移成左弓步。同时左臂平屈成弧形，腕高与肩平，手心向里；右手向右下方划弧落按于右胯旁，手心向下，四脂朝前，眼看左前臂，如图 12－68 所示。

转体伸臂：上体微向左转。随转体左前臂内旋，左手向左前方伸出，手心向下；右前臂外旋，右手经腹前向上、向左前伸至左前臂里侧，手心向上。眼看左手，如图 12－69 所示。

转体后将：上体向右转。同时随转体两手向下经腹前向右后上方划弧后将，直至右手手心斜向上，高与耳平；同时右腿屈膝，身体后坐，身体重心逐渐移到右腿。眼看右手，如图 12－70 所示。

转体搭手：上体向左转至面向前方。同时右臂屈肘将右手收回，手心向前，两肘部略低于腕部。眼看左腕，如图 12－71 所示。

图 12－68　　　　　　图 12－69　　　　　　图 12－70　　　　　　图 12－71

弓腿前挤：左腿屈膝前弓，身体重心慢慢前移，右腿自然伸直成左弓步，同时左手心向里，右手心向前，双手与肩同高，向前慢慢挤出，两臂呈半圆形。眼看左手腕部，如图 12－72 所示。

后坐收掌：左前臂内旋，左手向下翻掌，手心向下；右手手心转向下，经左腕上方向前伸出，随之两手左右分开，与肩同宽。然后右腿屈膝，上体慢慢后坐，身体重心移到右腿，左脚尖翘起。后坐的同时，两臂屈肘，两手沿弧线收至腹前，手心都向前下方。眼看前方，如图 12－73、图 12－74 和图 12－75 所示。

弓步按掌：左腿屈膝前弓，重心慢慢前移，右腿成左弓步，上体正直，松腰松胯。同时两手向上，向前沿弧线按出，与肩同宽，手心均向前，按到顶点时腕部高与肩平，眼看前方，如图 12－76 所示。

图 12－72　　　　图 12－73　　　　图 12－74　　　　图 12－75　　　　图 12－76

8. 右揽雀尾

转体扣脚：右腿屈膝，上体后坐向右转身，身体重心移至右腿，同时右手掌心向外、经面前向右平行划弧至右侧，手心向前，两臂成侧平举状，如图 12－77 和图 12－78 所示。

抱球收脚：左腿屈膝，身体重心移回左腿，上体微左转，右脚收至左脚内侧，脚尖点地。同时左臂向胸前平屈，手心向下；右手由体前右侧边向上翻掌边划弧下落至左腹前，手心向上；两手手心相对成抱球状。眼看左手，如图 12 – 79 和图 12 – 80 所示。

图 12 – 77　　　　　　　图 12 – 78　　　　　　　图 12 – 79　　　　　　　图 12 – 80

其余动作同左揽雀尾，只是左右式相反，如图 12 – 81～图 12 – 90 所示。

图 12 – 81　　　　图 12 – 82　　　　图 12 – 83　　　　图 12 – 84　　　　图 12 – 85

图 12 – 86　　　　图 12 – 87　　　　图 12 – 88　　　　图 12 – 89　　　　图 12 – 90

9. 单鞭

转体扣脚：上体后坐，重心移至左腿，右脚尖里扣。同时上体向左转，随转体左手经面前向左平行划弧至身体左侧，手心向左，指尖朝上，右手随转体向下经腹前向左划弧至左肋前，手心向后上方。视线随左手移动，如图 12 – 91 和图 12 – 92 所示。

图 12 – 91　　　　　图 12 – 92

勾手收脚：上体右转至南偏西，右腿屈膝，重心移至右腿，左脚收至右脚里侧，脚尖点地。同时右手随转体向右上方划弧，手心由向里逐渐翻转向外，经面前至身体右侧变勾手，腕高与肩平，左手向下经腹前向右上划弧，手心逐渐转向里，最后停于右肩前。视线随右手移动，最后眼看右勾手，如图 12 –93 和图 12 –94 所示。

转体迈步：上体微向左转，随之左脚向左前侧方（即正东中线略偏北侧）迈出，脚跟着地，脚尖略外撇，两脚脚跟横向距离不超过 10 cm。同时左手随上体左转经面前平行划弧向左移动，手心逐渐向外翻转。在此动开始时，视线随左手移动，如图 12 - 95 所示。

弓步推掌：上体继续左转至面向东稍偏北。随转体左脚全脚掌踏实，左腿屈膝前弓，成左弓步，同时随转体身体重心逐渐移向左腿，左掌慢慢翻转向前推出，最后手心向前，腕与肩平，坐腕、展掌、舒指。右臂在身体右后方，勾手与肩同高，视线随左手移动，最后眼看左手，如图 12 - 96 所示。

图 12 - 93　　　　　图 12 - 94　　　　　图 12 - 95　　　　　图 12 - 96

10. 云手

（1）云手一

转体扣脚：右腿屈膝，上体后坐，上体向右转至南偏西，左脚尖里扣朝向正南方，身体重心逐渐移向右腿。左手向下经腹前划弧至右肋前。视线由看左手转为平视前方，如图 12 - 97 和图 12 - 98 所示。

转体撑掌：上体继续右转至面向西南。右勾手此时变掌外撑，掌心向西偏南，沉肩垂肘、坐腕、展掌、舒指，高度不变；左手由左肋前继续向上向右划弧至右肩前，掌心斜向里。眼看右手，如图 12 - 99 所示。

转体云手：上体逐渐左转至面向南偏东，左腿慢慢屈膝，重心逐渐移向左腿，右脚逐渐离地。随转体左手经面前划弧至身体左侧，保持屈肘，手心斜向里，指尖高与鼻平；同时随转体右手向下划弧至腹前，掌心由向右逐渐翻转至斜向上。视线随左手移动，如图 12 - 100 所示。

图 12 - 97　　　　　图 12 - 98　　　　　图 12 - 99　　　　　图 12 - 100

撑掌收步：上体继续向左转至面向东南。重心移至左腿；右脚前掌随即轻轻提起，收向左脚内侧（相距 10 ~ 12 cm）轻轻落地，前脚掌先着地，全脚掌再踏实，同时左手翻掌外撑，腕与肩平，掌心向东偏南，右手由腹前继续向左上方划弧至左肩前，手心斜向里。视线随左手移动，最后眼看左手，如图 12 - 101 所示。

（2）云手二

转体云手：上体渐向右转至南偏西；重心移向右腿，左脚跟逐渐离地。同时右手（掌心向里、虎口朝上）随转体经面前平行划弧至身体右侧，掌心向左，腕与肩平；左手随转体向下向右经腹前划弧至右肋前，掌心由左逐渐翻转至斜向里。视线随右手移动，如图 12-102 和图 12-103 所示。

撑掌出步：上体继续向右转至西南；重心移至右腿，左脚前掌随之轻轻提起，向左横跨一步，轻轻落下，前脚掌先着地，随即全脚踏实，同时右手翻掌外撑，掌心向西偏南，腕与肩平；左手由肋前继续向右上方划弧至右肩前，掌心斜向里。视线随右手移动，最后眼看右手，如图 12-104 所示。

图 12-101　　　　　图 12-102　　　　　图 12-103　　　　　图 12-104

转体云手、撑掌收步：动作同云手一，如图 12-105 和图 12-106 所示。

图 12-105　　　　　图 12-106

（3）云手三

动作与云手一相同，最后右脚收近左脚落地时，脚尖微里扣，以便于接做单鞭的弓步，如图 12-107 ~ 图 12-111 所示。

图 12-107　　　图 12-108　　　图 12-109　　　图 12-110　　　图 12-111

11. 单鞭

转体勾手：上体右转至南偏西。同时随转体右手经面前平行向右划弧至身体右侧，掌心由斜向里逐渐向外翻转至右前方变勾手；左手向下经腹前向右上划弧至右肩前，掌心由向左前方逐渐翻转至斜向里。同时随转体重心移至右腿，左脚跟轻轻离地。视线随右手移动，最后眼看勾手，如图 12-112、图 12-113 和图 12-114 所示。

转体迈步、弓步推掌：同前式单鞭，如图 12-115 和图 12-116 所示。

图 12 – 112

图 12 – 113

图 12 – 114

图 12 – 115

图 12 – 116

12. 高探马

跟步松手：身体重心继续前移，右脚向前跟进半步，前脚掌着地。同时左手逐渐放松成掌心向下，右勾手开始松开变掌。眼看左手，如图 12 – 117 所示。

后坐翻掌：右脚全脚掌踏实，右腿屈膝后坐，身体重心移至右腿，左脚跟随之逐渐离地；同时上体微向右转。同时右勾手变掌，两手心翻转向上，两肘微屈。视线随转体移动，如图 12 – 118 所示。

虚步推掌：上体微向左转至面向前方。同时左脚稍向前移，脚前掌着地，膝部微屈成左虚步，上体正直，松腰松胯。同时右臂屈肘，右手经耳侧向前推出，推到顶点，手心向前，高与眼平；左手收至左侧腰前，手心向上。眼看右手，如图 12 – 119 所示。

图 12 – 117

图 12 – 118

图 12 – 119

13. 右蹬脚

穿掌提脚：上体微向右转，左手经右手腕背面向前穿出，两手交叉，手背相对，腕与肩平，左手心斜向后上、右手心斜向前下。同时左脚轻轻提起收向右腿里侧。眼看左手，如图 12 – 120 所示。

迈步分手：上体微向左转。同时左脚向左前侧方迈出，脚跟着地，两脚跟横向距离约 10 cm，脚尖向前。同时左手翻掌向外，两手开始向两侧划弧分开。视线随左手移动，如图 12 – 121 和图 12 – 122 所示。

弓步抱手：上体继续微向左转。同时左脚掌踏实，左腿屈膝前弓，右腿自然伸直，身体重心前移成过渡左弓步，同时两手经两侧向腹前划弧，手心斜向里，肘部微屈。眼看右前方，如图 12 – 123 所示。

图 12 – 120

图 12 – 121

图 12 – 122

图 12 – 123

跟步合抱：上体微向右转。同时右脚跟进至左脚内侧，脚尖点地。同时两手由腹前继续向上划弧交叉合抱于胸前，右手在外，手心均向里。眼看蹬脚前方，如图 12-124 所示。

提膝分手：身体重心完全稳定在左腿，膝部微屈；右腿屈膝上提，脚尖自然下垂。同时两臂边翻掌边向右前、左后经面前划弧分开，手心转向外。跟看蹬脚前方，如图 12-125 所示。

蹬脚撑臂：右脚脚尖回勾向右前方慢慢蹬出，右腿蹬直，力在脚跟。同时两臂继续向右前、左后划弧平举撑开，肘部微屈，腕与肩平，手心均斜向外，眼看右手，如图 12-126 所示。

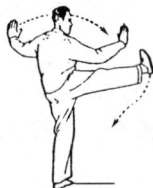

图 12-124　　　　　图 12-125　　　　　图 12-126

14. 双峰贯耳

收腿落手：右腿小腿收回，屈膝平举，脚尖自然下垂。左手由后向上、向前下落至体前，两手心均翻转向上，随之两手同时由体前向下划弧分落于右膝两侧。眼看前方，如图 12-127 和图 12-128 所示。

迈步分手：右腿向前方落下，脚跟着地，脚尖向前，两脚跟横向距离不超过 10 cm。同时两手继续下落至胯两侧，手心斜向前上，准备变拳。眼看前方，如图 12-129 所示。

弓步贯拳：右脚掌逐渐踏实，右腿屈膝前弓，身体重心慢慢前移，左腿自然伸直成右弓步，同时两手握拳分别从两侧向上向前划弧贯至面前，沉肩垂肘，两臂保持弧形，两拳高与耳齐，相距 10~12 cm，拳眼斜向内，呈钳形。眼看右拳，如图 12-130 所示。

图 12-127　　　　　图 12-128　　　　　图 12-129　　　　　图 12-130

15. 转身左蹬脚

转体扣脚：左腿屈膝后坐，身体重心移至左腿，上体向左后转，右腿尖里扣90°。同时两拳变掌，由上向左右划弧分至两侧平举，手心斜向外，肘部微屈。眼看左手，如图 12-131 和图 12-132 所示。

收脚合抱：右腿屈膝后坐，身体重心再移到右腿，左脚收到右脚内侧，脚尖点地。同时两手向下划弧经腹前再向上合抱于胸前，左手在外，手心均向里。眼看前方，如图 12-133 和图 12-134 所示。

图 12 – 131　　　　　　图 12 – 132　　　　　　图 12 – 133　　　　　　图 12 – 134

提膝分手：身体重心完全移于右腿，右膝微屈；左腿屈膝上提，脚尖自然下垂。同时两臂边翻掌边向左前、右后经面前划弧分开，手心转向外。眼看左前方蹬脚的方向，如图 12 – 135 所示。

蹬脚撑臂：左脚脚尖回勾，向左前方慢慢蹬出，左腿蹬直，力在脚跟。同时两臂继续向左前、右后划弧平举撑开，如图 12 – 136 所示。

16. 左下势独立

收腿勾手：左腿屈膝收回平屈（脚不可落地），随之上体向右转。同时右掌变勾手，左手向上、向右经面前划弧下落至右肩前，手心斜向后。眼看右勾手，如图 12 – 137 和图 12 – 138 所示。

图 12 – 135　　　　　　图 12 – 136　　　　　　图 12 – 137　　　　　　图 12 – 138

蹲身仆步：右腿慢慢屈膝半蹲，重心仍在右腿，左脚下落向左侧偏后伸出，成左仆步；眼仍看右勾手，如图 12 – 139 所示。

转体穿掌：重心仍在右腿上，左手一边向外翻转一边继续下落，沿左腿内侧划弧向前穿出，上体不要过于前俯。眼看左手，如图 12 – 140 所示。

弓腿起身：身体重心前移，上体微左转向前起身，成为左弓步状。同时左臂继续向前穿，立掌挑起，手心斜向右；右勾手在身后下落，右臂伸直后举，勾尖转向上。眼看左手，如图 12 – 141 所示。

提膝挑掌：重心继续前移，右腿慢慢屈膝提起，脚尖自然下垂，左腿微屈支撑体重成独立式，右勾手下落变掌，由后下方顺右腿外侧向前划弧挑起，屈臂置于右腿上方，手心斜向左，左手下落按于左胯旁，手心向下，四指朝前，眼看右手，如图 12 – 142 和图 12 – 143 所示。

图 12 – 139　　　　　　图 12 – 140　　　　　　图 12 – 141　　　　　　图 12 – 142　　　　　　图 12 – 143

17. 右下势独立

落脚勾手：右脚下落于左脚右前方，以左脚前掌为轴脚跟内转，重心在左腿。左手向左后上方平举变勾手，腕与肩平，右手随转体经面前向左划弧至左肩前，手心斜向后，如图12－144和图12－145所示。

蹲身仆步：左腿慢慢屈膝半蹲，右脚向右侧偏后伸出，成右仆步；右手开始下落前穿。眼仍看左勾手，如图12－146所示。

图12－144　　　　　图12－145　　　　　图12－146

转体穿掌、弓腿起身、提膝挑掌：与左下势独立相同，只是左右式相反，如图12－147～图12－150所示。

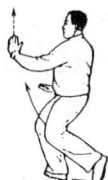

图12－147　　　　图12－148　　　　图12－149　　　　图12－150

18. 左右穿梭

（1）左穿梭

落脚坐盘：左脚向前方稍偏左侧落地，脚尖外撇，脚跟先着地，随之身体重心略向前移，左脚踏实，身体微向左转，两腿屈膝成半坐盘式。同时两手划弧，准备抱球，如图12－151～图12－153所示。

抱球跟脚：身体重心继续前移，由左腿支撑体重，右脚跟至左脚内侧，脚尖点地。同时上体继续微左转，两手左上右下在左胸前成抱球状。眼看左手，如图12－154所示。

图12－151　　　　图12－152　　　　图12－153　　　　图12－154

迈步滚球：身体右转。同时右脚向右前方迈出，脚跟着地，两脚跟的横向距离约

30 cm，身体重心仍在左腿。同时右手一边翻掌一边划弧上举至面前，左手向左下划弧至左肋侧，两手动作如同将所抱之"球"加以翻滚状。眼看右前方，如图12-155和图12-156所示。

弓步推架：右脚掌踏实，右腿屈膝前弓，重心前移，成右弓步，左手由肋侧经胸前向前上方推出，推到顶点时，手心向前；右手继续翻掌向上举架，停于右额前上方，眼看左手，如图12-157所示。

（2）右穿梭

后坐跷脚：上体微左转。同时左腿收屈，上体微后坐，右腿伸展，重心后移至左腿，右脚尖翘起微外撇。眼看左手，如图12-158所示。

图12-155　　　　　　图12-156　　　　　　图12-157　　　　　　图12-158

抱球跟脚：体微右转。同时身体重心前移至右腿，左脚跟进至右脚内侧，脚尖点地。同时两手右上左下在右胸前成抱球状。眼看右手，如图12-159和图12-160所示。

迈步滚球、弓步推架：动作与左穿梭相同，只是左右式相反，如图12-161、图12-162和图12-163所示。

 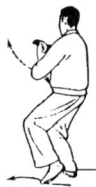   

图12-159　　　　　图12-160　　　　　图12-161　　　　　图12-162　　　　　图12-163

19. 海底针

跟步松手：身体重心移至左腿，右脚向前跟进半步，前脚掌着地。同时两手放松并开始划弧下落。眼看右手，如图12-164所示。

后坐提手：上体微向右转，右脚以前脚掌为轴，脚跟微内转，随即逐渐踏实，重心移至右腿，左脚脚跟随之离地。同时右手下落经右胯侧向后、向上抽提至耳侧，手心向左，指尖朝前；左手经体前向前、向下划弧下落至腹前，手心向下，指尖斜向右。眼看右前方，如图12-165所示。

虚步插掌：上体微向左转至面向前方。同时右手从耳侧向斜前下方插下，手心向左，指尖朝前下，展掌、舒指；左手从腹前经左膝前划弧按在胯前左侧，手心向下，指尖朝前，坐腕、展掌、舒指。同时左脚稍前移，膝部微屈，脚前掌着地成左虚步。眼看前下方，如图12-166所示。

图 12 – 164　　　　　　图 12 – 165　　　　　　图 12 – 166

20. 闪通臂

提手收脚：左脚提起收向右腿里侧。同时右手经体前上提至肩前，手心向左，指尖朝前，左手经胸前上提至右腕里侧下方，手心向右，指尖斜向上。眼看前方，如图 12 – 167 所示。

迈步分手：上体微右转。同时左脚向左前方迈出，脚跟着地，两脚跟横向距离不超过 10 cm，身体重心仍在右腿。同时两手开始一边翻掌一边分别前推、上撑。眼看右前方，如图 12 – 168 所示。

弓步推撑：上体微向左转至面向前方。左腿屈膝前弓，右腿自然伸直成左弓步同时左手一边翻掌一边向体前推出，手心向前，右手翻掌屈臂上撑在额右侧上方，手心斜向上，如图 12 – 169 所示。

21. 转身搬拦捶

转体扣脚：右腿屈膝后坐，重心移至右腿，上体向右转，左脚尖尽量里扣。同时右手开始向后划弧下落，左手开始划弧上举。眼看右前方，如图 12 – 170 所示。

图 12 – 167　　　　　图 12 – 168　　　　　图 12 – 169　　　　　图 12 – 170

坐身握拳：左腿屈膝后坐，重心移至左腿；右脚跟离地并以右脚前掌为轴微向内转。同时右手继续向下、向左划弧，在腹前屈臂握拳，拳心向下；左手继续屈臂上举，手在额左前上方，掌心斜向上方。眼看东偏北，如图 12 – 171 所示。

踩脚搬拳：上体向右转至面向前方。同时右脚提起收回后不点地即向前垫步迈出，脚跟先着地随即全脚掌踏实，身体重心仍在左腿。同时右拳经胸前向体前翻转搬出，左手经右前臂外侧下落按于左胯旁，手心向下，指尖朝前。眼看右拳，如图 12 – 172 和图 12 – 173 所示。

图 12 – 171　　　　　　图 12 – 172　　　　　　图 12 – 173

转体旋臂：上体微向右转至南偏东。同时右腿屈膝，身体重心大部前移至右腿，随转体左腿屈膝，左脚跟离地。同时左掌经左侧向前上划弧拦出，手心斜向右下方；右拳经右侧内旋划弧收回，拳心转向下，右臂平屈于胸前右侧，肘略低于腕部。眼看右前方，如图 12 – 174 所示。

上步拦掌：左脚向前迈出，脚跟着地，两脚脚跟横向距离不超过 10 cm，身体重心落在右腿。同时上体微向左转至面向前方。同时左掌边外旋边继续向前上拦至顶点，右拳继续外旋外至右腰旁，拳心转向上。眼看左手，如图 12 – 175 和图 12 – 176 所示。

弓步打拳：左脚屈膝前弓，重心慢慢前移，右腿自然伸直成左弓步，同时右拳一边内旋一边向前打出，眼看右拳，如图 12 – 177 所示。

图 12 – 174　　　　　　图 12 – 175　　　　　　图 12 – 176　　　　　　图 12 – 177

22. 如封似闭

穿掌翻手：左手边翻掌向上边由右腕下向前伸出，右拳变掌并随之翻转向上，两手交叉，随即分开，与肩同宽，手心均向上，平举于体前。眼看前方，如图 12 – 178 和图 12 – 179 所示。

后坐收掌：右腿屈膝，上体慢慢后坐，身体重心移到右腿，左脚尖翘起。眼看前方，如图 12 – 180 和图 12 – 181 所示。

图 12 – 178　　　　　　图 12 – 179　　　　　　图 12 – 180　　　　　　图 12 – 181

弓步按掌：左脚掌踏实，左腿屈膝前弓，身体重心慢慢前移，右腿自然伸直成左弓步，上体正直，松腰松胯。同时两手向上、向前推出，与肩同宽，手心均向前，按到顶点时，腕部高与肩平，沉肩垂肘，坐腕、展掌、舒指。眼看前方，如图 12 – 182 和图 12 – 183 所示。

图 12 – 182　　　　　　图 12 – 183

23. 十字手

退步分手：右腿屈膝后坐，身体重心移向右腿，并向右转体至朝南，左脚尖里扣，指向正南。同时右手开始经面前向右平摆划弧。眼看右手，如图 12 – 184 所示。

弓腿分手：身体继续微向右转至朝南偏西，重心继续右移，右脚尖外撇，右腿弓屈，左腿自然伸直成右侧弓步。同时右手继续向右平摆划弧，成两臂侧平举状，两手手心斜向前，肘部微屈。眼看右手，如图 12 – 185 所示。

坐腿扣脚：身体微向左转至朝南，重心慢慢移向左脚，右脚尖先里扣，随之右脚跟离地内转。同时两手开始向下、向里划弧。视线随右手移动，如图 12 – 186 所示。

收脚合抱：身体重心移稳在左腿，右脚轻轻提起向左收回，在距离左脚约一肩宽处落地，前脚掌先着地，随即全脚掌踏实，脚尖朝前，随之身体慢慢直立。同时两手继续下落经腹前再向上划弧交叉合抱于胸前，右手在外，手心均向里，两臂撑圆，腕高与肩平。眼看前方，如图 12 – 187 所示。

图 12 – 184　　　　　图 12 – 185　　　　　图 12 – 186　　　　　图 12 – 187

24. 收势

翻掌前撑：两手向外翻掌前撑，如图 12 – 188 所示。

分手下落：两臂慢慢分开下落至两胯侧，如图 12 – 189 和图 12 – 190 所示。

收脚还原：身体重心慢慢移至右腿，左脚脚跟先离地随即全脚轻轻提起收至脚旁，前脚掌先着地，随即全脚踏实，如图 12 – 191 所示。

图 12 – 188　　　　　图 12 – 189　　　　　图 12 – 190　　　　　图 12 – 191

第十三章
田径健身运动

田径运动是以走、跑、跳、投掷等运动技能组成的以个人为主的运动项目。田径运动历史悠久，在古代、近代奥运会及其他重大赛事中都一直在主运动场上举行，是设奖最多的、最主要的竞赛项目。

田径运动在不同的国家有不同的命名，美、英等国根据田径运动的特点称之为"track and field"，我国据此译为"田径运动"，但有不少国家和组织以它具有的鲜明竞技性特征命名，沿用了古希腊"竞技"这一概念，如国际业余田径联合会就称之为"竞技（athletic）"，前苏联称之为"轻竞技"，日本叫做"陆上竞技"，虽然各国用的名称不同，但其内容是一致的。

中国和一些国家将田径运动分为田赛和径赛两大类，"田"是指广阔的空地，是用高度和远度来计算成绩的，"径"是指跑道而言，是用时间来计算成绩的。

一、田径健身运动的定义与属性

田径运动是人类在走、跑、跳、投等自然运动基础上发展起来的一项竞技运动。田径运动以"更高、更快、更远"为目标，以当代科学技术和专业基础理论为基础，不断挑战人类运动能力的极限，是人类体育运动文化的重要组成部分，是人类的走、跑、跳、投等基础运动能力的升华和典型表现，对田径运动定义的表述可以归纳为"田径运动是由田赛、径赛、全能比赛、竞走、公路赛和越野赛等组成的运动项目"，这是对竞技性田径运动的高度概括。

长期以来，田径课程体系基本上以竞技为主，教学中都是以掌握专项技术，提高运动成绩为目标，对发展人体基础运动能力方面的功能和作用没有很好地发掘和实施，在以"健康第一"的教育教学改革进程中，田径运动在体育与健康课程中的地位和内容面临着改革与发展的挑战与要求。近十年来，经过教学实践和改革尝试，人们在转变以竞技体育为中心的课程体系的观念上达成共识，提出了田径运动的新概念："田径运动是由人们进行竞技和锻炼身体的走、跑、跳跃、投掷等身体练习组成的。"这一新概念的提出，使体育教学中田径运动由竞技性向健身性的发展在观念上得以拓展，在内容上得以扩充，为田径健身运动概念的提出奠定了基础。

田径健身运动是以健身为目标的多种走、跑、跳、投的练习或运动方式的总和。田径健身运动以健康为目标，以现代科学技术和运动与健康基础理论为基础，全面发展人的基础运动能力，田径健身运动与田径竞技运动由于其目标不同，所以各自的内容也有所不同，既有田径竞技项目，也有降低难度的亚竞技项目。而更多的是由各种走、跑、跳、投等多种运动方式构成的非竞技项目。田径健身运动以接近人体自然的走、跑、跳跃、投掷等运动方式，有效而全面地提高身体素质和基础运动能力等特点，在学校体育教学中具有重要的基础地位和作用。

无论是田径竞技运动，还是田径健身运动，都具有竞技与健身的双重属性，但两者各有所侧重（表13-1）。田径竞技运动的健身性表现在运动训练过程对人的身体素质和运动技能发展的积极作用，而田径健身运动的竞技性则表现在练习者自身或练习者与同伴之间的基本运动能力的比较，了解两种属性，可以更好地理解田径健身运动的概念，推动田径健身运动在学校体育中的开展，发挥田径健身运动的基础功能和作用。

表 13-1　田径运动两种属性的比较

健身运动属性	竞技运动属性
① 面向全体学生和练习者	① 面向少数具有田径运动天赋的运动员
② 掌握基本技术，选择健身性运动负荷，达到最佳健身锻炼效果	② 掌握完善的特定技术，进行大运动量训练，达到向运动极限冲击的目的
③ 以健身基础理论为指导，科学健身	③ 以专业训练理论为指导，科学训练
④ 有丰富的练习内容、形式和方法	④ 有规定的比赛项目、规则和要求
⑤ 对运动场地、器材没有严格规定	⑤ 对运动场地、器材有严格的规定
⑥ 全面发展基础运动能力	⑥ 提高专项运动技术水平

二、田径运动的发展历史与健身运动的回归

田径运动是在人类自然走、跑、跳跃、投掷运动基础上发展起来的体育运动文化，是人类运动能力的最高表现。随着社会的发展与进步，田径竞技运动水平也在不断地提高，人类运动能力极限不断地被打破。但是，在我们惊叹人类运动极限的发展的同时，也诧异地发现某些竞技运动受社会政治、经济、道德、文化等影响，偏离了运动文化和人类文明的方向。兴奋剂丑闻，过度训练带来的伤残等问题，使田径运动违背了人类追求生存，追求健身，追求身体精神完美结合的初衷。田径健身运动是人们实现运动初衷的根本方式，是田径运动健身属性的拓展与回归。

田径运动是伴随人类社会的发展逐步产生和发展起来的，远在上古时代，人们为了生存和获得生活资料，在与大自然及野兽的斗争中，经常出没于崇山峻岭，沼泽平原，跨溪流，越障碍，投掷石块、木棒和各种捕猎工具；在日常生活劳作中，这些走、跑、投等运动能力

成了人类的劳动技能和原始战争的手段，为了种族的延续和社会的发展，必须把这些技能一代一代地传授下去，从而出现了以掌握这些技能的教育和发展身体技能的锻炼为目的的专门的走、跑、投练习，并在一些活动中出现了展示这些能力的表演和比赛，这就是田径运动产生的基础与雏形。

公元前776年在希腊奥林匹克村举行的古代奥运会，出现了田径项目的比赛，这标志着田径运动从原始的自然运动形式发展成为人类运动文化。从1896年在希腊举行的现代奥林匹克运动会开始，田径运动成为人类体育文化的重要组成部分，并随人类社会文明的进步，田径运动取得了极大的发展，项目不断丰富，规则不断完善，水平日益提高。当前，田径运动水平代表了人类的走、跑、投等能力的最高水平。然而，田径运动技术的特殊形式和对身体素质的较高要求，使得人们在学习田径技术和提高运动技术水平方面存在着一定的局限性。在学校体育教学中，以田径技术学习和提高运动水平为目标的田径教学，存在着与培养目标不一致，内容陈旧单调、方法手段枯燥、评价标准单一偏难等。因此，对田径课的改革势在必行，学校体育的本质属性是通过体育的手段促进学生的身心全面发展。田径课程的基本目标应当是通过多种走、跑、投的练习，全面发展学生的基础运动能力，提高健康水平。

同时也为学习田径技术和其他体育运动技术打好基础。基于这种认识和考虑，在"面对全体学生"的田径课程设置中，以田径健身为主要目标，在内容的选择和教学方法中，注重基础层面健身属性的开展和拓展，是田径健身运动的初衷和回归。

三、田径健身运动的特点

田径健身运动除与其他体育项目一样具有促进身体运动能力发展，提高健身水平的共性特征外，还具有其自身的特点。

第一，田径健身运动是以个人为单位进行的走、跑、跳跃、投掷等练习，可以是个人的锻炼，如晨练长跑，也可以是多人合练，如集体长跑、接力游戏等，参加者无人数限制，或多或少，灵活方便。

第二，田径健身运动内容极为丰富，广义地说，凡是人以自身能力进行的走、跑、跳跃、投掷等自然动作的练习，都可以成为田径健身练习的内容，这些健身练习内容的集合构成了田径健身运动。

第三，田径健身运动规则简便，有些练习本身就是人类的基本运动方式，不受规则限制，因此能够为大多数人所接受，使人们在无所约束的条件下进行锻炼。

第四、田径健身运动的练习负荷可以随着练习者年龄、性别和身体状况进行自我控制和调节，以最适宜的健身锻炼负荷进行练习，常年坚持，老少皆宜。

第五，田径健身运动可以全面发展人体的力量、速度、耐力、灵敏等素质，也可提高机体对外界环境变化的适应能力，对促进青少年生长发育，维持和提高成年人旺盛的生命活力及延缓老年人的衰老过程，都有积极的作用。

第六，田径健身运动对运动场地、器材的要求不高，走、跑运动可在平坦的各种道路上进行，跳跃运动可在沙坑或松软的土地上进行，投掷运动则可利用各种投掷物在空旷的场地做投远或投准的练习。总之，田径健身运动可以因陋就简，因地制宜地在多种环境和条件下进行。

以上特点使得田径健身运动成为一项可行性强且健身价值较高的运动，在学校体育与健康课程中，可作为健身锻炼的有效手段和基础性内容。

四、田径健身运动的价值

田径健身运动的价值主要表现在全面发展身体素质和运动能力的基础性。

1. 为身体全面发展打好基础

学校体育教学的本质是通过运动的方式促进人的身心全面发展。发展速度、力量、耐力和协调等基础素质是田径教学的重要任务和目标。各种走、跑、跳跃、投掷等练习，首先考虑的是发展学生全面的基础运动能力，发展这些基础性的运动能力，对青少年在生长发育阶段打好体能的基础和素质的基础有重要的意义和作用。

2. 为学习田径技术打好基础

田径技术是人体走、跑、跳跃、投掷的典型运动方式，而多种形式的健身性练习是发展青少年全面的走、跑、跳跃和投掷能力，为学习田径技术奠定基础。在学校田径教学中，通过多种形式的田径健身练习，充分发展学生多种形式的走、跑、跳跃和投掷能力，为学习掌握这些田径技术打好基础。

3. 为学习其他体育项目打好基础

田径运动是各项运动的基础，其价值就在于提高身体素质的全面性和动作方式的基础性。通过多种形式的田径健身练习，发展学生的基础运动能力和动作技巧，为他们学习球类运动项目、现代休闲体育项目和其他体育项目打好基础。

4. 为培养体育意识与良好的心理素质打好基础

田径健身练习运动员负荷相对较小，而练习的内容与方式丰富多样。田径运动与日常生活中的动作比较接近，故练习者进行练习的兴趣较高，练习效果好。与田径技术学习相比，练习效果较好。练习者不易产生厌倦、排斥和畏惧心理，可以积极主动地参加学习和锻炼，并能够持之以恒地坚持练习。经常性地进行田径健身锻炼，可以在发展身体运动能力的同时，养成锻炼身体的习惯和培养体育健身意识，并对健康心理素质培养有积极的促进作用。

第二节　田径健身运动的分类与内容

田径运动竞技与健身的双重性决定了各自不同的目标，以"跑得更快，跳得更高更远，投得更远"为目标的田径竞技运动，旨在不断完善运动技术，最大限度地发展专项素质，挑战人体运动的极限。而以健身为目标的田径运动，旨在合理、适度、持之以恒地进行田径健身锻炼，保持和发展人的基本运动能力，从而达到增强体质，促进健康的目的。对大多数人而言，参加田径运动的主要目的是健身。

两种不同的属性和目标，使得田径健身的分类方法和内容与田径竞技运动有所不同。田径竞技运动的分类按项目的特征分为田赛与径赛。田径健身运动的分类按人体最基本的运动方式分为走、跑、跳、投四大类。田径竞技的内容即各个竞赛项目，围绕各专项进行的技术与素质练习均视为手段。在田径健身运动中，这些手段则成为内容，更广泛地说，各种走、跑、跳、投的运动方式都可以视为田径健身运动的内容。

在确定田径健身内容时，应当充分注意到田径健身的属性与目标，对传统的田径竞技项目进行生活化、趣味化、游戏化的改造，挖掘、开拓田径健身新方法，新手段，使之为广大练习者易于接受，便于进行锻炼。丰富与发展田径健身运动的内容，对促进田径运动的普及与发展，有效地实施"全民健身计划"有积极的推动作用。

一、田径健身运动的分类

田径健身运动按照人体自然运动的方式分为走、跑、跳、投四大类，如图 13 - 1 所示。

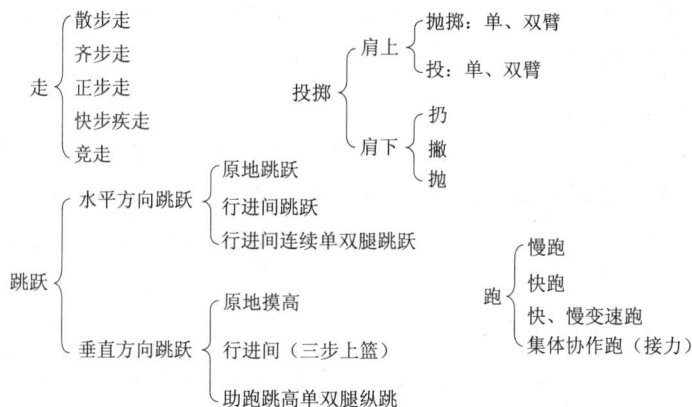

图 13 - 1　田径健身运动的分类

二、田径健身运动的内容

1. 走

走是人体最基本的运动方式。正是由于走在日常生活中司空见惯，人们几乎忽视了走的健身意义。一个充满健康活力的人可以是"健步如飞"。而一个体弱多病的人却是"步履蹒跚"。可见，通过走姿、走速，可以判断一个人的健康情况。

通过多种多样的"走"的锻炼可以达到强身健体的目的。休闲散步是最为常见的"走"的练习方法，中华养生谚语："饭后百步走，能活九十九。"就是对散步的健身效果的总结。

坚持散步锻炼有助于消除身心疲劳，保持人体基本运动能力，对中老年人健身非常有益处。"齐步走""正步走"有助于培养正确的走姿，塑造良好的体形，快步走可以发展腿部力量和耐力，而竞技项目"竞走"则是运用"走"来发展人体走的运动能力的最高表现形式。

2. 跑

跑也是人体最基本的运动方式，可分为慢跑和快跑，"慢跑"是田径健身运动中最常见的方式，在一些教材中又称为"长跑"。坚持有规律的慢跑锻炼可以给人体的呼吸系统、循环系统及运动系统以良性刺激，有助于保持和发展人的耐力，保护良好的机能，因而具有较高的锻炼价值，慢跑几乎不需要任何设施，因而极易普及，常见的有定时跑、定距离跑或越野跑。

快速跑是发展速度素质的有效手段，一些教材中称为"短跑"。一般需在田径场跑道上进行。健身性快速跑练习多为各种游戏和接力赛跑，以提高练习者的兴趣。

"障碍跑"是发展人在跑的过程中跨越、绕过、钻过障碍物能力的一种运动方式，典型的跨越障碍物跑是"跨栏"，在田径健身运动中不多见。

集体跑是一种集体参与、相互协作的活动方式，可以是发展速度性质的快速跑，也可以是发展耐力素质的长跑，可使参与者体验在集体中合作的乐趣，从而提高锻炼的兴趣，常见的有短跑中的接力跑和长跑中的团体赛等。

3. 跳跃

健身意义上的跳跃是指人体在水平和垂直两个方向上以原地或行进间两种运动方式所表现出的跳跃能力，竞技运动中的跳高、跳远是这种跳跃能力的最高表现形式。

在水平方向上常见的有立定跳远、行进间跳远、连续蛙跳和跨步跳等。在少年儿童中流行的游戏"跳方格"则是一种单腿跳与双腿跳交替连续的一种活动方式。

在垂直方向上最为常见的有原地摸高、跳绳、行进间助跑摸高、三步上篮等，在青少年中已十分普及。在跳高辅助练习中，可以将动作变异成各种形式的非正规姿势跳高，以发展向上跳的能力。

4. 投掷

健身性投掷是指人体运用自身的能力，用双手或单手将投掷物投出的运动方式，用以发展人体投掷力量素质，它可以分为肩上和肩下投两大类，肩上投掷是最常见的方式，在中学教材中有投手榴弹、沙袋、实心球等，掷标枪是肩上投掷的最典型的运动方式，目前国家体育锻炼标准中规定的推铅球是一种非生活化的特定运动方式，该项目在评定人体力量素质信度和效度上远低于评定人体的协调能力。

肩下投掷方式的运动也很多，如抛飞碟、打水漂、掷地滚球、打保龄球等。在教学中较为常见的有前后抛实心球等。

第三节　田径健身运动与学校体育

一、田径健身在学校体育教学中的地位

田径课程是从小学到大学体育教学中的必修课程，田径运动能有效地发展人的基础运动能力，因此在学校体育教学中具有重要的地位和作用。

通过近年来课程改革的理论研究与教学实践，人们越来越深刻地认识到围绕技术学习的课程体系，不能很好地为实现教学目标和课程目标服务，因此，只有在健身运动领域拓展田径课程内容，构建田径健身课程新体系，才能有效地确立田径课程在"体育与健康"课程中的基础地位。

田径健身课程的基础地位，首先表现在全面发展学生身体素质和基础运动能力方面，通过多种形式的走、跑、跳、投等身体锻炼，提高力量、速度、耐力、柔韧、协调、灵敏等身体素质，提高跳跃、投掷等基础运动能力，促进学生的身体全面发展；其次表现在为学习其他体育运动技术奠定良好的基础。在全面发展身体素质的基础上，学习球类、武术、健美操、休闲体育运动项目等，为其能够熟练掌握一二项适合自身兴趣与发展的体育项目打好基

础；再次表现在田径健身课程由于其练习内容与手段接近生活，丰富有趣，有助于学生学习兴趣的培养和主动参与学习与练习，有助于教学效果的提高，对于培养良好的健身意识和体育锻炼习惯有积极的作用；最后，在"面向全体学生"展开的田径健身教学的基础上，可以发现和培养具有田径运动天赋的青少年优秀运动员苗子，为田径竞技运动水平的提高提供后备人才。

二、田径健身与"全民健身计划"

《全民健身计划纲要》中明确指出，青少年是实施全民健身计划的重点。学校体育承担着实施全民健身计划的重要任务，青少年是祖国的未来，是社会主义现代化建设的后备人才。在学校学习文化科学知识的同时，塑造强壮的体魄，是未来生活和工作的需要。田径健身课程的教学与生活、工作技能密切相关，丰富而实用，不仅直接对发展学生的体质和运动能力有积极的促进作用，而且在愉快的氛围中进行田径健身锻炼，有助于培养健身意识，养成锻炼习惯，建立正确的体育价值观，当他们走向社会之后，会自觉地成为进行体育锻炼的积极参与者和倡导者，为全面健身计划的实施作贡献。

人类追求健康，健康体质的标志是人的各种机能的旺盛，包括运动能力，田径健身运动为增强人的机能能力提供了丰富的锻炼手段与方法，具有良好的效果和作用。因此，田径健身运动在实施全民健身计划的过程中，具有独特的价值和功能，通过提高人的基础运动能力和发展良好的心理素质水平，达到全面提高人的健康水平的目标。

第四节　田径健身运动健身原理

"生命在于运动"。这里所说的运动即是指生命体自身内部的生命活动，也是指生命体所表现出的外部运动能力，两者相辅相成，紧密联系，生命活力越强，所表现出的运动能力也就越强，而且通过适宜的运动锻炼，则可以促进生命活动的加强和延续，这就是"生命在于运动"的基本道理。

一、新陈代谢与适应性变化

新陈代谢是一切生物体生命活动的基本特征，包含同化作用和异化作用两个方面，机体不断地从外界摄取营养物质合成为自身的组成成分，储藏能量的过程称为同化作用；机体不断地将已衰老的组成成分和能源物质分解，释放能量，完成各种生命活动的过程，称为异化作用。当新陈代谢积极、旺盛，同化作用大于异化作用时，机体则处于生长发展阶段；当新陈代谢迟滞、衰退，异化作用大于同化作用时，则导致机体衰老，各器官系统的功能减弱。

生物学研究还表明，一切生物体均具有对外界环境刺激与变化产生适应的能力，这种能力在新陈代谢过程中，则表现为在一定条件下，通过有意识地加大异化作用，可以获得代偿性地加大同化作用的结果，从而保持新陈代谢水平的平衡和提高。

身体锻炼是人们有意识、有目的、有计划地消耗体能的身体活动即加强机体的异化作用，求得恢复过程的同化作用的增强。机体的物质储备水平提高，可使机体向更完善的方向转化，这就是身体锻炼可以增强体质的生理过程和理论依据。

二、运动负荷与超量恢复

运动负荷是指练习的次数、时间、密度等指标的总和，运动负荷越大，消耗的能量物质就越多。运动生理学研究表明，在一定运动负荷的练习之后经过一段适宜的休息，身体内能量物质的合成（恢复）不仅可以达到练习前的水平，甚至可以超过原有水平，这就是"超量恢复"原理，超量恢复的程度与运动负荷的大小有关，在一定范围内，负荷越大，超量恢复越明显。运动训练的基本原理就是依据超量恢复理论来进行设计的，通过控制合理的运动负荷和休息间隔，使运动能力不断得以提高。

以健身为目的的田径锻炼也应遵循这一原理。然而，在运动负荷的控制上与运动训练有所不同，运动负荷对人体的影响有 3 种可能：有益、有害和无助，只有在适当的量和强度的刺激下，才能收到健身的良好效果。国内外有关研究成果提示，体育锻炼的有效心率范围在 120~140 次/min。因为心率在 110 次/min 以下时，机体的血压、血液成分、尿蛋白和心电图等都没有明显变化，健身价值不大，心率在 130 次/min 的运动负荷时，每搏输出量接近和达到一般人的最佳状态。健身效果明显，心率在 150 次/min 的运动负荷时，每搏输出量开始出现缓慢下降；心率增加到 160~170 次/min 虽无不良反应，然而也未能呈现出更好的健身迹象。因此，通常把健身效果的最佳期区间确定在 120~140 次/min。这一范围是专指有氧代谢体育锻炼，不包括最大无氧代谢能力的训练。美国运动生理学家在研究体育锻炼与延长寿命的关系的调查中提出，成年人经常进行适度地而不是激烈的体育锻炼，可以大大延长寿命，美国卫生与健康总署 1995 年年度报告中也指出较长时间、适宜强度的运动比较短时间、较大强度的运动对保持与发展人的健康更为有效，报告还指出，坚持有规律性的健身运动．比无规律的随意性运动对增进健康更为有效。

因此，遵循"超量恢复"原理，合理设计练习的负荷，是保证健身锻炼效果的重要生理学依据。

第五节　田径健身运动对人体的作用

田径运动的走、跑、跳、投 4 种运动形式，恰是人类最基本的运动方式。经常参加田径健身锻炼，能够有效地提高人的基本活动能力，促进青少年的生长发育，提高人体各器官系统的机能水平，全面发展身体素质，对强身健体有积极的作用。这里将对走、跑、跳、投等健身活动对人体的作用和影响做一介绍。

一、走

1. 我国传统医学对走的健身作用的阐释

我国传统医学认为："走为百练之祖。"中医学认为，人的足踝上下有 51 个穴位，其中脚掌上就有 15 个穴位。这些穴位与人的五脏六腑有密切的关联，故称脚掌为人体的"第二心脏"。坚持走步锻炼，就是运用脚掌与地面的机械接触来刺激脚掌的穴位，激活经络，借以运行血气，营养全身，使人体各部分的功能活动保持协调平衡，达到防病治病、延年益寿的目的。

2. 走的运动负荷及其健身价值

对正常人而言，无论男女老少，走的运动强度都是相对较小的，因而可以持续较长的运动时间。根据最新的运动医学研究结果，运动强度较小而持续时间较长的运动方式，对健身更有效果。健身走就具有这种独到的锻炼价值。健身走对骨骼、肌肉的负荷不大，故可以持续较长的时间，但由于是为了增进健康、增强体质，健身走的速度比正常走要快一些，速度快了，能量消耗也就随之加大，从而促进身体能量代谢，达到健身走的锻炼目的。

3. 健身走的诸多益处

首先，对青少年而言，通过各种方式的行走练习，可以培养他们养成正确的走姿，塑造良好的体形和步态，克服"八字步"或"内八字"等不良行走习惯，促进脊柱、腿部骨骼和肌肉的良好发育。

其次，对中老年而言，坚持健身走练习，可以加强腿部骨骼、肌肉的质量，保持良好的心血管、呼吸系统的机能。对患有高血压、心脏病、糖尿病、肥胖症等慢性病的患者而言，有较好的疗效。

再次，在郊外风景宜人处进行健身走，可以舒缓工作和生活中的心理压力，有助于消除心理疲劳。

最后，健身走简便易行，锻炼效果好，不受客观条件的限制，从而成为一种可以终身坚持的体育锻炼方式。

二、跑

1. 短跑（快速跑）

短跑是人体在最短时间内通过最大距离的一种运动形式，反映人的速度素质，表现为反应速度、动作速度和位移速度。短跑运动的生理学机制是神经系统兴奋与抑制过程的快速交替，大脑皮层兴奋性高，能量代谢以无氧代谢为主。

由于短跑练习强度大，持续时间短，故在健身方面的作用不如长跑。但对青少年而言，在生长发育阶段坚持短跑锻炼，可以有效地提高人体运动在缺氧情况下的工作能力，发展无氧代谢能力；提高大脑皮层兴奋与抑制的交替速度，使反应速度加快，反应时间缩短，对发展速度、力量、灵敏等素质有积极的作用。

2. 长跑（健身跑）

长跑是人体在一定强度下持续跑尽可能长的距离的一种运动方式，反应人的耐力素质。由于其代谢特点是有氧代谢为主，又称有氧耐力。长跑的特点是运动强度较小，持续时间长，能量消耗大，坚持长跑健身锻炼大有好处。它能增强和提高心血管、呼吸、神经等系统的功能，对某些慢性病也有体疗作用，所以当今风靡全球。

坚持长跑健身锻炼对心血管系统的积极作用是：心脏肥厚，心腔增大，每搏输出量增加，心输出量增加；由于每搏输出量的增加，使得安静状态心率减少；血管弹性增强，外周毛细血管增多，使运动时肌肉所需氧气和代谢产物及时地供给和排出。

坚持长跑健身锻炼对呼吸系统的积极作用是：呼吸肌力量和耐力均得以增强，呼吸深度增加，呼吸差加大，肺活量增加，最大通气量亦得以增加，安静时呼吸减少。这些都是呼吸机能得以改善和提高的标志。坚持长跑健身锻炼对改善神经系统的调节功能有积极的作用，健身长跑时，神经系统的兴奋与抑制过程长时间地交替活动，使对抗肌交互神经支配现象明显改善。外在表现为运动动作的节省化，跑步姿势轻松省力。

健身长跑不受场地条件限制，易于开展，是一项可以终身受益的体育锻炼项目。

3. 跳跃

田径运动中的跳跃项目，是运用人体自身的能力（或同时借助一定的器材——撑竿），通过一定的运动形式，使人体腾越尽可能高的高度或跳越尽可能远的远度。跳跃运动的力学基础。田径运动的跳跃项目属非周期性项目，各个跳跃项目，虽然运动形式和要求不同，但有其共同点，即人体的运动都是从静止状态开始向前跑进，而后转变为腾空，最后是落地。

研究发现，在各项体育锻炼中，跳跃运动是一种预防骨质疏松的最佳方法。科学研究人员认为，在进行跳跃运动中不仅全身血液循环速度加快，而且地面的冲击力更可激发骨质的形成。为此，研究人员提出，妇女在绝经期之前，尤其是在 49 岁以后应多进行跳跃运动，而老年人也应早早进行此项锻炼。

中老年人进行跳跃运动时，要注意循序渐进，次数由少到多，开始时可根据身体承受能力每日跳 20 下，以后逐渐增加到 50 下。

4. 投掷

投掷是人体运用自身的力量将投掷物投远或投准的一种运动方式，投掷运动表现出的是人的力量素质和灵敏协调能力。

经常参加投掷运动，首先对发展上肢、躯干和腿部力量有积极的作用，可以有效发展力量素质，特别是爆发力，对青少年骨骼的发育、韧带的完善也有着良好的促进作用；其次，由于投掷运动的多样性和复杂性，运动条件反射复杂，对神经系统的分化抑制有很高的要求，因此经常进行投掷练习，尤其是投准练习，有助于提高青少年神经系统支配肌肉的能力，可以提高动作的协调性和投掷的准确性；再次，投掷活动均是上肢围绕肩关节进行的各种投、抛、掷等形式的活动，对肩带肌肉的力量、肩关节的韧性和活动幅度有较高的要求。

进行投掷练习可以加强肩带肌力量，提高上肢的活动幅度；最后，投掷练习可以全面促进青少年骨骼肌肉的发育和完善，发展肌肉力量和质量，形成健壮的骨骼和肌肉。

第十四章
游泳运动

游泳运动包括游泳、跳水、水球、潜水、花样游泳（水上芭蕾）五个项目。游泳又分竞技游泳和实用游泳，竞技游泳包括：蝶泳、仰泳、蛙泳、自由泳。实用游泳包括：踩水技术、侧泳技术、反蛙泳、潜泳技术、武装泅渡。

1896 年，游泳进入希腊雅典第一届现代奥林匹克运动会，当时只有 100 m、500 m、1 200 m 自由泳三个项目，1971 年举行了世界游泳锦标赛。二十多年来，世界游泳运动技术水平迅速提高，参加竞技游泳运动的人数不断增加，各项游泳世界纪录不断被刷新。

1913 年，第一届远东运动会成为我国参加国际游泳竞赛的开端。1920 年国内游泳比赛开始增设女子比赛项目，1924 年成立了"中国游泳研究会"的组织。1957 年至 1960 年间，我国著名游泳运动员戚烈云、穆祥雄、莫国雄 3 人，先后 5 次打破男子 100 m 蛙泳世界纪录，自第十届亚运会以后，我国游泳运动处于亚洲的领先地位，特别是女子项目在 1988 年 24 届奥运会上获得奖牌后，其成绩突飞猛进，获得多项世界冠军。

经常进行游泳锻炼，不仅可增大呼吸肌的力量，扩大胸部活动幅度，增大肺的容量，提高呼吸系统的机能。同时，能使神经呼吸和血液循环等系统的机能得到改善，提高肌肉力量、速度、耐力、弹性和全身关节灵活性，有效地增进健康，预防疾病，提高身体素质，使身体得到协调发展。

游泳也是重要的生活和工作技能项目之一，具有很高的实用价值，如水利施工、水上运输、水下操作、渔业生产和防洪抢险以及打捞救护等，都需要掌握游泳技能，方能更好地克服水的障碍。

一、游泳运动的起源与竞赛及其发展

1. 游泳的起源

游泳的起源与发展是与人类社会的劳动、生产、娱乐及战争等活动紧密联系的，它是人类在征服自然、改造自然的生产劳动中产生的，在满足人们的娱乐、竞争的需要中发展起来的。

原始社会严酷的生存条件，迫使人类不断地提高自己的体力和智力。生存的需要，人们发展了走、跑步、跳跃、爬山、游水、投掷等技能，地球上布满了江、河、湖、海，人类不可避免地要与水打交道，当水阻路时人们要涉过时，当水中有鱼要捕食的时候，游泳技能就产生了，这些都可以从五千多年前的中国古代陶器中刻画的人类潜入水中猎取水鸟及类似现代爬泳的图案中得到证实。

随着国家的出现，古代国家之间战争时有发生，利用水作为攻战的手段，利用泅水潜行破坏敌人的防守，用泅泳配合陆上步兵和骑兵作战成为战争中攻敌制胜的方法。

我国江南为水网地区，善游泳者众多，这主要是和生产劳动分不开的。我国入水采珍珠的生产劳动已有两千多年的历史，采珠要潜入数米深的水中，没有好水性是不可能以此为业的。

宋朝大诗人苏东坡记有："南方多没人，日与水居也，七岁能涉，十岁能浮，十五岁而能没矣，夫没者岂苟然哉，必将有得于水之道者，日与水居则十五而得其道。"涉，在浅水中行走；浮，在水中漂浮游泳；没，在水下潜泳。可见，无论从学游泳的年龄及技能的发展，都与现代游泳教导训练的几个阶段有近似之处。

随着生产力的发展，人类生活的稳定与提高，游泳与娱乐紧密地联系在一起。古代人多从沐浴开始，继而在水中嬉戏，逐渐形成古代游泳——泅水、泅游、涉、浮、没、潜等多种形式。最初的游泳不仅与沐浴分不开，同时也与划船竞渡有着密切的关系，划船竞渡具有竞赛和表演双重意义，因此伴随着划船比赛就出现了游泳表演，划船时有人顺流游泳表现惊险的动作，从船上跳入水中，在水中游泳的姿态好像是坐在水面上一样，把人装入口袋扔入水中能解开钻出来等，这些描述，可以使我们与今日的踩水、仰泳或滑稽游泳表演联系起来。

2. 游泳竞赛与发展

现代游泳竞赛的历史是与奥运会的发展紧密地联系在一起的。在第一届现代奥运会上，就把游泳列为竞赛项目之一，当时只有100 m、200 m、1 200 m自由泳3个比赛项目，匈牙利人海奥什获得100 m自由泳冠军，成绩是1分22秒2。这个成绩相当于现在我国三级运动员标准。以后又陆续增加了仰泳、潜泳、蛙泳和接力（5×40 m）。1908年在英国举办第四届奥运会时成立了国际业余游泳联合会，审定了各项游泳世界纪录，并制定了国际游泳比赛规则。女子项目是从1912年在瑞典的斯德哥尔摩举行的第5届奥运会上开展增加的，当时只有100 m自由泳和4×100 m自由泳接力两个项目，澳大利亚人弗·达尔克获100 m自由泳冠军。

第一届至第五届奥运会，匈牙利、英国、德国、美国、澳大利亚均获得过各项冠军，第6届奥运会由于第一次世界大战而停办，第七届至第九届奥运会，美国队成绩比较突出，在第十届和第十一届奥运会上，日本男子出现了几个优秀运动员，这也是日本游泳成绩最好的时候，女子则是美国、荷兰比较突出，在世界泳坛上轰动一时，第二次世界大战期间，奥运会中断了两届，1948年在英国伦敦举行了第十四届奥运会，很多国家正在进行战后重建，恢复经济。美国在男女11个项目中获得8项冠军，第15届奥运会美国继续保持优势，但匈牙利锋芒初露，这届奥运会，国际游泳把蛙泳和蝶泳分为两个单项比赛，蝶泳作为一个正式的比赛项目出现于世界，被排挤已久的蛙泳技术也得到恢复与发展（此前蛙泳与蝶泳同为俯泳项目，比赛时可任选蝶泳与蛙泳，由于蝶泳速度较快，大多数人都游蝶泳，蛙泳受到排挤）。从此竞技游泳发展成 4 种姿势，运动员为寻求快速度，蛙泳技术逐渐演变为潜水蛙泳，成绩进步很快，但在墨尔本第十六届奥运会以后，国际泳联决定今后蛙泳比赛禁止采用潜水蛙泳技术，最后采用潜水蛙泳技术获得奥运会 200 m 蛙泳冠军的是日本运动员古川胜，成绩是 2 分 34 秒 7，从那次以后潜水蛙泳技术消失了。在第十六届奥运会上澳大利亚游泳运动员成绩相当突出，获得男女 13 个项目的 8 项冠军，一跃成为游泳强国。20 世纪 60 年代，美国男女运动员崛起，在所有的比赛项目中占有绝对优势。进入 70 年代，前民主德国女子游泳崛起，在 1973 年第一届世界游泳锦标赛上以 10：3 的金牌优势大胜美国队，从此创立了泳坛霸王的地位。到 1987 年止，前民主德国保持了 11 项世界纪录。1988 年，中国队杨文意打破女子 50 m 自由泳世界纪录，中国开始走进游泳强国之列。90 年代世界泳坛是列强争雄的时代，没有一个国家，一个运动员能够长时间地居于领先地位。能够跻身于泳坛强国地位的国家有：美国、澳大利亚、俄罗斯、德国、中国等，而在国际泳坛上名不见经传的国家苏丹、南非、西班牙等有时也会一鸣惊人，得到奥运会的金牌。

二、游泳运动在中国

游泳运动在我国古代的史书上虽早有记载，但在当时的历史环境下，游泳不可能作为一种运动项目发展起来，只能是在生产劳动和娱乐活动中存在。作为一项体育运动项目开展成为竞技游泳，还是近几十年的事情。

1840 年鸦片战争以后，帝国主义侵入我国，欧美的体育运动随着文化的侵入也输入我国，逐渐流行起来。游泳首先开始在我国香港及沿海各省，如广东、福建、上海、青岛、大连等地。1887 年，广州修造了 25 m 室内游泳池，以后逐渐有了游泳比赛，当时的竞赛多为外国人主办，冠军也为外国人所得，游泳在我国开展得非常缓慢。

1912 年由菲律宾发起，组织了中国、日本和菲律宾三国参加的远东运动会，规定每两年分别在各国举行，游泳也是其中的比赛项目。自 1913 年至 1930 年共举行了 10 届，中国每次都派代表团参加，游泳成为我国首次参加在国外举行的国际比赛项目。

旧中国，由于贫穷落后，游泳运动不可能得到发展，但在沿海一些经济发达的城市则出现了一些游泳爱好者的组织：如香港的南华游泳会、华人游泳会、中华体育会等，还修建了游泳池，为游泳活动提供了场地。上海在 1916 年到 1934 年游泳池有 10 个以上，好几所大学都修建了游泳池，武汉、天津等地也修建了游泳池。部分省、市举办运动时增加了游泳比赛项目，推动了游泳运动的开展。当时的技术水平很低，竞赛的项目有 50 m/100 m/400 m/1500 m 自由泳，100 m 仰泳、200 m 俯泳、200 m 接力和跳水；女子的项目有 50 m/100 m 自由泳、100 m 仰泳、200 m 俯泳和 200 m 接力，全国纪录相当于我国现在二级运动员的水平。

新中国成立前的游泳竞赛除了参加远东运动会外，比较重大的竞赛活动有全国运动会游泳比赛、华北运动会游泳比赛等。旧中国在 1910 年和 1914 年举办了两届全运会，1924 年的第三届全运会才设立了游泳比赛，共有 7 项。第四届全运会在杭州举行，增加了 "入水比远" 项目，接力为 160 码。第五届全运会 1933 年举行，值得一提的是增加了女子游泳比赛。

1935 年举行了第六届全运会游泳比赛，这次比赛首次按照中华体育协会判定的《游泳规则》进行比赛。经过抗日战争，13 年后的 1948 年在上海举行了第七届全运会游泳比赛，当时男子有 141 人参加，女子有 21 人参加。据有关资料介绍，这次比赛定名为"游泳锦标赛"，原定比赛 3 天，因参赛人数多，大部分项目没有预、复、决赛，不得不延长一天。采用的比赛方法不够合理和公平。例如只报名不报成绩，按各单位错开的原则，比赛时各项各组按同等数量录取若干名进入复赛或决赛，即采用录取名次的办法，并不是按计时成绩排名次的办法进入复赛和决赛，所以有些被关照的运动员只要不和成绩好的排在一起就可以轻易地进入复赛和决赛，在全部 14 个项目中，只有 1 500 m 自由泳是"以个别计时法取 8 名决定"。这次比赛所采用的裁判方法是套用田径比赛裁判法，所设的裁判员职位与现在的游泳比赛相似，还设有"游泳管理"一职，值得一提的是报告员陈述，他是电影演员，坐在 3 m 跳板上手持话筒报告比赛情况，语言流畅，谈吐诙谐，颇引人注意。5 月上旬，上海的白天气温在 20 ℃ 左右，水温只有 17 ℃ ~ 18 ℃。水冷，运动员只做陆上准备活动，马来西亚华侨和中国香港队的队医还在赛前赛后用松节油给运动员按摩，常引得其他队的运动员围观。在这次比赛中刷新了 5 项全国纪录，平一项全国纪录，创立了 2 项新纪录。但正如前面所介绍的，这些成绩只相当于现在我国二级运动员的水平。

在旧中国规模比较大的游泳比赛还有华北运动会。华北运动会从 1913 年开始，前后 25 年间共举办过 18 届，游泳比赛是从第 17 届才开始设立的，其水平是处于发展中的开始阶段，优胜者多集中在几个家庭和少数几个人身上。

在中国共产党领导下的很多抗日根据地，虽然战争环境艰苦，人们也坚持体育锻炼，毛主席和朱总司令对体育特别重视，许多领导同志都身体力行，参加锻炼，起到了很好的带头作用。1942 年 2 月，延安军人俱乐部正式成立了我国第一个体育协会组织——延安体育会，举办了"九一"扩大运动会，游泳也是比赛项目之一。当时的水上项目有：游泳、骑兵武器渡河、武装渡河、水中救人、水中寻物、潜水、水球和跳水等。在其他各根据地，如河北白洋淀老区的老乡们，经常出没在芦苇荡和水塘口与敌人斗争，那里的男女老少都会游泳，并作为一种对敌斗争的手段来为革命战争服务。

新中国成立后，1953 年，毛主席题词："发展体育运动，增强人民体质。"并身体力行地参加游泳活动，游泳运动得到了很好的发展。

1952 年，举行了新中国成立以来的第一次全国游泳比赛大会，有东北、华北、中南、华东、西南人民解放军和全国铁路等地区、单位的 165 名运动员参加（男 106 名，女 59 名）。比赛共设 17 个项目，在这些项目中一部分是国际上通常采用的比赛项目，有些是从我国实际情况出发设置的。在这次比赛后宣布了全国游泳选手名单，他们中的许多人成为新中国游泳事业发展的骨干，掀开了中国游泳运动史上新的一页。

新中国的游泳运动员参加的第一次国际比赛是在芬兰赫尔辛基举行的第十五届奥运会的游泳比赛，我国游泳运动员因交通受阻，只有吴传玉一人参加了游泳比赛。

中国的五星红旗第一次升起在国际泳坛上，是在 1953 年 8 月举行的第一届国际青年友谊运动会上，吴传玉以 1 分 06 秒 4 获得了 100 m 仰泳冠军，他在 1954 年 10 月出国比赛中因飞机失事遇难。

1953 年，中央体育学院（现北京体育大学）体训游泳班正式成立，这支相当于国家队的队伍的成立，在推动我国游泳运动的开展上起到了重要的作用，他们频频进行国内外比赛的交流，使中国的游泳水平提高很快。1955 年，在北京、上海、天津开始建立青少年业余体育学校。从此，我国培养优秀运动员的体制开始形成。

从 1956 年开始，我国每年春、秋两次举办全国性游泳比赛已形成制度。从 1958 年起，每年的全国性比赛均称为"一级、健将游泳比赛"。从 20 世纪 60 年代起，全国性比赛分为甲级和乙级两部分，达到一级以上的为甲级，其余的为乙级。20 世纪 80 年代中期改为上半年冠军赛，下半年锦标赛，确定当年锦标赛名列各项前 20 名可参加第二年的冠军赛，在冠军赛和锦标赛之前，全国分区举行达标赛，达到国家体委颁布的标准者，可报名参加冠军赛或锦标赛。党和国家领导对体育的重视，运动训练与比赛制度的建立和完善，广大人民群众积极参加体育活动的热情，体育训练科学化程度的提高，使我国体育逐渐步入国际体坛。"文化大革命"后，迎来了中国游泳的黄金时代。中国游泳运动员不仅走出去，参加亚运会、亚洲游泳锦标赛、泛太平洋游泳锦标赛、世界大学生游泳锦标赛、奥运会等，我们国家还先后承担了第三届亚洲游泳锦标赛、第十一届亚运会游泳比赛、世界杯游泳短池系列赛等国际高水平的游泳比赛。出色的组织工作、高水平的裁判队伍、规格的场地器材都得到了国际泳坛的认可，我国游泳运动的整体水平迈上了一个新的台阶。

三、游泳运动的分项和比赛项目的设置

游泳运动包括游泳、花样游泳、跳水和水球 4 个项目，这 4 个项目统归在国际游泳联合会的管理之下。所以，中国游泳协会也分管这几个运动项目。

1. 游泳

游泳包括多种花样的姿势，如模仿动物动作的蛙泳、海豚泳或蝶泳；按人体浮游水上的姿势有仰泳、侧泳、爬泳。竞技游泳包括蝶泳、仰泳、蛙泳和自由泳 4 种姿势。

2. 花样游泳

花样游泳又被称为"水上芭蕾"，是集游泳、体操、舞蹈等项目于一体的竞技体育项目。它对运动员的身材、泳装、头饰、音乐及动作编排都有较高的要求。它利用运动员肢体在水面上的运动配合以音乐，展现了美与技巧。花样游泳分为单人、双人、集体 3 个比赛项目，它虽然没有激烈的竞赛场面，但带给观众的美好享受是其他体育运动所无法代替的。

3. 跳水

跳水是从不同高度的跳板和跳台上做各种跳跃、翻腾、转体等入水动作的运动项目。比赛时根据每个人的助跑、起跳、空中技巧、入水动作的正确性和熟练程度评定成绩。这项运动对发展灵敏素质和培养勇敢、果断的意志品质有很大的作用。

4. 水球

水球是在水中进行的一项球类运动，比赛时每队有 7 人出场，在设有球门的泳池内进行。这项运动要求运动员掌握各项专门游泳技术，各种控球技术、战术，并具有良好的身体素质和意志品质。

5. 蹼泳

蹼泳的运动是运动员穿戴特制的装具在游泳池中进行竞赛，项目有蹼泳、屏气潜泳、器泳、水中狩猎、水下定向、水下橄榄球和水下曲棍球等，蹼泳不归属游泳协会管辖。

6. 游泳比赛项目设置

根据国家体委颁布的游泳竞赛规则，竞技游泳的竞赛项目见表 14 - 1。

表 14 - 1　竞技游泳的竞赛项目

项目	距离/m（50 m 池）	距离/m（25 m 池，即短池）
自由泳	50、100、200、400、800、1 500	50、100、200、400、800、1 500
仰泳	50、100、200	50、100、200
蛙泳	50、100、200	50、100、200
蝶泳	50、100、200	50、100、200
个人混合泳	200、400	100、200、400
自由泳接力	4×100、4×200	4×50、4×100、4×200
混合泳接力	4×100	4×50、4×100
备注	男女比赛项目相同	

四、重大游泳比赛及竞赛规则简介

1. 世界重大游泳比赛

现代的游泳比赛一般分为两种：一种是国际的高水平的竞赛，这种竞赛水平高，多受新闻媒体的关注，是游泳竞赛的正规军；一种是年龄组、俱乐部之间的比赛或邀请赛之类的游泳比赛，这种比赛在公平竞争、有利于运动员出成绩的原则下，竞赛方法与组织办法五花八门，可以说是游泳竞赛中的"下里巴人"。

国际游泳比赛的组织者是国际和洲际游泳联合会，他们所组织的重大国际比赛有以下几种：奥运会游泳比赛、世界游泳锦标赛、泛太平洋游泳锦标赛、欧洲游泳锦标赛、世界杯短池系列与短池锦标赛、亚运会和亚洲游泳锦标赛、亚太地区年龄组游泳锦标赛等。

（1）奥运会游泳比赛

它是最隆重、规模最大、水平最高的国际游泳比赛，奥运会游泳比赛共设有男女 34 个项目，比赛 7 天，有固定的竞赛日程，这种固定的竞赛日程对所有的参加者来说，机会是均等的，固定的日程也有利于教练员和运动员采取有针对性的训练，奥运会游泳比赛设有报名标准，只有达到了报名标准的运动员才能够参加比赛。奥运会的游泳比赛分预赛和决赛，预赛一般在上午，决赛在晚上，每项所有参加预赛的运动员按比赛成绩取前 16 名参加决赛，第 1~8 名参加 A 组的比赛，按成绩排出 1~8 名，前 3 名发金、银、铜牌，9~16 名参加 B 组决赛，按比赛成绩排出 9~16 名的名次。

我国重返奥运会后，从第二十三届开始参加游泳比赛，派出 9 名运动员，最好的名次是第 17 名，是金甫的 100 m 蛙泳，成绩是 1 分 05 秒 5。参赛的 5 名女运动员，最好的名次是蝶泳运动员梁伟芬，排名第 20 名。

第二十四届奥运会游泳比赛，中国运动员取得了突破性进展，获三银一铜的好成绩，虽然与金牌失之交臂，但都具备了问鼎的实力。

第二十五届奥运会，中国的游泳运动员取得了大丰收，共获得 4 金 5 银，获金牌的运动员杨文意在女子 50 m 自由泳中以 24 秒 79 打破了自己保持的世界纪录，庄泳、钱红、林莉也都获得了自由泳、蝶泳和混合泳的金牌。

提起奥运会游泳比赛，不能不讲老将林莉，她是我国唯一一名连续参加3届奥运会游泳比赛的运动员，她的拼搏精神非常值得人们敬佩。在第二十五届奥运会后五朵金花的四位相继退役，林莉仍坚持训练到奥运会的前一年，然后去台湾执教，1995年、1996年正是中国游泳运动的低谷，林莉毅然从台湾返回南京恢复训练，终于在奥运会上获得一枚宝贵的铜牌，这块沉甸甸的铜牌浸透了林莉与她的教练张雄的汗水，也给广大运动员树立了榜样，年龄不是障碍，只要对自己充满信心和勇于尝试。

（2）世界游泳锦标赛

世界游泳锦标赛始于1973年，这是由国际泳联组织的单项锦标赛，它吸引了世界各地的高手参加，世界游泳锦标赛每隔两年举行一次。中国从第四届开始参加，从第六届开始（1991年）中国游泳进入游泳列强的地位，在这次比赛中中国获得4枚金牌，比东道主澳大利亚还多2块。

（3）世界杯短池系列赛与世界短池锦标赛

游泳运动受天气、温度的限制，在气候寒冷的国家，都要在温水池及游泳馆内进行训练，游泳馆的造价往往高于游泳池的造价，因为它多了许多的附属设备。出于各种原因，25 m的室内游泳池开始大批出现于世界各地，这种25 m馆比起50 m的大馆不仅造价低，而且使用、维护都很方便经济，从20世纪50年代起，我国也建了大批的25 m室内馆。夏天在室外长池进行训练，冬天在室内短池进行训练，25 m的短池比赛也就应运而生。首先是欧美各国，东德、前苏联等国有短池对抗赛，继而出现了世界短池系列赛，规模越来越大，参加人数越来越多，最后出现了世界短池锦标赛。

短池比赛的项目与长池略有不同，主要是增加了50 m仰泳、蛙泳、蝶泳，100 m个人混合泳，4×50 m的自由泳和混合泳接力。

世界杯系列赛由若干站的比赛组成。在一段时间内，在世界各地进行相同项目的比赛，我国的北京和香港曾多次承办这一比赛，中国游泳运动员也在这一比赛中多次打破短池世界纪录。

短池赛一般在上半年举行，是这一赛季的重要比赛。世界杯短池系列赛每年举行一次，世界短池锦标赛每两年举行一次。

（4）泛太平洋游泳锦标赛和欧洲游泳锦标赛

欧洲游泳锦标赛是欧洲传统的洲际比赛，一般每隔两年举行一次，比赛安排在8月份。竞赛日程与奥运会游泳比赛相同，由于欧洲国家水平较高，因此这项比赛的争夺十分激烈。其中最具备夺牌实力的国家有德国、俄罗斯、匈牙利、英国、瑞典、法国、芬兰、西班牙等国，这么高水平的比赛，其他一些游泳强国如美国、澳大利亚、日本、加拿大都无缘参加。据此，由这4国发起，从1985年开始，举办泛太平洋游泳锦标赛，每两年举行一次，为了给破世界纪录创造好的条件，比赛日期要抢在欧洲锦标赛之前。

环绕太平洋沿岸的国家都可以参加这个比赛，它安排在单数年举行，也就是奥运会和亚运会双数年的间隙年举行，是长池的重要比赛。它吸引了许多世界级的高手参加，因此和欧洲锦标赛一样，已成为传统游泳赛事。

（5）亚运会游泳比赛

综合性的运动会中较为重大的游泳比赛还有亚运中的游泳比赛，在亚洲，游泳实力较强的是日本，近年来韩国正在崛起，但他们都无法与中国抗衡。其余的国家如新加坡、泰国等，偶尔也会取得出色成绩，但远不是中日的对手。

中国游泳水平的提高首先是从冲出亚洲的第 9 届亚运会上开始的，从那一届取得 3 金 10 银 8 铜的成绩开始，到 11 届亚运会以 23 金的成绩全面战胜日本，整整用了 8 年的时间。也就是从这时起，中国游泳开始走向世界。

2. 游泳竞赛规则简介

（1）游泳池

游泳竞赛对游泳池有严格的要求。游泳池长 50 m（+0.03 m）×21 m 或 25 m，短池 25 m（+0.02 m）×21 m 或 25 m。水深 2 m 以上。第一条泳道和最后一条泳道与两侧池壁的距离不少于 20 cm，安装出发台的池端，从池端至 5 m 的范围内的池水应至少有 1.20 m 深。比赛水温 26 ℃，室外游泳池不低于 25 ℃。比赛时池水必须保持正常水位。水面要平稳。如采用循环换水，池水不得有明显的流动或漩涡，池水要清晰。运动员可看清池底和池壁标志线。游泳池内有 9 条分道线构成 8 条泳道，每条泳道宽 2.50 m。

（2）裁判员

游泳比赛所需裁判员很多，需 60 ~ 70 人，分为以下岗位：总裁判长、副总裁判长、执行总裁判、计时长、转身检查长、终点长、编排记录长、检录长、发令员、宣告员等。

（3）比赛通则简介

① 参加办法：参加单位必须按竞赛规程规定确定每项的参加人数及每人参加的项数，并在规定的时间内报名。报名后不得更替或更改项目。

② 出发：自由泳、蝶泳、蛙泳在出发台上出台，仰泳项目在水中出发，运动员有两次出发机会。第一次抢跳后被召回，再进行第二次出发，第二次出发如果犯规将不被召回，比赛后犯规运动员被取消比赛资格。在比赛开始前，发令员的短哨音示意运动员脱外衣，长哨音示意上出发台。口令是"各就位"，出发信号是枪声或电笛。

③ 计时：人工计时，自动装置计时与半自动计时均被承认为正式的计时方法。人工计时每条泳道应有 2 ~ 3 名计时员，正式成绩的决定方法：三块表计时，两块相同的是正式成绩。三块不相同时，以中间的成绩为正式成绩。如果只有两名计时员时，应以较差的成绩为正式成绩。

④ 比赛和犯规：运动员必须在本泳道内比赛完毕。所游姿势必须符合规则规定。比赛中运动员转身时必须使身体的某一部分触及池壁，转身时必须从池壁完成，否则犯规。在比赛中除自由泳可以在池底站立，其他泳式（包括自由泳），均不得跨越和行走。在比赛中运动员不得使用或穿戴任何有助于或有利于其速度、浮力的器具（如手蹼、脚蹼等，但可戴护目镜）。在比赛中不允许陪游、带游，不允许速度诱导或采取任何能起速度诱导的办法。

接力抢码，如果该运动员重新返回并以身体任何部分触及池壁再行游出时，不作犯规论。某项比赛进行中，不是该项比赛的运动员进入水中也算犯规。

五、游泳对人体的好处

游泳是在水中进行的，水的密度和导热性都与空气不同。水的密度是空气的 800 倍，导热能力、压力和阻力都比空气大。因此游泳对人体的新陈代谢、体温调节、心血管系统、呼吸系统、肌肉系统、生长发育、延缓衰老都有积极的作用。

1. 游泳能够提高心肺功能

游泳时，人俯卧在水中。由于水的浮力，人在水中的体重只有几公斤。人在陆地上活动时，所有器官要支撑比在水中多很多的重量。相比之下，游泳时的负荷量远比陆地上活动对人体的刺激小，平卧在水中还可以减少血液循环系统的阻力和支撑器官的负荷，游泳时各种姿势都要求脊柱充分伸展，对防止驼背和脊柱侧弯的效果都是很好的。

游泳还能增加呼吸系统的机能。游泳时人的胸腔和腹部都受到水的压力，游泳时胸部承受的压力为 120 ~ 150 kN，给呼吸带来了困难。长期的游泳锻炼，可以使呼吸深度增加，肺活量提高。优秀运动员的肺活量可达 5 000 ~ 7 000 mL，而一般健康男子的肺活量是 3 500 mL 左右。

参加游泳锻炼，可提高水温、气温的适应能力，增强体质。很多患哮喘病的儿童就是通过游泳锻炼，增强了体质对冷的抗御能力，减少了哮喘发作次数甚至治好了哮喘病。

游泳还能有效地提高和改善人的心血管系统的机能，尤其是从小参加游泳锻炼，可以促进心血管系统的发育，这点是其他运动项目不可替代的。人从平卧状态到静止站立，由于重力对血液的作用，在腿部静脉中积起来的血液约达 600 mL，于是心动容积减小。这时机体只好通过加快心动频率以保持心脏每分钟的血液搏出量。这就是人在站立时比平卧时心动频率较快和心容积较小的原因。

反之，从站变为平卧时，体内流体静压减少，血液由身体各部分移往胸腔。由于重力作用对心脏的压力减少，也使血液回心比站立时容易，于是心容积加大，心率减慢。

游泳时，由于体内流体静压被水的浮力抵消，会产生似失重的感觉。水的压力会把体表静脉中的 700 mL 的血液压回胸腔，因此中心静脉压会明显增高。结果心脏中血液增多，心脏容积增大，心动频率相应减慢。长期坚持游泳锻炼，尤其是长游，能有效地增加心容积，使安静心率减少，一个优秀运动员的晨脉可达到 40 次/min 左右。在完成定量工作时出现机能节省化现象。游泳还可以使血管壁弹性增加，毛细血管数量增加，明显地提高循环系统机能，使血压状况良好，脉压差明显加大。

游泳能有效地消耗体内脂肪，尤其是长时间地游泳，因为水温与体温相差约 10 ℃，这会加速人体热量的散发，消耗加大，很多人都有游泳后胃口大开或饥饿的感觉。游泳加控制饮食，无疑是一种减肥的好方法。实验证明：游泳比长跑、体操、摔跤运动员的热能消耗大。在 20 ℃ 水温中游泳热量的散发是基础代谢条件下的 5 倍，在 5 ℃ 水温下游泳 5 分钟所消耗的热量相当于陆上长跑 1 h 的消耗。

现代科学研究表明：人体免疫功能中有一种叫做 T 淋巴的细胞，随着年龄的衰老而活性降低和数量减少。因此，人到中年后容易患某些疾病，如胃病、冠心病、类风湿关节炎、骨质增生等。这些疾病的产生与人体的免疫功能下降有着密切的关系，而常年坚持游泳或冷水游泳是最有效的良方之一。

游泳还有美容皮肤的功效。游泳是在水中进行，长期湿度较高的环境，对皮肤是很好的滋润与保养。当皮肤的水分含量低于 10%，皮肤呈干燥状态，变得粗糙。游泳不仅可以增湿，水对皮肤还有按摩的作用。

经常进行游泳训练的人都胸部肌肉丰满，肩部宽阔，体形肩宽窄臀，加上富有弹性的肌肉，给人以健壮、匀称的自然美。

2. 游泳是对儿童进行教育的良好手段

21 世纪是独生子女的时代，他们身上一些致命的弱点，不能吃苦，意志品质薄弱等，令很多父母感到头痛。1997 年夏天，有人曾对送孩子参加游泳学习班的家长进行了调查，大多数家长让孩子学习游泳的目的是，除了学习一种自我保护的技能，使他们的身体得到锻炼外，更重要的是让孩子在学游泳的过程中锻炼意志品质，培养遵守纪律的良好习惯。

学习游泳是一项集体活动，也是一种竞争，学习速度是有时间要求的，学得快、学得好的儿童受到羡慕，学得慢的自然就有一种压力。学游泳的孩子 6～7 岁的很多，从小就让他们习惯适度的压力，对他们将来步入社会是有好处的。

学游泳的第一步就要克服怕水的心理，随着教学活动的进行，还要克服怕苦、怕冷、怕累这些心理。随着不良心理的克服，孩子的自制能力会得到提高，自信、坚毅、勇敢的良好品质会得到培养，守纪律、讲秩序、互相帮助的良好习惯也会形成，这些都会对儿童思想品质的培养起到积极的作用，对儿童的身心发展有益处。

3. 游泳是老年人娱乐健身的好方法

游泳负荷强度比较低，是适合老年娱乐健身的好方法。参加水中锻炼的老年人，并不一定是游泳高手，在水中行走或带着救生圈活动都可以达到锻炼的目的。因身体过胖，在陆地上活动不便的老人在水中可以借助浮力进行运动，达到增强肌肉力量，促进心血管机能，提高关节韧带的柔韧性、灵活性的目的。同时，水中运动对老年慢性病的治疗和身体的恢复都有好处。

老年人参加游泳活动受到世界各国的高度重视。1986 年在日本的东京举行了第一届老年人参加的世界游泳比赛，其中包括水球和跳水。两年之后又在澳大利亚的布里斯班举行，有 25 个国家派出了代表队，运动员达 4 000 多人。其中年龄最大的是澳大利亚 90 岁高龄的游泳老星维拉·费尔南斯，她参加了 50 m 自由泳比赛。日本一位 89 岁的老先生也参加了比赛。最后的比赛是男女混合接力，由两男两女组成。比赛的激烈程度和热闹场面毫不比年轻人差。

老年人水中健身在欧美一些国家开展得非常普遍。人们称之为"水中疗法"。健身部门专门为老年人开设水中锻炼课，讲授各种水中锻炼方法及对身体各部位的影响。美国路易斯安那州的统计表明，由于老年人参加水中锻炼效果很好，所以参加的人数在成倍增长。有些国家考虑老年人口在不断增加，对老年人的健康越来越重视，把老年人的水中锻炼列为 21 世纪的开发项目。

4. 游泳是中青年减轻压力、恢复精力的灵丹妙药

游泳是调节情绪的好手段。人们在紧张的工作之际，情绪经常处于焦虑、忧郁、浮躁不安等状态中。只要到水中游上几趟，通过水流对身体的摩擦和冲击，形成一种特殊的按摩方式，这种自然的按摩，不仅使肌肉得到放松，还会使紧张神经松弛下来，把那些消极的、对身体产生副作用的心理因素散发出去，恢复积极健康的心理状态。游泳是项社会性很强的体育活动，参加游泳锻炼大都结伴而行。长时间在一个地方游泳会结识一批新朋友，大家聚集在一起谈天说地，互相交流，使人精神上得到满足。

5. 不宜游泳的人

游泳活动并非对每个人都适宜，有几种人不宜游泳。

① 顽固性高血压患者。药物不易控制的顽固性高血压患者，游泳就不适宜了，因为有诱发中风的潜在危险。

② 某些心脏病患者。心脏病患者并非都不能游泳，但紫绀型先天性心脏病、严重冠心病、风湿性心瓣膜病、较严重的心动过速和心律不齐等患者，不适宜游泳。

③ 中耳炎患者。水进入发炎的中耳，可使炎症加重、扩散，使病情加重。

④ 急性结膜炎患者。该病俗称"红眼病"，它是因病毒感染所致，在游泳池它特别容易感染，其速度之快，范围之广令人吃惊。在红眼病流行季节，即使健康人也应避免在游泳池内游泳。

⑤ 皮肤病患者。游泳使某些皮肤病加重，一些传染性皮肤病患者更不宜游泳。

第二节　熟悉水性练习

一、水中行走练习

做各种方向的行走或跑的练习，可用两手拨水维持平衡或加快走、跑、跳、转身、跃起、下沉等的速度，常见错误动作与纠正方法见表 14－2。

表 14－2　常见错误动作与纠正方法

常见错误	原因	纠正方法
不敢下水	怕水	鼓励，消除怕水心理
腿不敢向前移动	怕失去身体平衡	开始行走时速度慢些，脚站稳后再迈步
摔倒	走动时，掌握不了身体平衡	身体向前移动时，腿向后蹬和向前抬腿时都要用力。身体稍前倾，重心落在两脚之间，两手在体侧维持平衡

二、呼吸练习

游泳主要用口吸气，呼气用鼻或口鼻一齐呼。练习主要是单人、扶边或在同伴帮助下进行，用口吸气后闭气，慢慢下蹲把头全部浸入水中，停留片刻后起立换气，如图 14－1 所示，常见错误动作与纠正方法见表 14－3。

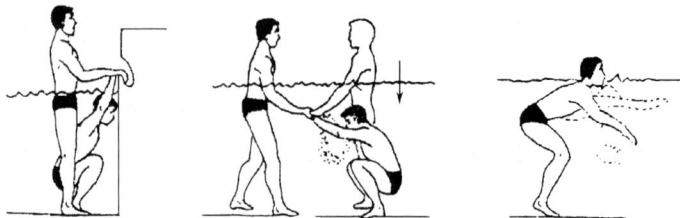

图 14－1　呼吸练习

表 14 – 3　常见错误动作与纠正方法

常见错误	原　因	纠正方法
用鼻吸气	动作概念不清，或受习惯动作影响	明确动作要领，练习时可用手捏鼻（或用鼻夹），强迫练习者用口吸气
没有在水下呼气	动作概念不清，或怕水心理影响	明确动作要领，练习时要用力呼气，要连续冒出气泡

三、浮体与站立练习

1. 教学重点

深吸气和站立动作。

2. 教学要求

练习时要深吸气，在水中闭气的时间应尽可能长。站立时，两臂前伸向下按压水并抬头，以脚触池底站立。

3. 练习方法

主要有抱膝浮体练习和展体浮体练习，如图 14 – 2 所示，常见错误动作与纠正方法见表 14 – 4。

图 14 – 2　浮体与站立练习

表 14 – 4　常见错误动作与纠正方法

常见错误	原　因	纠正方法
浮不起来	紧张，未深吸气	反复练习用口深吸气的动作和闭气动作。讲清道理，不要紧张
站立时向前倒	动作概念不清，两臂没有前伸和向下压水抬头动作	明确动作要领，练习时要求两臂向前伸直触池底站立。站立后，两手可在体前、体侧拨水，以帮助身体站稳

四、滑行练习

1. 教学重点

蹬池壁或蹬池底并使身体成流线型的动作。

2. 教学要求

滑行时臂和腿要并拢伸直，头夹于两臂之间，身体成流线型。同时要教会蹬壁或蹬池底的动作。

3. 练习方法

主要有蹬池底滑行练习和蹬边滑行练习，如图 14 - 3 所示，常见错误动作与纠正方法见表 14 - 5。

图 14 - 3　滑行练习

表 14 - 5　常见错误动作与纠正方法

常见错误	原　因	纠正方法
蹬壁无力	蹬壁前，身体离池壁太远	蹬壁前，臀部尽量靠近池壁，大小腿尽量收紧，用力蹬壁
滑行时抬头塌腰	动作概念不清	明确要领。蹬出滑行时要求低头夹于两臂之间，使身体成流线型滑行

五、踩水练习

1. 教学重点

掌握手、脚对水面动作、手和腿合理协调动作。

2. 教学要求

身体前倾，肌肉放松，手臂、腿脚动作要协调而有节奏。

3. 练习方法

主要有手扶池槽踩水练习、身系浮带踩水练习和踩水练习，连续做蹬夹—收屈—蹬夹动作，如图 14-4 所示，常见错误动作与纠正方法见表 14-6。

图 14-4　踩水练习

表 14-6　常见错误动作与纠正方法

常见错误	原　因	纠正方法
身体失去平衡	概念不清	上体后仰上体稍前倾和稍低头，双手在胸前维持平衡
身体下沉	手、腿动作不正确	手在胸前做向里向外的拨水动作，增加浮力；腿向下做蹬夹水动作，增加浮力
不能持久	手、腿、呼吸配合不协调	改进蹬夹水动作，提高腿蹬夹水的动作效果；加强手、腿、呼吸协调配合，呼吸要有节奏性

第三节　蛙泳技术

一、蛙泳技术

1. 身体姿势

蛙泳技术比较复杂，同时技术也在不断发展。特别是近年来出现的"波浪式"蛙泳，身体位置更不稳定。在一个动作周期（一次蹬腿一次划手）结束后，有一个短暂的相对稳定的滑行瞬间，此时臂腿并拢伸直，身体较水平地俯卧于水面，头略微抬起，身体纵轴与水平面成 5°~10° 角，身体保持一定的紧张度，以保持较好的流线型。当划水和抬头吸气时，头抬出水面，肩部上升，加上开始收腿动作，这时身体与水平面的夹角增大，约为 15°，如图 14-5 所示。初学蛙泳的人容易吸气时抬头过高而使身体下沉，这样会增大阻力。

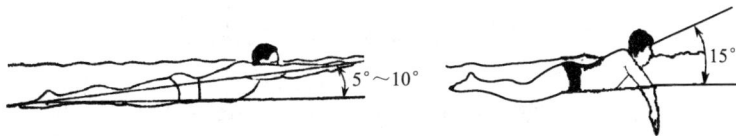

图 14-5　蛙泳

2. 腿的技术

蛙泳的腿部动作很重要，可产生较大的推进力，腿的动作可分为四部分，即收腿、翻脚、蹬腿和滑行。

（1）收腿

收腿动作不但不产生推进力，而且会给身体带来阻力，因此要考虑如何减小阻力。开始收腿时同时屈膝屈髋，两膝边慢慢分开，边向前收腿，小腿和脚应跟在大腿和臀部的后面，以较慢的速度和较小的力量使脚后跟向臀部靠拢，以减小阻力。收腿结束后，大腿与躯干之间成130°～140°角，大腿与小腿之间成40°～50°角。

（2）翻脚

翻脚对蛙泳蹬腿的效果起着重要的作用。但翻脚并不是一个独立的动作阶段，而是在收腿没有完全结束时就开始了。通过向外翻脚，使脚尖朝外，对水面积增大，并使脚和小腿内侧对准蹬水的方向。同时翻脚结束时，两脚之间的距离要大于两膝之间的距离，如图14－6所示。

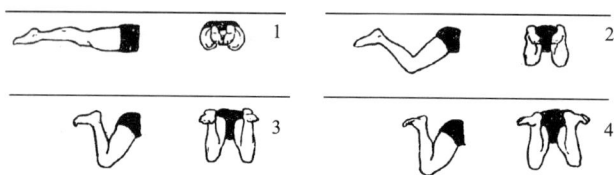

图14－6　翻脚

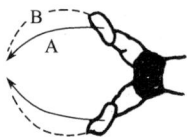

图14－7　蹬腿

（3）蹬腿

也叫"蹬夹水"或"鞭状蹬水"。先伸展髋关节，从大腿发力向后蹬水，小腿和脚掌做向下和向后的鞭水。腿在向后蹬的同时向中间夹紧，蹬腿结束时两腿应并拢伸直，踝关节伸直，如图14－7所示。

由于蹬夹水能够产生较大的推进力，应用较大的力量和较快的速度完成。

（4）滑行

蹬腿结束后，由于蹬腿的惯性作用两腿有一个短暂的滑行阶段。这时两腿应尽量伸直并拢，腿部肌肉和踝关节自然放松，为下一个动作周期做好准备。

蛙泳腿常见的错误技术主要有：大腿收得幅度太大（易使身体上下起伏）或太小（易使脚和小腿露出水面而蹬空）；蹬腿过宽或过窄；收腿结束时分膝过大；蹬腿未翻脚及滑行时两腿未并拢等。

3. 手臂技术

蛙泳臂划水技术可以产生较大的推进力，蛙泳的划水从水下看，像一个"倒心形"，如图14－8所示。

蛙泳臂部动作可分为开始姿势、滑下、划水、收手和移臂等几个部分。

（1）开始姿势

蹬腿结束时，两臂前伸，与水平面平行，掌心向下，身体保持流线形，如图14－9所示。

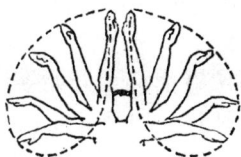

图 14 - 8 手臂技术

图 14 - 9 开始姿势

（2）滑下

两肩和手臂前伸，手腕向前、向外、向下方勾手，抓水结束时，两臂分开到约成45°角，如图 14 - 10 所示。

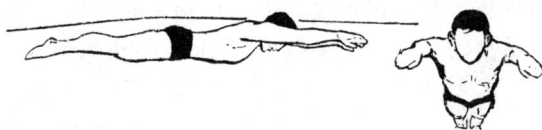

图 14 - 10 滑下

（3）划水

划水是产生推进力的主要部分。划水开始时，两手继续外分手臂向外旋转，同时屈肘、屈腕，保持高肘划水。划水的前一部分手臂同时向外、向下和向后运动，如图 14 - 11 所示。

划水的整个过程应加速并始终保持高肘姿势完成，肘关节弯曲的角度随划水的进行不断减小，到划水即将结束时，肘关节屈至约90°角，手位于肩的前下方。

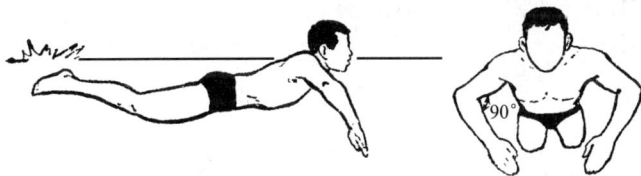

图 14 - 11 划水

蛙泳划水常见的错误技术主要有直臂划水、沉肘、划水过宽或过长等。

（4）收手

划水结束后，手臂向外旋转，手同时向内、向上和向前快速运动，开始了收手过程。收手时，两掌心相对。收手结束时，肘的位置低于手肘关节弯曲成较小的锐角，如图 14 - 12 所示。

图 14 - 12 收手

（5）移臂

尽管目前有些运动员为了减小移臂的阻力采用从水面上移臂的方法，但由于这样做容易使腿下沉，所以并不流行。

移臂是在收手的基础上完成的。通过向前伸肩和伸肘，两臂前移至开始姿势。移臂时，掌心可以向下，也可以向内，在即将结束时再转为向下，如图14-13所示。

移臂时不产生推进力，但要注意减小阻力。

4. 呼吸及完整配合技术

蛙泳的呼吸一般在一次动作周期中吸一次气。臂、腿、呼吸的配合多采用1∶1∶1配合。蛙泳呼吸利用抬头吸气，有早吸气和晚吸气两种配合形式。早吸气是在手臂刚开始划水时抬头吸气，吸气相对较长，收手和移臂时低头呼气。这种配合易于掌握，可以利用划水时的下压产生升力，有助于使上身浮起，抬头吸气；晚吸气是指划水结束收手时吸气，吸气时间较短，移臂时低头呼气。这种技术有一定难度，但由于抬头时间短，身体重心和浮心推动平衡的时间短，因而阻力小，被高水平运动员采用，如图14-14所示。

早吸气

晚吸气

图14-13　移臂　　　　　　　　　　图14-14　呼吸及完整配合技术

蛙泳臂腿配合技术较为复杂。正确的配合技术是：手臂划水时，腿自然放松伸直；收手时腿自然屈膝；开始移臂时收腿，并快速蹬腿。

二、蛙泳教学

1. 腿部动作教学

【教学重点】翻脚和蹬夹动作。

【教学要求】腿是掌握蛙泳技术的基础。在教学中要抓住收、翻、蹬夹和滑行四个动作。在腿的一次动作中，要求收腿正确，翻脚充分，蹬夹连贯，滑行放松。在动作节奏上，强调收腿时要慢而放松，蹬腿时要快而有力。

【练习方法】

（1）陆上模仿练习

① 坐撑模仿蛙泳腿动作：坐在池边或凳上，上体稍后仰，两手后撑，按口令分解练习再过渡到完整连贯动作，如图14-15所示。

收——大腿带小腿，边收边分。

翻——向外翻脚，脚的蹬水面对准水，膝稍内压。

蹬夹——向后弧形蹬夹水。

停——两腿并拢伸直放松停一会儿。

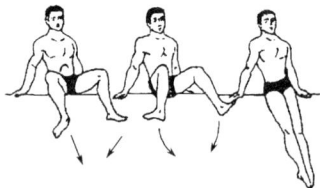

图14-15　陆上模仿练习

② 俯卧凳上做收、翻、蹬夹、停的动作：先分解做，再连贯起来做腿的完整动作，如图 14-16 所示。

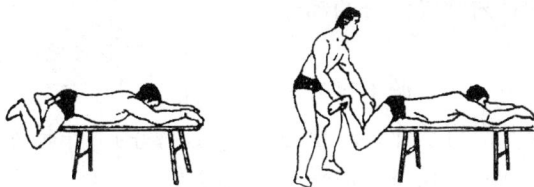

图 14-16 俯卧凳上做练习

（2）水中练习

① 固定支撑做蛙泳腿的练习：手扶支撑物，身体平卧浮于水中，做收、翻、蹬夹停动作，先分解再连贯起来做，如图 14-17 所示。

除陆上模仿的要求外，在水中要强调以下几点。

躯干——肩浸入水中，腰腹部肌肉稍紧张，臀靠近水面，防止塌腰、挺腹、臀下沉。

收——放松慢收，小腿和脚步在大腿投影之内。

翻——向外翻脚步要充分，脚和小腿内侧对准水，脚心朝上。

蹬夹——向后弧形蹬夹要连贯，速度相对要快些。

停——两腿并拢伸直漂一会儿。

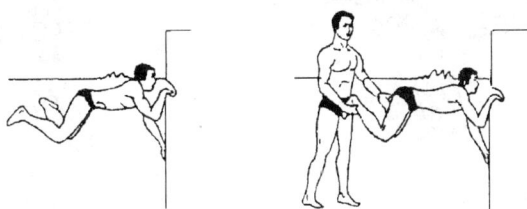

图 14-17 固定支撑做蛙泳腿练习

② 滑行做蛙泳腿的练习：蹬边或蹬池底后做蛙泳腿，要求两腿蹬水后漂浮的时间要长一些，注意蹬腿效果和动作节奏。

③ 游动支撑做蛙泳腿：扶住浮板的近端，两臂伸直，面部浸入水中，做蛙泳蹬腿动作。

④ 蛙泳腿和呼吸练习：腿的动作基本掌握后，就做腿和呼吸的配合练习。当蹬夹动作结束、两腿并拢伸直时，抬头吸气，随后低头没入水中闭气再收腿，如图 14-18 所示。

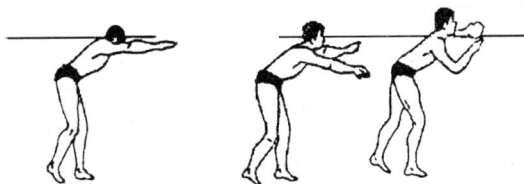

图 14-18 蛙泳腿和呼吸练习

2. 手臂动作和手臂与呼吸配合动作教学

【教学重点】

体会臂划水的路线和臂与呼吸配合的动作。

【教学要求】

教学时采用小划臂的技术，开始不要强调划臂时的用力，而要着重体会划臂动作路线。强调两臂收手前伸的并拢及滑行动作，防止边伸边划。臂的动作是呼吸动作紧密联系在一起的，教学时强调早吸气，即两手划下时抬头，划水时吸气。

【练习方法】

（1）陆上模仿练习

站立，上体前倾，两臂前伸，掌心向下。按口令做以下动作：两手同时向侧后下方划水；屈臂收手至颏下，掌心斜相对；两手向前伸直并拢稍停。要求划水时掌心向外侧下方，内收时，用力压摸水。基本掌握臂的动作后，即可配合早呼吸，开始划水时抬头吸气，伸臂时，低头闭气及呼气。

（2）水中练习

两脚开立站于齐胸深的水中，两臂按陆上练习要求做划水动作练习、俯卧滑行小划臂练习、由走动到俯卧滑行做臂与呼吸配合动作练习如图 14 - 19 所示，双人练习如图 14 - 20 所示。

图 14 - 19　配合动作

图 14 - 20　双人练习

3. 完整配合动作教学

【教学重点】

臂、腿配合动作时间和呼吸动作。

【教学要求】

首先要明确蛙泳正确的腿、臂配合时间，在任何情况下，都是臂先腿后。在教学中有个口诀：划了胳臂再收腿，伸了胳臂再蹬腿。腿的动作始终是落后于臂的。对初学者，要求早吸气，蹬完腿要有滑行然后再做下一个动作。

【练习方法】

（1）陆上模仿练习

① 站立，两臂向上伸直并拢，按口令做："1" - 两臂向两侧划水；"2" - 收手同时收腿，收腿即将结束时开始翻脚；"3" - 臂将伸直时蹬腿；"4" - 臂、腿伸直稍停。然后逐渐连贯做，如图 14 - 21 所示。

② 同上练习加呼吸动作。

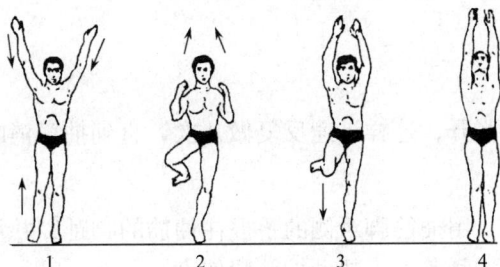

图 14 - 21　陆上模仿练习

（2）水中练习

① 滑行后闭气做臂、腿配合的分解练习：即先结束一次划臂动作后，再做一次蹬腿动作，臂和腿依次交替进行，以建立臂先腿后滑行的配合练习。

② 闭气滑行：划臂腿伸直，收手又收腿，臂将伸直再蹬腿，臂腿伸直后滑行。

③ 同上练习加呼吸配合：由多次蹬腿一次划臂逐渐过渡到一次臂、一次腿和一次呼吸的完整配合。

④ 逐渐增长游距：在长游中注意改进技术。

第四节　水上救护基本知识

一、间接救护技术

间接救护技术是救护者利用救生器材对较清醒的溺水者施救的一种技术。

1. 救生圈

最好在救生圈上系一条绳子，当发现溺水者时，可将救生圈掷给溺水者。

2. 竹竿

溺水者离岸（船）较近时，可用竹竿拖至岸（船）边。

3. 绳子

在绳索的一头系一漂浮物，救护者握住绳子的一端，然后将绳子掷在溺水者的前方，使溺水者握住绳子上岸。

4. 木板

将木板掷给溺水者，亦可扶木板游向溺水者然后将溺水者拖带上岸。

二、直接救护技术

直接救护技术是救护者不借助任何救生器材，徒手对溺水者施救的一种技术。救护步骤可分为：① 入水前的观察；② 入水；③ 游近溺水者；④ 拖运；⑤ 上岸；⑥ 抢救。

三、自我救护

1. 手指抽筋

将手握拳，然后用力张开，这样迅速反复做几次，直到抽筋消除为止。

2. 小腿或脚趾抽筋

先吸一口气而浮水上，用抽筋脚对侧的手握住抽筋的脚趾，并用力向身体方向拉。同时用同侧的手掌压在抽筋脚的膝盖上，帮助抽筋腿伸直。

3. 大腿抽筋

可同样采用拉长抽筋肌肉的方法解救。

第十五章

初级长拳（第三路）

第一节　长拳基础知识

一、概述

"长拳"一词最早记载于明朝戚继光《纪效新书·拳经提要篇》中："古今拳家，宋太祖有三十二势长拳。"清朝中叶，又有太极长拳一百零八势的流传。这里提及的"长拳"很可能是太极拳的前身，与当今的长拳内容差别较大，是两种内容和特点迥然不同的拳种。

现在比赛用的长拳是近三十年发展起来的新拳种。在新中国成立以后，为满足武术发展的需要，国家体委把在群众中流传广泛的查、华、炮、洪、弹腿、少林等拳种进行综合整理，根据其风格特点，创编了长拳。它是以套路为主的拳法，既适合基础武术训练，又适用于进行竞赛和提高技术水平。这类拳术的共同特点是动作舒展大方、快速有力、节奏鲜明，并多起伏转折。在技击上强调长击速打，主动出击，以快制慢，以刚为主。

长拳内容包括基本功、单练套路、对练套路。单练套路又分为两种：规定套路和自选套路。规定套路由国家体委统一制定，分为甲组、乙组、丙组（初级），每个套路又由不同难度和数量的规定动作组成。自选套路是为了适应竞赛和提高的需要，允许运动员在比赛时使用的自编套路，但为了比赛时有一定的可比性，武术竞赛规则对自选套路的动作数量、组别、规格、完成套路的时间都有统一的要求。

二、长拳的技术要求

1. 身体姿势

总的要求是头正、颈直、挺胸、立腰，上肢动作要舒展、顺畅，下肢动作要轮廓清楚、步法稳固，整体动作的姿势要匀称。

2. 动作方法

在练习中出现的踢、打、摔、拿等技击动作要尽量展开，起止点及路线、力点要清晰。

把动作应有的攻防技击特点体现得清楚准确。动作方法与呼吸方法要紧密结合，如完成纵、跳、腾、翻等由低势转入高势的动作时要采用"提气"；在完成亮相、静势平衡等动作时，采用"托气"，以显示出精神饱满、气势雄伟的特点；在完成冲、劈、砸等动作时，要采用"聚气"增加发力，以气催力；在完成仆步、歇步、马步、弓步等由高势转入低势动作时，采用"沉气"，以利于腹部充实，根基稳健。

3. 动作劲力

劲力是指做动作时的用劲。长拳的劲力要体现有刚有柔，要刚而不僵，柔而不松，刚柔相济。发力的顺序性要强，要有爆发力，要运用先柔后刚的"寸劲"，使力清晰地顺达于动作的力点部位。在用力时不但要用意念支配动作，还要相应地运用提、托、聚、沉等呼吸方法，做到内外合一。

4. 动作节奏

长拳动作的节奏变换要明显、多样。动、静、快、慢、刚、柔、轻、重等是体现其节奏的主要因素。在套路练习中，没有轻的动作就显不出重的动作来；没有柔的烘托，刚劲就不会体现得明显；没有慢的起动，就显不出快的加速；没有停的稳健，也反映不出动的急速。这些轻与重、刚与柔、动与静等的两个侧面是相比较、相对应而存在的。在练习过程中，把相对应的矛盾显示得越充分、越突出，节奏感就越强。

第二节　初级长拳（第三路）图解

一、预备动作

1. 预备势

两脚并步站立，脚尖向前；两臂垂于身体两侧，双手成掌自然贴靠腿外侧；眼向前平视（图15-8）。

要领：头正颈直，下颌微收，挺胸、收腹、塌腰、夹腿。

2. 虚步亮掌

① 退步砍掌：重心下降，右脚向右后方撤步成左弓步；右掌经体侧向胸前上方划弧，掌心向上，左臂屈肘，左掌提至腰侧，掌心向上；目视右掌（图15-9）。

② 后移穿掌：左腿蹬地发力使重心后移，右腿微屈；左掌经胸前从右臂上向前上弧线穿出伸直，掌心向上，同时右掌收至腰侧，掌心向上；目视左掌（图15-10）。

③ 转头亮掌：重心继续后移，左脚稍向右后移，脚尖点地，成左虚步；左臂内旋经左侧向后下方划弧成勾手，勾尖向上，右手继续向后、向右、向前上划弧，屈肘抖腕，在头前上方成亮掌（即横掌），掌心向前，掌指向左；目视左方（图15-11）。

图15-8

图15-9

图15-10

图15-11

要领：三个动作连贯，双手路线走圆。成虚步时，重心落于右腿上，右大腿与地面平行，上体注意保持正直。

3. 并步对拳

① 提膝亮掌：右腿蹬直，左腿提膝，脚尖里扣；身体直立，上身姿势不变（图 15 – 12）。

② 上步穿掌：左脚向前迈步，重心前移；左臂屈肘，左勾手变掌经左肋前穿，右臂外旋向前下落于左掌右侧，两掌同高，掌心均向上；头转正，目视前方（图 15 – 13）。

③ 上步后摆掌：右脚向前上一步，重心前移；两臂下垂，双手经髋侧向后摆掌（图 15 – 14）。

④ 并步转头对拳：左脚向右脚并步，身体直立；两臂向外、向上经胸前屈肘下按，两掌变拳，拳心向下，拳面相对，停于小腹前；目视左侧（图 15 – 15）。

图 15 – 12　　　　图 15 – 13　　　　图 15 – 14　　　　图 15 – 15

要领：并步后挺胸、塌腰。对拳、并步、转头要同时完成。

二、第一段

1. 弓步冲拳

① 上步格挡：左脚向左横开一步，脚尖向斜前方，右腿微屈，上体微左转，成半马步；同时左臂屈肘向左格挡，拳眼向后，拳与肩同高，右拳收至腰侧，拳心向上；目视左拳（图 15 – 16）。

② 蹬地冲拳：上体左转，右腿蹬直成左弓步；右拳成立拳向前冲出，高与肩平，拳眼向上，同时左拳收至腰侧，拳心向上；目视右拳（图 15 – 17）。

图 15 – 16　　　　图 15 – 17

要领：成弓步时，右腿充分蹬直，脚跟不要离地。冲拳时，尽量转腰顺肩。

2. 弹腿冲拳

重心前移至左腿，右腿屈膝提起，脚面绷直，猛力向前弹出伸直，高与腰平；左拳成立拳向前冲出，右拳收至腰侧，拳心向上；目视前方（图15-18）。

要领：弹腿和冲拳要协调一致，弹出的腿要用爆发力，力点达于脚尖。

3．马步冲拳

右脚向前落步，脚尖里扣，右脚脚跟后辗，上体左转，两腿下蹲成马步；右拳成立拳向前冲出，高与肩平，同时左拳收至腰侧；目视前方（图15-19）。

图15-18　　　　　　图15-19

要领：成马步时，大腿接近水平，脚跟外蹬，挺胸、塌腰，冲拳配合转体动作发力。

4．弓步冲拳

① 转体格挡：右脚尖外撇向斜前方，成半马步，上体右转90°；右臂屈肘向右格挡，拳眼向后，拳与肩同高；目视右拳（图15-20）。

② 蹬地冲拳：左腿蹬直成右弓步；左拳成立拳向前冲出，右拳收至腰侧，拳心向上；目视左拳（图15-21）。

要领：与本段的第一个弓步冲拳相同。

图15-20　　　　　　图15-21

5．弹腿冲拳

重心前移至右脚，左腿屈膝提起，脚面绷直，猛力向前伸直弹出，高与腰平；右拳成立拳向前冲出，左拳抱拳于腰侧，拳心向上；目视前方（图15-22）。

图15-22

要领：与本段的第一个弹腿冲拳相同。

6. 大跃步前穿

① 收腿挂掌：左腿屈膝收腿，上体微前倾；右拳变掌内旋，以手背向左下挂至左膝外侧；目视右手（图15－23）。

② 上步后摆掌：左脚向前落步，重心移至前脚，两腿微屈；右掌继续向后挂，左拳变掌，向后下摆掌伸直；目视右掌（图15－24）。

③ 跃步上摆掌：右腿屈膝向前提起，左腿立即猛力蹬地向前跃出，跳起后双小腿后背，身体右转；两掌向前向上划弧摆起；目视左掌（图15－25）。

④ 仆步抱拳：右腿落地全蹲，左腿随即落地向前铲出成仆步；右掌变拳抱于腰侧，左掌由上向右、向下划弧成立掌，停于右胸前；目视左脚（图15－26）。

图15－23　　　　图15－24　　　　图15－25　　　　图15－26

要领：跳起后在空中要挺身背腿；跃步要远，落地要轻，落地后立即接做下一个动作。

7. 弓步击掌

右腿猛力蹬地，上体左转，重心移向左脚成左弓步；左掌经左脚面向后划弧至身后成勾手，左臂伸直，勾尖向上，右拳由腰侧变掌向前推出，掌指向上，掌外侧向前；目视右掌（图15－27）。

8. 马步架掌

① 转体穿掌：重心移至两腿中间，上体右转，左脚脚尖里扣成马步；右臂向左侧平摆，稍屈肘，同时左勾手变掌由后经左腰侧从右臂内向左上穿出，掌心均朝上；目视左手（图15－28）。

② 转头亮掌：上体继续右转；右掌立于左胸前，左臂向左上屈肘抖腕亮掌于头部左上方，掌心向前上方；头部右转，目视右方（图15－29）。

图15－27　　　　图15－28　　　　图15－29

要领：亮掌的抖腕动作和转头同时完成，发力要干脆；马步同前。

三、第二段

1. 虚步栽拳

① 提膝转体：右脚蹬地，屈膝提起，左腿伸直站起，以前脚掌为轴向右后转体180°；右掌由左胸前向下经右腿外侧向后划弧成勾手，勾尖向后，左臂随体转动并外旋，使掌心朝右；目视右手（图15-30）。

② 虚步栽拳：右脚向右落地，重心移至右腿上，下蹲成左虚步；左掌变拳下落于左膝上，拳眼向里，拳心向后，右勾手变拳，屈肘架于头右上方，拳心向前；头迅速左转，目视左方（图15-31）。

图15-30　　　　图15-31

2. 提膝穿掌

① 转头盖掌：右腿稍伸直；右拳变掌收至腰侧，掌心向上，左拳变掌由下向左上划弧盖压于头上方，掌心向前；头转向右方（图15-32）。

② 提膝穿掌：右腿蹬直，左腿屈膝提起，脚尖内扣；右掌从腰侧经左臂内向右前上方穿出，掌心向上，左掌收至右胸前成立掌；目视右掌（图15-33）。

要领：①、②动作连贯完成，支撑腿与右臂充分伸直。

3. 仆步穿掌

右腿全蹲，左腿向左后方铲出成左仆步，脚尖内扣；右臂不动，左掌由右胸前向下经左腿内侧，向左脚面穿出；目随左掌转视（图15-34）。

图15-32　　　　图15-33　　　　图15-34

4. 虚步挑掌

① 弓步前穿：右腿蹬直，重心前移至左腿，成左弓步；左掌随重心前移继续向前上方穿掌，右掌稍下降；目随左掌转视（图15-35）。

②虚步前挑：右脚向左前方上一步，脚尖点地，左腿半蹲，成右虚步，上体向左转180°；在右脚上步的同时，右掌由后向下、向前上挑起成立掌，指尖与眼平，左掌由前向上、向后划弧成立掌；目视右掌（图15－36）。

要领：上步要快，虚步要稳。

5. 马步击掌

①掳手抱拳：右脚落实，脚尖外撇，重心稍升高并右移；右掌俯掌向外掳手，左掌变拳收至腰侧（图15－37）。

②上步横击：左脚向前上一步，以右脚为轴向右后转体180°，两腿下蹲成马步；左拳变掌从右臂上成立掌向左侧击出，力达掌根，右掌变拳收至腰侧；目视左掌（图15－38）。

图15－35　　　　　图15－36　　　　　图15－37　　　　　图15－38

要领：右手做掳手时，先使臂稍内旋、腕伸直，手掌向下向外转，接着臂外旋，掌心经下向上翻转，同时抓握成拳。收拳和击掌要同时进行。

6. 叉步双摆掌

①转头下摆掌：重心稍升高、右移；右拳变掌，同时两掌由下向右摆，掌指均向上；目视右掌（图15－39）。

②叉步上摆掌：右脚向左腿后插步，前脚掌着地，上身拧紧；两臂继续由右向上、向左摆，停于身体左侧，均成立掌，右掌停于左肘窝处；目随双掌转视（图15－40）。

图15－39　　　　　图15－40

要领：两臂要划立圆，幅度要大，摆掌与后插步配合一致。

7. 弓步击掌

①转身按掌：两腿不动，身体右转；右掌向上、向右划弧，掌心向下按掌，左掌收至腰侧，掌心向上；头转向右方（图15－41）。

②退步击掌：左腿后撤一步，成右弓步；右掌向下向后伸直摆动，成勾手，勾尖向上，左掌成立掌向前推出；目视左掌（图15－42）。

图 15 – 41　　　　　　　图 15 – 42

要领：退步和推掌协调一致，推掌发力前左腿要蹬住地面。

8. 转身踢腿马步盘肘

①转体抡臂：两脚以前脚掌为轴向左后转体180°，重心移向左脚；在转体的同时，左臂向上、向前划半立圆，右手变掌，右臂向下、向后划半圆；目随左手转视（图 15 – 43）。

②顺势抡臂：上动不停，两脚不动；右臂由后向上、向前划半立圆，左臂由前向下、向后划半立圆；目视前方（图 15 – 44）。

③亮掌正踢腿：上动不停，重心移至左脚，重心升高；右臂向下成反臂勾手，勾尖向上，左臂向上成亮掌，掌心向前上方；右腿伸直，脚尖勾起，向额前正踢腿（图 15 – 45）。

图 15 – 43　　　　　图 15 – 44　　　　　图 15 – 45

④落步拧身：右脚主动向前下压落地，脚尖里扣，上体微向左拧转；右手不动，左臂屈肘下落至胸前，肘平抬，左掌心向下；目视左掌（图 15 – 46）。

⑤马步盘肘：上体左转90°，两腿下蹲成马步；同时左掌向前、向左平捋，变拳后收至腰侧，右勾手变拳，右臂伸直，由体后向右、向前平摆，至体前时屈肘，肘尖向前，高与肩平，拳心向下；目视肘尖（图 15 – 47）。

图 15 – 46　　　　　　　图 15 – 47

要领：两臂抡动时要划立圆，动作连贯。盘肘要快速有力

四、第三段

1. 歇步抡砸拳

① 转头抡拳：重心稍升高，右脚尖外撇；右臂由胸前向上、向右抡直，左臂摆至体侧，两拳拳心向上；目随右拳转视（图15－48）。

② 转体抡摆：上动不停，重心升高，两脚以前脚掌为轴，向右后转体180°；随身体转动，右臂向下、向后抡摆，左臂向上、向前抡摆（图15－49）。

③ 歇步砸拳：紧接上动，两腿全蹲成歇步；左臂随身体下蹲向下平砸，力达拳背，拳心向上，臂部微屈，右臂伸直向上举起；目视左拳（图15－50）。

图15－48　　　　图15－49　　　　图15－50

要领：抡臂动作要连贯完成，划成立圆。歇步要两腿交叉全蹲，左腿大、小腿靠紧，臀部贴于左小腿外侧，膝关节在右小腿外侧，脚跟提起；右脚尖外撇，全脚掌着地。

2. 仆步亮拳

① 回身横击掌：左脚由右腿后抽出向前上一步，左腿蹬直，右腿半蹲，成右弓步；上体微向右转；左拳收至腰侧，拳心向上，右拳变掌向下经胸前向右横击掌，掌心向下，力达掌沿；目视右掌（图15－51）。

② 提膝穿掌：右脚蹬地屈膝提起，上体右转；左拳变掌从右掌上向前穿出，掌心向上，右掌回收，平放至左肘下，掌心向上（图15－52）。

③ 仆步亮拳：右脚向右落步，屈膝全蹲，左腿伸直，成仆步；左掌向下、向后划弧成勾手，勾尖向上，右掌向右、向上划弧后，抖腕成亮掌，掌心向前，臂微屈；头随右手转动，至亮掌时，目视左方（图15－53）。

图15－51　　　　图15－52　　　　图15－53

要领：仆步时，左腿充分伸直，脚尖里扣，右腿全蹲，两脚脚掌全部着地。上体挺胸塌腰，稍左转。

3. 弓步劈拳

① 上步捋手：右腿蹬地立起，左腿收回并向左前方上步；右掌变拳收至腰侧，拳心向

上，左勾手变掌由下向前上经胸前向左做捋手，掌心横向外；目视左手（图15-54）。

②上步挥摆：右腿经左腿前方向左绕上一步，左腿蹬直成右弓步；左手向左平捋后再向前挥摆，虎口朝前，在左手平捋的同时，右拳向后平摆，拳眼向上（图15-55）。

③弓步劈拳 重心前移成弓步；右拳向上、向前做抡劈拳，力达拳背，拳高与耳平，拳心向上，左掌外旋接扶右前臂；目视右拳（图15-56）。

图15-54　　　　　　图15-55　　　　　　图15-56

要领：左、右脚上步稍带弧形。

4. 换跳步弓步冲拳

①缩身挂掌：重心后移，右脚稍向后移动，上体微前弓；右拳变掌，右臂内旋以掌背向下划弧挂至右膝内侧，左掌背贴靠右肘外侧，掌指向前；目视右掌（图15-57）。

②提膝拧身：右腿自然上抬，上体稍向左扭转；右掌挂至体左侧，左掌留在右腋下；目随右掌转视（图15-58）。

③震脚按掌：右脚以全脚掌用力向下震踩，与此同时，左脚急速离地向后勾起，同时上体右转；伴随转体，右手由左向上、向前捋盖，而后变拳收至腰侧，左掌伸直向上经头上方向前、向下横掌下按，肘关节平屈，掌心向下；目视左掌（图15-59）。

④弓步冲拳：左脚向前上步，右腿蹬直成左弓步；右拳从左手手背上向前冲出（立拳），拳高与肩平，左掌回收藏于右腋下，掌背贴靠腋窝，掌指向上；目视右拳（图15-60）。

图15-57　　　图15-58　　　图15-59　　　图15-60

要领：换跳步动作要连贯、协调。震脚时腿要弯屈，全脚掌着地。左脚离地不要太高。

5. 马步冲拳

左脚蹬转，脚尖内扣，上体右转90°，重心移至两腿中间，成马步；左掌变拳向左冲出，拳眼向上，右拳收至腰侧，拳心向上；目视左拳（图15-61）。

6. 弓步下冲拳

右脚蹬直，左腿弯曲，上体稍向左转，成左弓步；左拳变掌向下经体前划弧向上架于头左上方，掌心向上，右拳自腰侧向左前斜下方冲出，拳眼向上；目视右拳（图15－62）。

图15－61　　　　　　　　图15－62

7. 叉步亮掌侧踹腿

① 十字交叉：上体稍右转；左掌由头上下落于右手腕上，右拳变掌，两手手腕处交叉成十字，手掌小指侧向前；目视双手（图15－63）。

② 叉步亮掌：右脚蹬地并向左腿后插步，以前脚掌着地；左掌由体前向下、向后划弧成勾手，勾尖向上，右掌由前向右、向上划弧抖腕亮掌，掌心向前；目视左方（图15－64）。

③ 侧踹腿：重心移至右腿，左腿屈膝提起，向左上方猛力踹出，脚尖勾紧；上肢姿势不变；目视左侧（图15－65）。

图15－63　　　　　　图15－64　　　　　　图15－65

要领：插步时上体稍向右倾斜，腿、臂的动作要一致。侧踹高度不能低于腰，大腿内旋，着力点在脚跟。

8. 虚步挑拳

① 落步左挑拳：左脚在左侧落地；左勾手变拳由体后向左上挑，拳背向上，右掌变拳稍后移，拳心向后（图15－66）。

② 提膝前挂拳：上体左转180°，微含胸前俯；左拳继续向前、向上划弧上挑，右拳向下、向前划弧挂至右膝外侧，拳眼向上；同时右膝提起；目视右拳（图15－67）。

③ 虚步右挑拳：右脚向左前方上步，脚尖点地，重心落于左脚，左腿下蹲成右虚步；左拳向后划弧收至腰侧，拳心向上，右拳向前屈臂挑出，拳眼斜向上，拳与肩同高；目视右拳（图15－68）。

图 15 – 66　　　　　图 15 – 67　　　　　图 15 – 68

要领：挑拳发力与脚尖点地同时完成；虚步大腿接近水平。

五、第四段

1. 弓步顶肘

① 缩身下挂：重心升高，右脚踏实，上身微含胸前俯；右臂内旋向下直臂划弧以拳背下挂至右膝内侧，左拳不变；目视前下方（图 15 – 69）。

② 提膝摆臂：左腿蹬直，右腿屈膝上抬，上体右转；左拳变掌，右拳不变，两臂向前向上划弧摆起；目随右拳转视（图 15 – 70）。

③ 跳换步一：上动不停，左脚蹬地起跳，身体腾空；两臂继续划弧至头上方（图 15 – 71）。

④ 跳换步二：右脚先落地，右腿屈膝，左脚向前落步，以前脚掌着地；同时两臂向右向下屈肘停于右胸前，右拳变掌，左掌变拳，右掌心贴靠左拳面，目视右方（图 15 – 72）。

⑤ 弓步顶肘：左脚向左上一步，右腿蹬直，左腿屈膝成左弓步；同时右掌推左拳，以左肘尖向左顶出，高与肩平；头随顶肘动作转向左方，目视前方（图 15 – 73）。

图 15 – 69　　图 15 – 70　　图 15 – 71　　图 15 – 72　　图 15 – 73

要领：交换步时不要过高，但要快。两臂抡摆时要成圆弧。

2. 转身左拍脚

① 转身抡臂：以两脚前脚掌为轴向右后转体180°，转体后左脚跟半步；随着转体，右臂向上、向右、向下划弧抡摆，同时左拳变掌向下、向后、向前上抡摆（图 15 – 74）。

② 左拍脚：身体重心移至右脚，左腿伸直向前上迅速踢起，脚面绷平；左掌变拳收至腰侧，拳心向上，右掌由体后向上经头上向前拍击左脚面；目视右手（图 15 – 75）。

要领：右掌拍脚时手指稍横过来，拍脚要准而响亮。

图 15－74　　　　　　　图 15－75

3. 右拍脚

① 左掌后摆：左脚主动向前下压落地；左拳变掌向下、向后摆，右掌变拳收至腰侧，拳心向上（图15－76）。

② 右拍脚：身体重心移至左脚，右腿伸直向前上迅速踢起，脚面绷平；左掌由后向上经头上向前拍击右脚面；目视左手（图15－77）。

图 15－76　　　　　　　图 15－77

要领：接转身左拍脚的上步动作要连贯；其余与本段的转身左拍脚相同。

4. 腾空飞脚

① 落脚上步：右脚主动向前下压落地，身体重心迅速移至右腿；上肢姿势保持不变（图15－78）。

② 起跳击掌：左脚向前摆起，右腿猛力蹬地跳起，左腿屈膝继续前上摆；同时右拳变掌向前上摆起，左掌先上摆而后下降拍击右掌背（图15－79）。

③ 空中拍脚：左腿保持屈膝上提，右腿继续上摆，脚面绷平；右手拍击右脚面，左掌由体前向后侧上举，目视右手（图15－80）。

图 15－78　　　　图 15－79　　　　图 15－80

要领：蹬地要向上，不要太向前冲，左膝尽量上提。击响要在腾空时完成，右臂伸直成水平。

5. 歇步下冲拳

① 半马步按掌：左脚先落地，右脚随后向前落地成半马步；右掌下落前伸，掌心向下，

左掌变拳收至腰侧，拳心向上；目视右手（图15－81）。

② 歇步下冲拳：身体右转90°，两腿全蹲成歇步；右掌抓握、外旋变拳收至腰侧，左拳由腰侧向前下方冲出，拳心向下；目视左拳（图15－82）。

图15－81　　　　　图15－82

6. 仆步抡劈拳

① 站起抡臂：两腿蹬地，重心升高；右臂由腰侧向体后伸直，左臂随身体重心升高向上摆起；目随左拳（图15－83）。

② 提膝转体：以右脚前脚掌为轴，左腿屈膝提起，上体左转270°；左拳由前向后下划立圆，右拳由后向下向前上划立圆（图15－84）。

③ 仆步劈拳：左脚向后落一步，屈膝全蹲，右腿伸直，脚尖里扣成右仆步；右拳由上向下抡劈，拳眼向上，左拳后上举，拳眼向上；目视右拳（图15－85）。

图15－83　　　　　图15－84　　　　　图15－85

要领：抡臂时一定要划立圆。

7. 提膝挑掌

① 弓步抡臂：左腿伸直，重心前移成右弓步；同时右拳变掌由下向上抡摆，左拳变掌稍下落，右掌心向左，左掌心向右（图15－86）。

② 提膝挑掌：左、右臂在垂直面上由前向后各划立圆一周，右臂伸直停于头上，掌心向左，指尖向上，左臂伸直停于身后成反勾手；同时右腿屈膝提起，左腿挺膝伸直独立；目视前方（图15－87）。

图15－86　　　　　图15－87

要领：抡臂时要划立圆。

8. 提膝劈掌弓步冲拳

① 提膝劈掌：下肢不动；右掌由上向下猛劈伸直，停于右小腿内侧，用力点在小指一侧，左勾手变掌，屈臂向前停于右上臂内侧，掌心向左；目视右掌（图15－88）。

② 退步搂手：右脚向右后落地；身体右转90°；同时左掌变拳收至腰侧，拳心向上，右臂内旋向右划弧做搂手（图15－89）。

③ 弓步冲拳：上动不停，左腿蹬直成右弓步；右手抓握变拳收至腰侧，拳心向上，左拳由腰侧向左前方冲出，拳眼向上；目视左拳（图15－90）。

图15－88　　　　　图15－89　　　　　图15－90

六、结束动作

1. 虚步亮掌

① 扣膝抱掌：右脚蹬地，重心移至左脚，右脚扣于左膝后；两拳变掌，两臂右上左下屈肘交叉于左胸前，掌心向下；目视右手（图15－91）。

② 退步舞花：右脚向右后落步，重心后移，右腿半蹲，上体稍右转；同时右掌向上、向右体前划弧停于左腋下，左掌向左、向上划弧停于右臂上与左胸前，两掌心左下右上；目视左掌（图15－92）。

③ 虚步亮掌：左脚尖稍向右移，右腿下蹲成左虚步；左臂伸直向左、向后划弧成反勾手，右臂伸直向下、向右、向上划弧抖腕亮掌，掌心向前；目视左方（图15－93）。

图15－91　　　　　图15－92　　　　　图15－93

要领：亮掌和转头协调一致。

2. 并步对拳

① 退步穿掌：左腿向后撤一步；同时两掌从两腰侧向前穿出伸直，掌心向上；目视前方（图15－94）。

② 退步后摆掌：右腿后撤一步；同时两臂分别向体后下摆（图15－95）。

③并步转头对拳：左脚后退半步向右脚并拢；两臂由后向上经体前屈臂下按，两掌变拳，停于腹前，拳心向下，拳面相对；目视左方（图15–96）。

3. 还原

两拳变掌，两臂自然下垂；头转向正前方，眼睛向前平视（图15–97）。

图15–94   图15–95   图15–96   图15–97